CONTE *verlag*

Carolin Römer

Greed Castle

Ein Fin O'Malley Krimi

CONTE *krimi*

Ein ganz herzlicher Dank geht an Barbara Dickenberger, ohne die Fin O'Malley niemals ins Licht der irischen Sonne geblinzelt hätte.

Go lonraí an ghrian go te ar d'aghaidh

Bibliografische Information der Deutschen Nationalbibliothek
Die Deutsche Nationalbibliothek verzeichnet diese Publikation in der Deutschen Nationalbibliografie; detaillierte bibliografische Daten sind im Internet über http://dnb.d-nb.de abrufbar.

ISBN 978-3-941657-86-1

Am Rech 14
66386 St. Ingbert
Tel: (0 68 94) 1 66 41 63
Fax: (0 68 94) 1 66 41 64
E-Mail: info@conte-verlag.de
Verlagsinformationen im Internet unter www.conte-verlag.de

Lektorat: Amelie Schröder und Christina Wolfrum
Umschlag und Satz: Markus Dawo
Druck und Bindung: Faber, Mandelbachtal

Es war dunkel. Mitten in der Nacht. Die Stunde, in der die Monster erwachten. Wenn sie sich reckten und streckten, ihre spitzen Krallen wetzten und die scharfen Zähne bleckten. Wenn sie aus ihren Verstecken krochen und sich aufmachten, um über ihn herzufallen.

Er lag stocksteif in seinem Bett, die Decke bis an sein Kinn hochgezogen, und lauschte atemlos ins Dunkel. Er wagte nicht, sich zu bewegen, aus Angst, das kleinste Geräusch könnte sie auf sich aufmerksam machen. Am liebsten wäre er kopfüber unter der Bettdecke verschwunden, aber dann hätte er nicht sehen können, wann sie sich anpirschten. Nein, Verstecken war zwecklos, sie würden ihn ohnehin finden, und er war ihnen wehrlos ausgeliefert.

Was konnte er gegen sie schon ausrichten? Sie waren in der Überzahl und er – er war erst vier Jahre alt. Viel zu klein, um zu verstehen, was sie von ihm wollten. Warum quälten sie ausgerechnet ihn? Womit hatte er sie so gegen sich aufgebracht? Wofür wollten sie ihn bestrafen? Oder wollten sie ihn am Ende doch einfach nur auffressen?

So viele Fragen und er hatte keine Antworten. Eigentlich war er noch zu klein, um sich solche Gedanken überhaupt zu machen. Aber kannte nicht jedes Kind diese Monster und hatte sie des Nachts gesehen, auch wenn die Erwachsenen ihre Existenz beharrlich leugneten?

Nein, er wusste es besser. Die Monster waren da, so wahrhaftig wie die Wolken am Himmel und das Gras auf der Wiese.

Sie hockten unter seinem Bett, hingen in den Gardinen, lauerten in der Nische neben der Kommode und in dem großen klobigen Schrank auf der anderen Seite seines Zimmers, der manchmal mitten in der Nacht anfing, bedrohlich hin und her zu wackeln. Dann hörte er das Knarren der Holzdielen unter seinem Bett, wenn sie durch die Ritzen schlüpften, hörte das Kratzen ihrer Krallen, hörte sie winseln und schmatzen, wenn sie sich die Lefzen leckten in Erwartung fetter Beute.

Manchmal lag er die ganze Nacht wach und wartete, dass die Monster wieder in ihre Verstecke zurückkrochen, und wenn er es nicht mehr aushielt, fing er an zu weinen, bis seine Mutter kam, um ihn zu trösten. Sie brachte ihm eine Tasse warme Milch und blieb bei ihm, bis er eingeschlafen war. Gegen seine Mutter konnten die Monster nichts ausrichten, sie war stärker als alle Ungeheuer dieser Erde.

Aber heute Nacht würde sie nicht kommen. Er hatte ihre Schritte auf der Treppe gehört, ihre Stimme unten in der Küche. Und die Stimme seines Vaters. Und andere Stimmen. Fremde Stimmen. Stimmen draußen auf der Straße vor dem Haus. Sie schrien und grölten. Jemand sang ein Lied, laut und falsch, andere fielen betrunken ein. Er hörte Schritte. Menschen kamen näher, andere liefen davon. Ein Hund bellte. Ein großer, böser Hund. Schatten tanzten durch den schwachen Lichtschein, der durch die geschlossenen Vorhänge in sein Zimmer fiel.

Der Feuerdrache war unterwegs. Vor zwei Tagen hatte er das Haus auf der gegenüberliegenden Straßenseite gefressen. Und heute Nacht würde er ihr Haus verschlingen.

Er begann, nach seiner Mutter zu rufen. Er musste sie warnen, sie würde sich dem Drachen entgegenstellen, und gemeinsam konnten sie ihn vielleicht vertreiben, wenn sie nur laut genug waren.

Aber die Menschen draußen auf der Straße waren lauter als er. Alle brüllten sie durcheinander. Ein Auto bremste. Türen schlugen zu. Niemand würde ihn hören. Niemand würde ihm helfen.

Er warf die Decke von sich, schlug mit den geballten Fäusten auf die Matratze und schrie sich die Seele aus dem Leib. Er schrie, bis er heiser war. Strampelte, bis sein Schlafanzug nass war von Schweiß. Bis seine Hände wehtaten und er keine Kraft mehr hatte. Bis ihn plötzlich jemand in die Arme nahm und er den vertrauten Geruch seiner Mutter atmete. Sie hatte kein Licht gemacht, als sie sich zu ihm aufs Bett setzte und beruhigend auf ihn einredete. So konnte er ihr Gesicht nicht sehen, aber die Arme, die ihn festhielten, sagten ihm, dass auch sie Angst hatte.

Das war ein völlig neues Gefühl für ihn. Seine Mutter hatte nie Angst. Wovor sollte sie Angst haben? Sie konnte es mit allem und jedem aufnehmen!

Das Fenster klirrte. Etwas Großes polterte ins Zimmer. Er schrie auf. Der Drache wollte ihn verschlingen!

Seine Mutter packte ihn blitzschnell und zog ihn vom Bett. Zog ihn hinüber zum Schrank. Öffnete eine der beiden Türen und schob ihn ins bodenlose Nichts.

Er schrie lauter. Wehrte sich gegen ihren Griff. Schüttelte panisch den Kopf. Nicht in diesen Schrank! Sie wusste doch, dass dort die Monster hausten! Er hatte es ihr doch hundert Mal erklärt!

Aber sie blieb hart. Unerbittlich. Redete auf ihn ein, aber er brüllte so laut, dass er sie nicht verstand. Das schwarze Loch kam näher. Er wand sich, kratzte und trat nach ihr, aber sie war stärker. Schon umfing ihn der muffige Geruch des hölzernen Gefängnisses, die Tür wurde zugestoßen und er saß in abgrundtiefer Finsternis. Kratzige Wintermäntel strichen über seine tränennassen Wangen, zwischen wollenen Röcken und derben Schuhen erstickte sein Weinen. Er trat gegen die Tür und schlug gegen das Holz, aber niemand erlöste ihn.

Als er für einen Augenblick innehielt, um Atem zu schöpfen, konnte er es hören. Das leise Knurren ganz in seiner Nähe. Das hölzerne Knarzen des Schranks, als ein riesiger warmer Körper langsam näher rückte. Er konnte den schwefeligen Atem riechen, als das Monster witternd die Schnauze hob und im Dunkeln nach ihm suchte.

Am nächsten Tag zogen sie aus dem Haus aus. In eine andere Straße. In eine andere Stadt.

In ein anderes Land.

1. Traban Bay

Es war hell. Viel zu hell für einen gewöhnlichen Nachmittag im April. Er musste die Augen zusammenkneifen, so grell schien die Sonne von einem wolkenlosen Himmel.

Der Winter war lang gewesen, kalt und grau. Aber am Ende war der Frühling auch nach Donegal gekommen. Mit jedem Tag war das Grün aus den Tälern weiter die Berge hinaufgekrochen. Der Weißdorn stand in voller Blüte, Klee und Kerbel überzogen die Wiesen mit einem duftigen, weißen Schleier. Am Himmel trällerten ausdauernde Lerchen im Wettstreit mit Möwen und Austernfischern, die die Felsen und Strände mit ihrem unaufhörlichen Gekeife und Getriller lautstark für sich reklamierten. Das Leben war erwacht, auch wenn die Natur diesen Landstrich nicht ganz so verschwenderisch gesegnet hatte wie den bei Touristen so beliebten Südwesten Irlands, der eindeutig mehr vom Golfstrom verwöhnt wurde als der eher raue Norden der Insel.

In den Parks von Dublin waren um diese Zeit die Bäume schon grün, die Frühlingsblumen längst verwelkt oder ein Opfer von Vandalismus geworden.

Fin O'Malley konnte das egal sein, er lebte seit fast einem halben Jahr auf dem Land und wunderte sich immer noch, dass er fernab von grauem Beton und Glasfassaden so lange hatte überleben können. Er hatte Handygebimmel gegen Vogelgezwitscher getauscht, Krähen gegen Möwen, Abgase gegen Salzgeruch, Hundekot gegen Schafsköttel, ein Haus am Stadtrand gegen ein Zimmer über einem Dorfpub.

Aber so ganz freiwillig hatte er es nicht getan.

Er saß am Rand der Dünen im hohen Gras und blickte auf den Strand, dessen feiner, fast schneeweißer Sand das Sonnenlicht reflektierte. Türkisfarbenes, kristallklares Wasser brach sich in kleinen friedlichen Wellen, schaukelte Kiesel und Muscheln sanft hin und her und scheuchte die winzigen, hektischen Strandläufer auf der Suche nach Futter vor sich her. Die Bucht von Traban lag fernab aller Touristenströme, selbst in der Hochsaison verirrte sich keine Menschenseele hierher, niemand markierte sein Reich mit einem Badelaken, keine Fish & Chips-Bude versperrte die Aussicht, kein Ghettoblaster störte die Ruhe. Hier, auf der Halbinsel *Day's Foreland* im westlichsten Winkel von Irlands Norden, schien die Welt noch in Ordnung zu sein.

Nur für Fin O'Malley war sie das ganz und gar nicht.

Er hatte keinen Job, kein Geld, genau genommen nicht einmal eine richtige Bleibe.

Nach seiner kurzen, aber fatalen Affäre mit Charlotte Quinn und der Geschichte mit dem gestohlenen Van Gogh hatte Fin seinen Job bei der Polizei hingeschmissen. Zugegeben, es war eine Kurzschlusshandlung gewesen; wenn er ehrlich war, hatte er keine Sekunde über die möglichen Folgen nachgedacht. Frustration, Ärger, verletzter Stolz – es war einiges zusammengekommen, das seine Entscheidung aus seiner Sicht im Nachhinein rechtfertigte, aber deswegen gleich alle Brücken hinter sich abbrechen? Eigentlich hatte er sich nur eine Auszeit gönnen und sein Leben neu ordnen wollen. Aber aus ein paar Tagen waren Wochen und schließlich Monate geworden. Er war in ein tiefes Loch gefallen. Natürlich hatte er zu viel getrunken, und natürlich hatte ihn das der Lösung seiner Probleme nicht nähergebracht. Er hatte in den Tag hineingelebt, hatte die Langeweile mit Fernsehen bekämpft und war versackt zwischen Daily Soaps, mitternächtlichen Talkshows, Kochsendungen und fragwürdigen Gewinnspielen. Knapp zwei Monate hatte es gedauert, dann waren die wenigen Ersparnisse aufgebraucht und Weihnachten stand vor der Tür. Er hatte sich nicht unbedingt nach einem beschaulichen Christfest im Kreise der Familie gesehnt – aber es war das erste Weihnachten ohne seine Tochter Lily. Und das schmerzte mehr, als er zugeben wollte. Sie hatten lange miteinander telefoniert und natürlich hätte er nach Dublin fahren können, aber die Vorstellung, zusammen mit Lily, seiner Ex-Frau Susan und deren neuem Freund unter dem Weihnachtsbaum zu sitzen, hatte ihn dann doch an seine Grenzen gebracht.

Eins war ihm damals allerdings schlagartig klar geworden. So konnte es nicht weitergehen. Er musste sich endlich zusammenreißen, den Weg weitergehen, den er eingeschlagen hatte, oder einen anderen suchen.

Als erstes hatte er seinen Whiskykonsum drastisch eingeschränkt, so drastisch, dass er sich selbst fast schon als abstinent bezeichnete, und überraschenderweise kam er sogar ganz gut damit klar. Er hatte mit dem Kochen angefangen, was darauf zurückzuführen war, dass es hier in Foley so etwas wie Fastfood einfach nicht gab, und der gedeckte Tisch, unter den er bisher bequem die Füße hatte strecken können, wenn er von der Arbeit nach Hause kam, stand mittlerweile einige hundert Kilometer entfernt in Dublin. Wenn er nicht verhungern wollte, musste er lernen, für sich selbst zu sorgen. Eine durchaus angenehme Begleiterscheinung war, dass er abgenommen hatte. Susan hatte immer schon rumgenörgelt, er solle mehr für seine Kondition tun, und tatsächlich war er in seinem früheren Leben hin und wieder joggen gegangen. Wenn es nicht geregnet hatte. Wenn er dran gedacht hatte, sich den Wecker zu stellen. Oder er seine Turnschuhe finden konnte. Er malte sich aus, wie die Leute in Foley ihn anglotzen würden, wenn er morgens über die Dorfstraße traben würde. Nein, er fühlte sich auch so schon wie ein Asket, ein Einsiedler, der sogar den Frauen abgeschworen hatte. Vielleicht lag Letzteres auch an einem Mangel an Gelegenheiten, aber wenn er ehrlich war, stand ihm nach der Erfahrung mit Charlotte fürs erste nicht der Sinn nach irgendwelchen Bettgeschichten. Das einzige weibliche Wesen, das als Dauergast Anteil an seinem Leben haben durfte, war Charlottes Katze. Sie hatte das Pub als neues Domizil gebilligt, kam und ging, wie es ihr passte, brachte sämtliche Kater im Dorf zur Raserei und hielt jeden Abend Hof wie eine Diva, wenn sie den Gästen in der Kneipe huldvoll erlaubte, ihr rotes Fell zu kraulen. Nein, mehr Gesellschaft brauchte Fin eigentlich nicht.

Nur das Problem mit dem Geldverdienen hatte er noch nicht zufriedenstellend gelöst. Manchmal half er im Pub von Ronan O'Shea aus, dafür hatte er freie Kost und Logis. Das Leben in Foley war preiswert und seit er gemerkt hatte, wie viel Geld er in seinem bisherigen Leben für überflüssigen Kram ausgegeben hatte, war er anspruchslos geworden.

Seinem alten Job hatte er keine Träne nachgeweint, aber das Geld und die Sicherheit fehlten ihm. Manches wusste man erst zu schätzen, wenn man es verloren hatte. Aber mit irgendetwas musste er Geld verdienen. Schon weil er sich vor Lily nicht blamieren wollte. Außerdem erwartete Susan, dass er etwas zum Unterhalt der gemeinsamen Tochter beisteuerte, auch wenn ihr neuer Partner offenbar mehr Geld verdiente als Fin jemals nach Hause gebracht hatte. Er arbeitete fürs Fernsehen. Oder für eine Zeitung? Fin konnte sich nicht mehr genau erinnern, er hatte ihn nur einmal kurz getroffen. Ein schnöseliger Angeber, der sich für was Besseres hielt.

Fin war sein ganzes Leben Polizist gewesen, er hatte nie etwas anderes gemacht als Verdächtige zu observieren, an unzähligen Haustüren zu klingeln, um Zeugen zu befragen, und seitenweise Protokolle zu schreiben. Arbeiten, die keiner seiner Ex-Kollegen gerne gemacht und dafür umso lieber auf ihn abgewälzt hatte. Ihm fiel kein Job ein, für den man diese Qualifikationen brauchte, und je länger er darüber nachdachte, desto mehr kam er zu der Überzeugung, dass er für alles andere zwei linke Hände hatte.

Vielleicht musste er das ja nicht sofort entscheiden. Denn eigentlich war sein Leben gar nicht so übel. Er war ins kalte Wasser geworfen worden, ohne dass man ihn zuvor gefragt hatte, ob er denn auch schwimmen könnte. Nein, das stimmte nicht ganz – er war selber hineingesprungen. Aber er war nicht untergegangen. Er hatte gepaddelt wie ein Wilder, um nicht zu ertrinken, und er war oben geblieben. Er hatte eine ganze Strecke schwimmen müssen, bis das Wasser seichter geworden war und er Boden unter den Füßen gespürt hatte.

Er war angekommen.

In Foley hatte man ihn akzeptiert. Nein, er sollte es vielleicht anders formulieren. Die meisten Leute im Dorf hatten sich viel eher an seinen Anblick gewöhnt. So wie man sich an eine Baustelle auf der Autobahn gewöhnte. Erst ärgerte man sich über sie, dann ergab man sich in sein Schicksal und plante sie auf dem täglichen Weg zur Arbeit einfach ein. Nur wenige mieden sie und fuhren lieber einen Umweg.

Fin war nach wie vor schleierhaft, wovon die Menschen in Foley lebten. Nur eins war klar – es ging nicht immer mit rechten Dingen zu. Noch vor hundert Jahren war Foley ein berüchtigtes Strandräubernest gewesen und irgendwie hatte sich seitdem nicht wirklich viel verändert. Egal ob es um Schmuggel, kleine oder große Betrügereien ging – immer, wenn die Polizei anklopfte, blickte sie in unschuldsvolle Mienen und musste unverrichteter Dinge wieder abziehen. Niemand wollte erklären, womit er den Sportwagen draußen vor der Tür bezahlt hatte oder wie er es sich leisten konnte, zwei Monate in der Karibik Urlaub zu machen. Fin mochte aber auch nicht fragen, denn eins hatte er schnell gelernt, seit er hier war – Neugier hielt man in Foley eher für eine Untugend.

Würden sie ihn eines Tages in ihre Praktiken einweihen? Irgendwann in ferner Zukunft, wenn er lange genug in Foley gelebt und ihr Vertrauen gewonnen hatte? Wollte er das überhaupt? Wollte er so sein wie sie? Wollte er in dieser undurchdringlichen Grauzone am Rande der Legalität leben? Als Polizist?

Ex-Polizist.

Nein, eigentlich nicht. Eigentlich wollte er nur eins. Seine Ruhe. Auch wenn es auf den ersten Blick vielleicht sonderbar schien, dass ein ehemaliger Polizist ausgerechnet dieses verrufene Nest als Unterschlupf gewählt hatte, so war es auf den zweiten Blick durchaus verständlich. Hierher verirrten sich weder Recht noch Gesetz, weder Fremde noch Freunde. Der perfekte Ort für jemanden, der mit dem Rest der Welt nichts zu tun haben wollte. Zumindest für eine Weile.

Immerhin hatten sie damals dichtgehalten, niemand in Foley hatte ihn nach dem Fall mit dem gestohlenen Van Gogh ans Messer geliefert. Also gehörte er vielleicht doch schon ein ganz klein wenig dazu, ob er wollte oder nicht.

Nora Nichols, das Dorffaktotum, hatte sogar einen Pullover für ihn gestrickt und ihm gestern zum Geburtstag geschenkt. Manchmal hatte er das Gefühl, dass sie die Einzige war, die ihn wirklich zur Kenntnis nahm, auch wenn er auf die Gabe gerne verzichtet hätte. Es war nicht die kratzige Schafwolle, die ihn störte. Oder das merkwürdige Muster, von dem die spinnerte Alte behauptete, es habe magische Kräfte und schütze vor Streichen bösartiger Kobolde. Es war allein die Farbe. Es gab Farben, die Männer seiner Meinung nach niemals tragen sollten. Und Orange stand da ganz weit oben. Lily, seine Tochter, war im Gegensatz zu ihm ganz begeistert von dem ›hippen‹ Stück und nur deshalb hatte er ihn schließlich übergezogen. Trotzdem hatte er so seine Zweifel, dass ihn dieses Kleidungsstück der Dorfgemeinschaft näher brachte.

Viel eher half es da, wenn er im *Fisherman* hinter der Theke stand. *Das Pub ist das Wohnzimmer des Iren*, hieß es allgemein, und in Foley war es auf jeden Fall der Mittelpunkt des Dorflebens. Auch wenn dort natürlich die Versuchung groß war, in alte Verhaltensmuster zurückzufallen. Aber Fin hatte gelernt, den Verlockungen der vielen Flaschen zu widerstehen. Meistens jedenfalls. In seinem Leben hatte er sich oft genug Ärger eingehandelt, mit besoffenem Kopf Worte gesagt, die ihm später leid taten, oder Dinge getan, die ihn am Ende in Schwierigkeiten gebracht hatten. Im günstigsten Fall konnte man sich an nichts mehr erinnern oder man hatte merkwürdige Halluzinationen. Sah weiße Mäuse, wenn der Alkoholpegel stimmte. Auch weißen Pferden war er schon begegnet. Oder weißen Frauen. Oder waren es weise Frauen? Egal, der Whisky hatte ihm schon so manchen Streich gespielt.

Aber ein weißer Wolf?

Dabei war er genau in dieser Sekunde stocknüchtern.

2. Aston Martin

Es war natürlich kein Wolf, der da ein paar Meter von ihm entfernt im hohen Dünengras hockte und ihn beobachtete. Ob weiß oder grau, in Irland gibt es keine Wölfe, das wusste Fin, zumindest nicht in freier Wildbahn. Und im Allgemeinen trugen Wölfe auch kein Halsband.

Es war ein Schäferhund, wie aus dem Nichts aufgetaucht, schneeweiß und ganz offensichtlich kein Streuner. Sein langes Fell schien seidig und gepflegt bis auf ein paar Kletten, die er sich beim Herumstromern eingefangen hatte. Fin fragte sich, wem er gehörte. Er selber hatte sich nie viel aus Hunden gemacht, sehr zum Leidwesen von Lily, die immer ein Haustier hatte haben wollen.

»Na, wo kommst du denn her?«

Etwas Intelligenteres fiel ihm auf Anhieb nicht ein. Er hätte genauso gut ›Verpiss dich‹ sagen können, es war allein der Klang einer menschlichen Stimme, der den Hund veranlasste, mit seiner langen buschigen Rute freundlich auf den sandigen Boden zu klopfen. Seine rosa Nase zuckte witternd in Fins Richtung, als könne er den fremden Mann vor ihm durch seinen Geruchssinn einordnen. Nach welchen Kriterien beurteilte so ein Hund einen Menschen? Gab es Menschen, die aus Hundesicht gut rochen? Solche, die schlecht rochen? Was machte einen Menschen für einen Hund sympathisch?

»Hast du Hunger?«

Der Hund legte den Kopf schief und stieß ein leises Fiepen aus. Mit dem letzten Wort konnte er offenbar etwas anfangen. Dabei sah er gar nicht ausgehungert aus.

»Tut mir leid, aber ich hab' nichts für dich.«

Er schleckte sich kurz über die Schnauze und schüttelte sich. Das Halsband klirrte leise. Auch gut.

Fin entdeckte in Reichweite ein handliches Stück Treibholz, nahm es und warf es in hohem Bogen in Richtung Strand. Der Hund sah dem Holz nach, zögerte eine Sekunde und sprang hinterher. Fin hatte nie begriffen, was für Hunde den Sinn des Apportierens ausmachte, aber auch dieser Hund konnte sich dem Reiz des Stöckchenholens nicht entziehen. Er packte das morsche Holz, kaute ein wenig darauf herum und trabte schließlich zu Fin zurück.

Er hinkte ein wenig.

Fin streckte erwartungsvoll die Hand nach dem Holz aus, aber der Hund blieb ein paar Schritte vor ihm stehen. Dunkle Augen musterten ihn, hin- und hergerissen zwischen Neugier und Misstrauen, einerseits dem Spiel ganz offensichtlich nicht abgeneigt, andererseits vorsichtig. Vielleicht hatte er schlechte Erfahrungen mit Menschen gemacht. Er ließ das Holz in den Sand plumpsen, hockte sich hin und kratzte sich erstmal ausgiebig. Die nächste Entscheidung wollte gut überlegt sein.

Fin bemerkte das eingetrocknete Blut an der Hinterpfote. »Was hast du denn da? Bist wohl irgendwo reingetreten?« Ohne Eile stand er auf und näherte sich dem Hund. Als er die Hand nach ihm ausstreckte, zuckte er zurück und winselte. »Nana, ist ja schon gut, ich tu dir nichts«, beschwichtigte er, »will mir das nur mal anschauen …«

Der Hund war anderer Ansicht und wich ihm aus.

»Okay, okay, dann eben nicht.« Fin gab es auf. Wenn sich der Köter nicht helfen lassen wollte …

Er klopfte den Sand von seinen Jeans und schaute sich um.

Nirgends entdeckte er eine Menschenseele, nirgends einen potentiellen Hundebesitzer auf der Suche nach seinem entlaufenen Vierbeiner. Er sah auf die Uhr. Es war Zeit, nach Foley zurückzufahren, ehe der abendliche Ansturm auf die Theke einsetzte.

»Na komm, schauen wir mal, ob wir dein Herrchen finden. Oder dein Frauchen.«

Der Hund blickte sich unschlüssig um, als ob er Hilfe brauchte beim Abwägen eventueller Alternativen, schnappte sich aber schließlich seinen Stock und folgte Fin.

Traban Bay lag auf einer schmalen langgezogenen Landzunge, die sich fast einen Kilometer in den Atlantik hinausschob. Auf der Ostseite erstreckte sich der weiße Strand, dem die Bucht ihren Namen verdankte. Zur Westseite hin gingen die Dünen in eine grüne Hügellandschaft über, in Wiesen und Buschwerk. Größere Bäume hatten gegen den steten Wind vom Meer kaum eine Chance. Auf dem höchsten Punkt des Hügels thronte ein Haus.

›Haus‹ war untertrieben. Selbst aus der Ferne konnte Fin erkennen, dass es mindestens ein kleines Schloss war mit Erkern, Türmchen und einigen Nebengebäuden. Wahrscheinlich gehörte der Hund dorthin.

Fin war das Anwesen bisher nie aufgefallen. Seit er hier lebte, hatte er sich aber noch nicht viel für seine Umgebung interessiert. Foley hatte ihm immer genügt. Es kam selten vor, dass er sich wie heute über die Grenzen des Dorfes hinauswagte. Das lag im Wesentlichen daran, dass er keinen besonders ausgeprägten Orientierungssinn hatte. Er verirrte sich sogar in seinem eigenen Kühlschrank.

Dieser Ort hier war selbst ihm zu einsam. Bis zur nächsten Stadt war man mehr als eine Stunde unterwegs, bis Foley waren es vielleicht zehn Kilometer. Aber der Platz war gut gewählt. Zwar war man durch die exponierte Lage Wind und

Wetter ausgesetzt, dafür hatte man garantiert in jedem Zimmer Meerblick und den Strand vor der Haustür.

Fin folgte einem geschotterten, von Unkraut überwucherten Feldweg, der so gar nicht zu einem feudalen Anwesen passen wollte. Die offizielle Zufahrt lag wahrscheinlich auf der anderen Seite. Der Hund trottete in gleichbleibendem Abstand hinter ihm her, den Holzknüppel eisern im Maul und darauf bedacht, die verletzte Pfote zu schonen.

Als Fin näherkam, wurde ihm schnell klar, dass er hier den Besitzer des Hundes kaum finden würde.

Das Schloss war eine Ruine. Ein riesiger alter Kasten, wahrscheinlich schon vor Jahrzehnten aufgegeben. Das Dach war größtenteils eingestürzt, Efeu und Brombeerranken wucherten in den leeren Fensterhöhlen. Von den rußgeschwärzten Mauern bröckelte großflächig der schmuddelige Putz. Im hüfthohen Unkraut lagen verkohlte Dachbalken und zersplitterter Schiefer. Was auch immer hier geschehen war und die Bewohner vertrieben hatte, es lag lange zurück.

Fin bog um die Ecke und fand sich vor dem Eingang wieder. Eine ausladende, weit geschwungene Freitreppe mit zwei großzügigen Aufgängen, eine filigrane Balustrade und ein reichverziertes Eingangsportal.

Ein dicker grüner Teppich aus Efeu floss die Treppe herab, die Stufen waren nur noch zu erahnen. Die steinerne Balustrade war an vielen Stellen in sich zusammengebrochen, das einst stattliche Portal mit schnöden Brettern verrammelt. Anhand der Fensterhöhe im Erdgeschoss ließ sich abschätzen, wie imposant die Gesellschaftsräume dahinter gewesen sein mussten.

Noch etwas fiel Fin auf. Ein Seitentrakt des Gebäudes war eingerüstet, ein hoher Metallzaun sicherte die Baustelle. Aber auch hier hatte der Rost bereits genagt, die schief hängenden Schilder einer Baufirma waren verblichen. Es schien, als wären die Arbeiten eingestellt worden, bevor sie richtig angefangen hatten. Wahrscheinlich aus Geldmangel.

Der Hund hatte sich nicht weit von ihm niedergelassen und leckte seine Pfote.

»Und was mache ich jetzt mit dir?«

Nein, er mochte keine Hunde, aber er konnte das verletzte Tier nicht einfach sich selbst überlassen.

Sein Blick ging über die Trümmer eines leeren Springbrunnens hinweg zur einstigen Gartenanlage. Ein geübtes Auge konnte noch einzelne Rabatten erkennen, die Beeteinfassungen im feuchten Boden eingesunken. Zwischen wucherndem Knöterich und stacheligen Disteln eine steinerne Bank, von Moos überzogen, hier ein ausgewaschener Sockel, einst Halt für eine kunstvolle Vase oder Skulptur, dort die Reste eines mächtigen Tonkübels, der seinerzeit eine exotische Palme beherbergt haben mochte. Von den schützenden Mauern waren ein paar Schutthaufen geblieben, die empfindlichen Pflanzen lange verschwunden, nur einige hartgesottene hatten überlebt. In einer feuchten Ecke steckten gelbe Iris ihre Köpfe der Frühlingssonne entgegen und trotzten den alles verschlingenden Brombeerhecken.

Bevor die Natur das Terrain zurückerobert hatte, musste der Blick vom Haus über die blühenden Gärten beeindruckend gewesen sein, wenn an Tagen wie heute das Meer ruhig und blau wie eine Theaterkulisse fast schon Mittelmeerflair verbreitete. Am Horizont eine Handvoll Inseln, die meisten unbewohnt, die Küste drum herum ebenso dünn besiedelt.

Wer auch immer hier gelebt hatte, er hatte keinen Wert auf Gesellschaft gelegt. Für ein Wochenendrefugium war der Schuppen eindeutig zu groß.

Am Ende der Gartenanlage, dort, wo das von Menschenhand geordnete Land zum Meer hin abfiel, wirbelte ein Schwarm Möwen zeternd durcheinander. Irgendetwas hatte ihr Interesse geweckt. Etwas leuchtend Rotes, das fast schon verboten auffällig aus dem zarten Frühlingsgrün hervorstach.

Ein Auto.

»Na also«, meinte Fin erleichtert und wandte sich an seinen Begleiter, »komm, dein Herrchen sucht dich wahrscheinlich schon!«

Er folgte einem kaum noch erkennbaren Pfad durch den ehemaligen Garten, der Hund humpelte ohne Eile hinterdrein.

Fin fragte sich, was das Auto hier zu suchen hatte. Hier gab es nichts zu sehen außer einem zugegeben idyllischen Strand und einer alten Ruine, die seines Wissens in keinem Reiseführer verzeichnet war. Wer hierherkam, musste schon einen besonderen Grund haben.

Ihm wurde schlagartig bewusst, dass er schon genauso dachte wie seine Mitmenschen in Foley, deren grundsätzliches Misstrauen in alles und jeden entschieden über ein gesundes Maß hinausging.

Sicher waren es Touristen, die sich verfahren hatten. Obwohl Fin das in aller Voreingenommenheit eher für unwahrscheinlich hielt. In diesen gottverlassenen Landstrich Irlands verirrten sich nun mal keine Touristen …

Der Garten fiel in Terrassen zum Meer hin ab. Über die unterste Ebene breitete sich der ehemalige Obstgarten aus, durch das hohe Gras und das wuchernde Unkraut kaum noch als solcher zu erkennen. Knorrige Apfelbäume stemmten sich gegen den Wind, in die kahlen Äste klammerten sich die verschrumpelten Früchte aus dem Vorjahr. Dazwischen frische Knospen, Hoffnungsschimmer gegen den drohenden Untergang.

Das Ende des Gartens markierten zwei baufällige Mauerpfosten, von denen einer gerade noch in der Lage war, einen schiefen, schmiedeeisernen Torflügel zu halten. Das völlig verbogene Gegenstück lag versunken in einem Hain von Brennnesseln.

Das Auto stand am Rand einer niedrigen Klippe, die zum Strand hinabführte, die Motorhaube dem Meer zugewandt. Vom Fahrer keine Spur. Es war ein knallrotes Cabrio, das Dach zurückgeklappt, umschwärmt von einer wahren Wolke heiser schnarrender Möwen. Es war anzunehmen, dass sie etwas Essbares entdeckt hatten, einen unbeaufsichtigten Picknickkorb oder dergleichen. Möwen machten mit so etwas kurzen Prozess.

Fin ging näher, was die Vögel nur mäßig beeindruckte. Es war ein Aston Martin, ein ziemlich neues Modell, soweit er das beurteilen konnte. Luxus auf vier Rädern mit mindestens fünfhundert Pferdestärken unter der blankpolierten Kühlerhaube und das alles in einer Preisklasse, die Fin sich nicht mal im Traum würde leisten können. Die leuchtend rote Metallic-Lackierung war für seinen Geschmack allerdings eine Spur zu knallig.

»Potenzschleuder!«, entfuhr es ihm.

Ein Blick aufs Nummernschild an dem bulligen Wagenheck bestätigte seinen Verdacht. Kein Ire würde sich hinters Steuer dieses Schlittens setzen. Der Wagen kam aus Derry. Nordirland.

Wer ließ ein solches Auto einfach so unbeaufsichtigt in der Gegend stehen? Andererseits, wer sollte es in dieser Einöde klauen?

Der Besitzer des Wagens – und Fin ging davon aus, dass es ein Mann war, denn dieser Aston Martin war nun mal ein ›Männerauto‹ – war vielleicht am Strand oder, was er für wahrscheinlicher hielt, auf der Suche nach seinem Hund.

Fin schaute sich um. Der weiße Schäferhund war ein gutes Stück zurückgeblieben, der lärmende Möwenschwarm flößte ihm ganz offensichtlich Respekt ein. Er lag neben dem rostigen Gartentor, den Kopf auf die Vorderpfoten gebettet, und beobachtete ihn. Nein, er hatte nicht ihn im Visier, sondern den

Wagen. Und es war genau in diesem Moment, als Fin plötzlich ein ganz und gar ungutes Gefühl beschlich.

Langsam näherte er sich dem Wagen. Unter wildem Schimpfen flogen die Möwen auf, umkreisten den Sportwagen unter lautem Protest, bereit, sofort wieder herabzustoßen, sobald dieser zweibeinige Störenfried das Feld räumte. Federn stoben, die Windschutzscheibe war völlig verdreckt.

Aber es war kein Vogelkot.

Es war Blut.

Fin warf einen Blick auf den Fahrersitz, nur eine einzige, winzige Sekunde, aber die genügte völlig. Er machte auf dem Absatz kehrt und übergab sich. Er kotzte sein Mittagessen raus und Teile des Frühstücks, hustete und keuchte, stützte sich auf seine zitternden Knie und versuchte, tief und kontrolliert zu atmen.

Fin war in seiner Polizistenlaufbahn nur ein einziges Mal vor Ort an einer Mordermittlung beteiligt gewesen. Eine tote Prostituierte, erwürgt und fast schon dekorativ auf ihrem Arbeitsplatz in einem billigen Hotelzimmer drapiert, ein vergleichsweise sauberer Tatort.

Er riss sich zusammen. Verdammt, er war Polizist gewesen, da sollte ihn so was wie das hier nicht so leicht umhauen!

Er wischte sich den Mund ab, schluckte den bitteren Geschmack herunter und riskierte einen zweiten Blick. Diesmal war er vorbereitet.

Ein Mann hockte zusammengesunken auf dem Fahrersitz, die hellen Lederpolster waren mit Blutspritzern übersät, ebenso das Armaturenbrett und die Windschutzscheibe. Der Kopf war zur Seite gedreht, vielmehr das, was davon noch übrig war. Es war schwer zu sagen, ob jemand ihm den Schädel eingeschlagen oder eine Kugel ihm das halbe Gesicht weggerissen hatte. Den Rest hatten die Möwen besorgt.

Fin unterdrückte einen neuen Brechreiz und schaute nach oben, wo die weißen Räuber erwartungsvoll kreisten und lauthals keifend ihre Beute einforderten. Auf dem Beifahrersitz lag eine blutverschmierte Jeansjacke. Mit etwas Überwindung beugte sich Fin über den Toten, angelte nach der Jacke und bedeckte die Leiche so gut es ging.

Er atmete tief durch.

Der Hund lag noch immer an derselben Stelle und ließ ihn nicht aus den Augen. Fin zählte eins und eins zusammen.

»Du weißt, was passiert ist, hab' ich recht?«

Der Hund schaute ihn weiter unverwandt an.

Wahrscheinlich war er im Auto gewesen, als es passierte, oder zumindest in der Nähe. Vielleicht hatte er den oder die Täter sogar angegriffen, als er sein Herrchen in Gefahr gesehen hatte. Vielleicht hatte man auf ihn geschossen und er war entkommen mit einer verletzten Pfote. Vielleicht …

Aber er war nur ein gewöhnlicher weißer Schäferhund, der niemandem erzählen konnte, was wirklich geschehen war.

Fin seufzte. Ein Hund als Tatzeuge. Der Traum einer jeden Mordermittlung.

Natürlich wusste er, was zu tun war, auch wenn er seit einem halben Jahr kein Polizist mehr war. Den Tatort sichern, die Polizei rufen, den Arzt, die Spurensicherung …

In Foley würden sie ihn lynchen, wenn er die Garda rief. Aber wen sollte er sonst informieren? Im Dorf gab es keine Polizei, in Foley hatte man sich stets selbst zu helfen gewusst.

Auf Anhieb fiel ihm nur eine einzige Person ein, die man als eine Art Instanz für Recht und Ordnung betrachten konnte. Dermot Keelan, seines Zeichens Pfarrer in Foley.

Fin fingerte sein Handy aus der Hose, warf einen Blick aufs Display und fluchte leise. Nein, es war eine Illusion, dass man ihn hier akzeptiert hatte. Nicht mal das Handynetz wollte ihn …

Er ging ein paar Schritte Richtung Strand, ein paar in Richtung Haus, aber ohne Erfolg. Er musste wohl oder übel zur

Hauptstraße zurück, wo er seinen Wagen abgestellt hatte. Vielleicht hatte er unterwegs mehr Glück. Er beschloss, den Feldweg zu nehmen, der an der Ruine vorbeiführte und der wohl auch den Aston Martin hierhergebracht hatte. Der Hund heftete sich an seine Fersen, erleichtert, diesen unerfreulichen Ort zu verlassen.

Fin musste fast eine Viertelstunde laufen, bis er endlich Empfang hatte.

»Vater Keelan? Hier ist Fin … Fin O'Malley. Ich hab' da ein Problem … Nein, ich weiß, dass man zur Beichte in eine Kirche geht und nicht anruft. Das Problem ist eher … ähm, weltlicher Natur. Ich hab' hier einen Toten … Nein nein, nicht das, was Sie jetzt denken! Ich bin völlig unschuldig! … Nein, er ist nicht eines natürlichen Todes gestorben … Keine Ahnung, ich hab' ihn noch nie hier gesehen. Er ist von drüben aus'm Norden … Wo ich bin? Traban Bay. Da steht so 'ne alte Ruine und … Gut, ich warte.«

Er beendete das Gespräch. Vater Keelan hatte versprochen, sich um die Angelegenheit zu kümmern. Was immer das am Ende bedeutete, für ihn hieß es jedenfalls, dass er die Verantwortung für die ganze Sache los war. Er hatte sowieso keine Lust, ausgerechnet seinen Ex-Kollegen Rede und Antwort zu stehen. Fehlte noch, dass er sich von ihnen vorwerfen lassen musste, sich unprofessionell verhalten zu haben. Natürlich wusste er, dass man an einem Tatort nichts anfasste, auch keine Jacken, um die Leiche gnädigerweise zu bedecken. Und man kotzte auch nicht direkt neben den Fundort. Nein, sollten sich doch andere mit dem Toten rumärgern.

Erleichtert machte er sich auf den Rückweg, den tapfer humpelnden Hund im Schlepptau.

Er kam an der Ruine vorbei und bemerkte als erstes die kreischenden Möwen. Wie die Geier kreisten sie gierig über dem Cabrio.

Als er sich dem Wagen näherte, sah er, dass die Jacke, mit der er die Leiche zugedeckt hatte, verschwunden war.

3. MacAllister

Die Jacke war weg. So gründlich er auch suchte, sie blieb verschwunden. Keine Windböe hatte sie in Richtung Strand davongeweht. Selbst die Möwen schieden als Übeltäter aus; Möwen waren Seevögel, sie hatten Schwimmhäute an den Füßen, keine Krallen, mit denen sie etwas packen und forttragen konnten.

Das ließ nur einen Schluss zu: Der Mörder war die ganze Zeit in der Nähe gewesen, war es möglicherweise immer noch – und beobachtete ihn.

Fin spürte ein leises Kribbeln auf seinen Armen, seinen Herzschlag, der seinen Atem unmerklich beschleunigte, den dünnen Schweißfilm, der ihm das T-Shirt auf den Rücken klebte. Den dicken orangefarbenen Pullover, der ihn inmitten der frühlingsgrünen Landschaft zur perfekten Zielscheibe machte.

Sorgfältig sondierte er seine Umgebung, den Strand, der weiß und leer vor ihm lag, den verlassenen Garten mit seinen Mäuerchen und Büschen. Das offene Gelände bot nicht viele Möglichkeiten, sich zu verstecken. Blieb eigentlich nur das Haus. Fin kniff die Augen zusammen und suchte jede der dunklen Fensterhöhlen nach einer Bewegung ab, aber auf die große Entfernung konnte er nichts Verdächtiges feststellen. Alles war friedlich, die Wellen rauschten gleichmütig, ein leichter Wind raschelte durchs harte Dünengras, selbst die lästigen Möwen wurden allmählich müde.

Aber Fin traute dem Frieden nicht. Er beobachtete den Hund, der unbeeindruckt neben ihm stand und in der Nachmittagssonne hechelte. Er schien nichts Ungewöhnliches zu wittern. Wer auch immer hier gewesen war und die Jacke genommen hatte, war fort.

Er löste sich aus seiner Anspannung, ging zum Auto und scheuchte die letzten Möwen auf. Die meisten waren schon abgezogen auf der Suche nach leichterer Beute, nur ein paar unverdrossene gaben nicht auf und zogen weiter heiser keifend ihre Bahnen über dem Cabrio.

Er blieb auf der Fahrerseite stehen. Ob er wollte oder nicht, der Tote zog ihn magisch an. Eigentlich wollte er mit der ganzen Sache nichts zu tun haben, aber das sagte sich so leicht. Er merkte, wie die alte, vertraute Neugier in ihm erwachte, wie in seinem Kopf die kleinen Rädchen ineinandergriffen und die Gedankenmaschinerie in Gang setzten. Wie aus einer längst verschlossen geglaubten Schublade die üblichen Fragen hervorquollen, die nach Antworten verlangten. Er konnte nicht raus aus seiner Haut, er war zu lange Polizist gewesen, um diese Fragen zu ignorieren.

Fin war nie der Erste an einem Tatort gewesen. Er hatte nie entschieden, was zu tun war. Er hatte immer nur Order erhalten, Akten gewälzt und die Laufarbeit erledigt, hatte dafür gesorgt, dass die anderen die Fakten geliefert bekamen, mit denen sie arbeiten konnten.

Dieser Mann hier hatte heute Morgen irgendwo an einem Frühstückstisch gesessen und seinen Kaffee getrunken, vielleicht eine Zeitung gelesen und dazu eine Zigarette geraucht. Aber jetzt war er ein Mordfall, die erste Seite in einer Polizeiakte, Gegenstand einer Ermittlung. Noch nicht ganz, aber bald. Noch aber gehörte dieser Tote ihm allein und niemand war da, der ihn herumschubste und ihm sagte, was er zu tun hatte.

Zum ersten Mal sah er sich den Toten genauer an, versuchte, sich trotz des zertrümmerten Gesichts ein Bild von ihm zu machen. Er schätzte ihn auf Mitte sechzig, vielleicht auch älter. Von den Augen hatten die Möwen nichts übrig gelassen. Das volle Haar, von Blut verklebt, war schneeweiß, das kantige Kinn glattrasiert, zu Lebzeiten eine gepflegte Erscheinung, soweit die Tatumstände ein solches Urteil zuließen. Die Fingernägel kurz und sauber, fast wie manikürt. Fin registrierte den schmalen goldenen Ehering. Ein Büromensch, der graue Anzug sah teuer aus, der oberste Hemdknopf stand offen, keine Krawatte. Nein, eine Jeansjacke trug so jemand nicht, die hatte dem Mörder gehört.

Oder einem Tatzeugen, der nicht gesehen werden wollte und sich lieber verdrückt hatte?

Fin versuchte, sich an die Jacke zu erinnern, an den Schnitt, an die Größe. Er war sich sicher, dass es keine Damenjacke war. Also konnte er ein Schäferstündchen, das nicht ganz den erwünschten Verlauf genommen hatte, wohl ausschließen.

Die nächste Erkenntnis war die einfachste. Der Fundort war gleichzeitig auch der Tatort. Es war höchst unwahrscheinlich, dass jemand mit einer solchen Verletzung noch irgendwohin fuhr. Und so wie das Blut im Wageninneren verteilt war, hatte der Schlag oder die Kugel den Mann getroffen, als er auf dem Fahrersitz saß.

Fin ging einmal um den Wagen herum, schaute dahinter, darunter und warf einen prüfenden Blick in die nähere Umgebung. Aber nirgends konnte er die Tatwaffe entdecken. Also schied auch Selbstmord aus. Punkt.

Ein Raubmord?

Der Aston Martin war bestimmt seine 250000 Euro wert. Es gab Menschen, die mordeten für weniger. Für so ein Auto fand sich immer irgendwo ein Abnehmer. Diese Gelegenheit ließ man nicht einfach so stehen.

Fin nahm sein Taschentuch, jede Menge Überwindung und tastete mit spitzen Fingern das blutverschmierte Jackett ab. Er förderte eine Brieftasche zutage. Einen Führerschein auf den Namen Bertrand MacAllister. Eine Adresse in Derry. Daneben ein ganzes Bündel Geldscheine, grob geschätzt mindestens zehntausend englische Pfund. Nein, nach Raubmord sah das ganz und gar nicht aus. Vorsichtig tat er alles wieder an seinen Platz und öffnete ebenso vorsichtig das Handschuhfach. Ein Haufen achtlos hineingestopfter Papiere quoll hervor. Dazwischen eine Pistole. Fin sah auf Anhieb, dass es nicht die Tatwaffe sein konnte. Eine Sig Sauer P6, klein und handlich. Die machte zwar auch hübsche Löcher, aber nicht so große. Er klappte das Handschuhfach wieder zu und wischte sicherheitshalber noch einmal über den Griff. Nicht dass die Polizei am Ende noch seine Fingerabdrücke fand.

Wie auch immer er es drehte und wendete, ein Mordmotiv war für ihn auf Anhieb nicht erkennbar. Aber ein Toter mit britischem Pass auf irischem Boden, eine große Menge Bargeld und eine Waffe, die der Besitzer vielleicht nicht legal erworben hatte – dazu fiel Fin hingegen eine Menge ein. Die Grenze nach Nordirland war gar nicht so weit weg. Auch wenn sie in den letzten Jahren durchlässig geworden war, die Fronten zwischen den Paramilitärs auf beiden Seiten existierten nach wie vor. Gut möglich, dass der Mann auf die falschen Freunde gesetzt hatte oder einfach nur zur falschen Zeit am falschen Ort gewesen war.

Nur eins war klar: Hier war eine Menge Wut oder Hass im Spiel gewesen. Es gehörte einiges dazu, seinem Gegenüber ins Gesicht zu schießen oder mit was auch immer den Schädel zu spalten. Wieso hatte der Mörder die Leiche nicht verschwinden lassen? Wollte er, dass man den Toten findet? War es ihm am Ende egal? Oder hatte Fin ihn gestört, bevor er zum letzten Akt der Tat hatte schreiten können? Das Blut an der Kleidung des Toten war nicht völlig eingetrocknet, der Mord lag noch nicht lange zurück. Er fragte sich, ob er nicht sogar einen Schuss gehört hatte, ohne ihn als solchen wahrzunehmen.

Der Hund bellte.

Fin hielt inne. Folgte dem Blick des Hundes in Richtung der Ruine. Es dauerte einen Moment, bis auch er das Geräusch wahrnahm. Ein Auto. Der Mörder, der vom Tatort flüchtete?

Nein, das Auto entfernte sich nicht, es kam näher. Und es war ein sehr vertrautes Motorengeräusch.

Fin stieß den angehaltenen Atem mit einem Stoßseufzer aus. Er kannte das Auto nur zu gut. Jedes andere wäre ihm lieber gewesen.

Ein schwarzer Porsche schälte sich aus der Landschaft, schlich wie ein Panther über den zugewachsenen Feldweg auf ihn zu und kam wenige Meter neben ihm zum Stehen. Ein Mann stieg aus, hochgewachsen, kahlköpfig, in elegantes Schwarz gekleidet, wobei T-Shirt und Jackett allein vermutlich mehr gekostet hatten, als Fin früher in einem Monat verdient hatte.

Was zum Teufel hatte Billy »Blue Boy« MacGann hier verloren?

Er schien Gedanken lesen zu können. »Hallo, O'Malley, Vater Keelan sagte, du hättest 'n Problem?«

Ein spöttisches Grinsen spielte um seine hellblauen Augen.

Wenn Fin sich je gefragt hatte, ob seine Entscheidung, in Foley zu leben, richtig war, dann sah er sich genau in diesem Augenblick in seinen ärgsten Zweifeln bestätigt. Es ließ tief blicken, dass der Pfarrer im Dorf gerade diesen Mann für geeignet hielt, sich seines Problems anzunehmen. Billy MacGann hatte eine zweifelhafte Karriere bei der IRA hinter sich. In den Achtziger- und Neunzigerjahren des vergangenen Jahrhunderts hatten er und seine Kumpane von Donegal aus die Fäden gezogen, den Widerstand gegen die verhassten Royalisten organisiert und die britische Armee in Nordirland bekämpft, wo immer der Einsatz lohnte, ob mit Bomben oder Gewehren, und er konnte sich rühmen, eine der Personen gewesen zu sein, mit denen sowohl die britische als auch die irische Polizei gerne mal ein Bier getrunken hätte. Aber leider war er keiner ihrer Einladungen gefolgt. Nach der allgemeinen Generalamnestie vor zehn Jahren ließ man ihn heute weitgehend unbehelligt, abgesehen davon hatte man ihm nie wirklich irgendeine Straftat nachweisen können und Billy MacGann bemühte sich redlich, nicht unnötig aufzufallen. Er hatte sich mit der neuen Zeit offensichtlich gut arrangiert. Womit er seinen Lebensunterhalt verdiente, war schwer zu sagen. Fin wusste nur eins: Es ging um Geld. Und so wie er Billy MacGann einschätzte, um viel Geld. Auch wenn er mittlerweile in Nordirland lebte und seine Familie nur noch selten besuchte, hielt er es wie jeder hier in Foley – er ließ sich nicht in die Karten schauen. Zwar baute er keine Bomben mehr, aber so was verlernte man schließlich nicht.

Und ausgerechnet dieser Mann sollte sich um einen Mordfall kümmern? Da konnte man gleich den Bock zum Gärtner machen.

»Soll ich dir was sagen, O'Malley? Du siehst echt scheiße aus.« Billy kam ohne Eile herangeschlendert. »Vielleicht solltest du einfach 'ne andere Farbe tragen. Orange macht gerne etwas blass um die Nase.«

Fin verkniff sich eine passende Bemerkung und deutete mit einer knappen Kopfbewegung ins Innere des Cabrios.

Billy baute sich auf der Beifahrerseite auf, die Hände in den Taschen seiner Designerjeans, und sah auf den Toten herab. Wenn Fin geglaubt hatte, irgendetwas könne Billy »Blue Boy« MacGann aus der Fassung bringen, dann wurde er eines Besseren belehrt. »Hübsch …« Er legte den Kopf schief und verzog keine Miene. »Und ich dachte, du seist ein abgebrühter Bulle.«

»Leichen waren noch nie mein Ding.« Ganz im Gegensatz zu seinem Gegenüber, der wahrscheinlich schon übler zugerichtete Tote gesehen hatte.

Billy beugte sich über die Leiche und schnalzte mit der Zunge. »Sieh an, B.B. MacAllister.«

»Du kennst ihn?« Und er musste ihn verdammt gut kennen. In diesem Zustand hätte Fin nicht mal seinen eigenen Vater erkannt.

»Bertrand MacAllister. Bauunternehmer aus Derry.«

»Wieso B.B.?«

»Bertrand ›Bolt‹ MacAllister.«

»Bolt?«

»Naja, so nannten sie ihn in seiner Sturm-und-Drang-Zeit. Wenn irgendwo 'n krummes Ding lief, war Bertie mit dabei. Tauchte überall auf, wo man nicht mit ihm rechnete. Wie ein Blitz aus heiterem Himmel. Und keiner war so schnell wieder verschwunden, wenn's brenzlig wurde.«

»Scheint ihm diesmal nicht viel geholfen zu haben.«

Billy drehte mit einer Fingerspitze behutsam den Kopf des Toten, um die Verletzung zu begutachten. Fin schluckte die aufkommende Übelkeit runter, starrte aufs Meer hinaus und fixierte die Linie des Horizonts wie ein Schiffsreisender, der sich bemühte, nicht seekrank zu werden.

»In seinen besten Zeiten soll er sogar in der Damenwelt eingeschlagen haben wie ein Blitz. Man nannte ihn auch ›Dirty Bertie‹.«

»Klingt nach einem netten Zeitgenossen, der so gut wie keine Feinde hatte.«

»Angeblich soll er mittlerweile seriös geworden sein.« Billy fischte aus den Taschen seines Jacketts ein paar dünne Lederhandschuhe und zog sie über. Er schien auf Einsätze dieser Art vorbereitet zu sein. »Was immer das auch heißen mag.«

»Freund oder Feind?« Fin blickte in wasserblaue Augen.

Billy richtete sich zu voller Größe auf, damit er von möglichst weit oben auf Fin herabschauen konnte. »Misch dich nicht in Dinge ein, von denen du keine Ahnung hast, O'Malley.«

»Ich hab' mich nur gewundert, dass du ihn gleich erkannt hast.«

»Er sah im Leben auch nicht besser aus.« Er wollte dieses Thema nicht vertiefen. Stattdessen widmete er sich der Untersuchung der Leiche mit einer Hingabe und Akribie, die einem Pathologen zur Ehre gereicht hätte. Schaute in die leeren Augenhöhlen, prüfte den nicht vorhandenen Pulsschlag und kam zu einem Ergebnis. »Kopfschuss. Aus nächster Nähe. Er ist seit höchstens drei Stunden tot.«

Fin zuckte gleichgültig mit den Achseln, als habe er dem nichts hinzuzufügen. Billy MacGann musste es wissen, schließlich war er der Experte für Leichen ...

»Hast du jemanden gesehen? Irgendwas Verdächtiges bemerkt?«

Fin schüttelte wortlos den Kopf. Den Zwischenfall mit der Jacke verschwieg er. Vielleicht wollte er sich nicht die Blöße geben und dastehen als ein Dummkopf, der sich hatte austricksen lassen.

Er sah zu, wie sich Billy über MacAllisters Habseligkeiten hermachte. Die Brieftasche, das Geldbündel, alles wurde inspiziert und wanderte wieder zurück an seinen Platz.

»Und was machen wir jetzt?«

Billy hielt inne, als müsse er erst über eine Antwort nachdenken, aber Fin ahnte, dass er ihm in Gedanken schon um Längen voraus war. »Wir haben genau zwei Möglichkeiten, O'Malley. Die erste: Wir rufen die Polizei, die rückt mit einem Riesenaufgebot hier an und stellt dumme Fragen.«

»Und die zweite?«

»Du überlässt alles mir.« Billys Blick sagte ihm, dass er ihm die Entscheidung längst abgenommen hatte. Fin versuchte, standzuhalten, versuchte, sich nicht von diesen kalten blauen Augen einschüchtern zu lassen, versuchte, ein ebenbürtiger Gegenspieler zu sein, auch wenn er wusste, wie wenig glaubhaft er in dieser Rolle war. Zwar rebellierte der Ex-Polizist in ihm, aber wenn er ehrlich war, passte es ihm eigentlich ganz gut in den Kram, dass jemand kam und das Denken für ihn übernahm. Auch wenn dieser Jemand Billy »Blue Boy« MacGann hieß.

Billy deutete sein Schweigen als Zustimmung. Er angelte eins dieser eleganten, sündhaft teuren Smartphones aus seinem Jackett, wandte sich ab und ging ein paar Schritte zur Seite, um dem unliebsamen Lauscher nicht unnötig viel preiszugeben. Fin blieb, wo er war, und tat unbeteiligt, als ginge ihn das alles überhaupt nichts an.

Seltsamerweise hatte Billy kein Problem mit dem Empfang.

»... Ich brauche ein Team zum Aufräumen und Saubermachen ... Traban Bay ... Nein, sofort ... Die ganz große Besetzung ...«

Er schaltete das Handy aus und ließ es wieder in der Tasche verschwinden. So einfach war das.

»Was wolltest du eigentlich hier draußen?«

»Nichts Besonderes.« Fin war vollkommen klar, dass er ihn nicht verstehen würde. Billy MacGann hatte Wichtigeres zu tun, als raus in die Natur zu fahren, um mal eine Stunde im Grünen abzuhängen. Windige Transaktionen einfädeln oder Gelder von fragwürdiger Herkunft einmal um den Globus schicken. Fin wusste nicht viel über Finanzgeschäfte, nur dass es dabei für sein Empfinden nicht mit rechten Dingen zuging.

Billy hatte das Handschuhfach geöffnet und unterzog den Inhalt einer eingehenden Untersuchung. Besonders die Papiere schienen es ihm angetan zu haben.

»Wundert mich eigentlich, dass es ihn erst jetzt erwischt hat.« Er blätterte durch die Seiten, überflog den Inhalt.

Fin wartete auf weitere Ausführungen zu Billys Gedankengängen, aber er wartete vergebens. »Du scheinst nicht besonders traurig über sein Ableben zu sein.«

»Kann nicht behaupten, dass MacAllister allgemein beliebt war. Er war 'n Typ, der über Leichen ging«, entgegnete Billy ohne aufzuschauen, »okay, der Vergleich hinkt jetzt vielleicht gerade 'n bisschen ...«

»Irgendeine Idee, wer seinem Ärger Luft gemacht hat?«

»Schätze, er hat sich im Lauf seines Lebens eine Menge Feinde zugelegt, aber ich hab' keine Ahnung, wer aktuell in der langen Schlange ganz vorne gestanden hat. Angeblich hat er bei verschiedenen Bauprojekten ein paar Millionen in den Sand gesetzt, schon deshalb dürften einige Leute nicht gut auf ihn zu sprechen sein. Und die britische Finanzbehörde hatte ihn auf dem Kieker, weil er mit EU-Geldern spekuliert haben soll. Gerüchte natürlich ...« Er schien sehr wohl zu überlegen, was er lieber für sich behielt und was Fin wissen durfte. Unverfängliches, was in jeder Zeitung nachzulesen war. »Hier eine Mauschelei, dort eine kleine Bestechung. Ein Lokalpolitiker, dem er den Wahlkampf gesponsert haben soll, dafür hat er dann den Zuschlag fürs neue Einkaufszentrum bekommen. Illegale Preisabsprachen. Das Übliche halt.« Er steckte ein paar bedruckte Seiten ein, den Rest verstaute er wieder im Handschuhfach. »Seine Firma sitzt in Derry, aber er hatte auch Baustellen in Donegal. Er kannte keine Grenzen – und das in jeder Hinsicht. Er wusste nie, wann er genug hatte.«

»Tja, das hat jetzt wohl jemand anders für ihn entschieden.«

»Hast du eigentlich eine Waffe, O'Malley?«

»Nee, wozu?«

Billy hatte MacAllisters Pistole gefunden. »Jeder sollte eine Waffe haben, auch wenn's nur so 'n Spielzeug ist wie die hier. Hier, fang auf!«

Ehe Fin sich versah, hatte Billy sie ihm über den Wagen hinweg zugeworfen. Er fing sie wie im Reflex. »Was soll der

Scheiß? Was soll ich mit dem Ding?«, reagierte er ärgerlich. Er hielt die Pistole wie eine heiße Kartoffel, wischte sie hastig mit seinem Hemdsärmel ab, stopfte sie ins Handschuhfach zurück und knallte die Klappe zu. »Ich glaub', du hast nicht mehr alle Latten am Zaun!«

Billy grinste unverschämt, ging um den Wagen herum und öffnete den Kofferraum. Fin linste verstohlen über seine Schulter, konnte aber nichts Außergewöhnliches entdecken. Ein Reservekanister, zwei Flaschen Mineralwasser, ein Karton mit Immobilienkatalogen. Während Billy die Verkleidung des Kofferraums nach möglichen Geheimfächern abtastete, kehrten Fins Gedanken zur Ruine zurück und zu den Baustellenschildern. »Hatte MacAllister was mit dem alten Kasten da drüben zu tun?«

»Sei nicht so neugierig, O'Malley.« Billy hatte seine Inspektion beendet und schloss den Kofferraumdeckel.

Aber genau da lag Fins Dilemma. Genau in dem Augenblick, in dem jemand zu ihm sagte, er solle nicht neugierig sein, genau dann wurde er immer besonders neugierig. Ob er wollte oder nicht.

»Was hat es mit dieser Bruchbude auf sich?«

»*Cruit Castle.*«

»Aha ...«

Billy fühlte sich offenbar nicht genötigt, weitere Erklärungen abzugeben.

»Und?«

»Da wohnt schon lange niemand mehr.«

»Danke, so genau hab' ich's gar nicht wissen wollen.«

Fin wusste, dass Billy MacGann ihm nicht über den Weg traute. Es beruhte ganz auf Gegenseitigkeit. Zwischen ihnen beiden lagen Welten – hier der Ex-Terrorist, dort der Ex-Polizist. Und zwischen ihnen ein ideologischer Graben, den weder Vernunft noch Überzeugungskraft zuschütten konnten. Wenn jemand in Foley Probleme hatte mit Fins Anwesenheit, vielmehr mit seiner beruflichen Vergangenheit, dann war es aus nachvollziehbaren Gründen Billy MacGann. Auch wenn er schon lange drüben im Norden lebte, waren die Bindungen an sein Heimatdorf doch immer noch so stark, dass sein Wort Gewicht hatte. Das zeigte schon die Tatsache, dass der Pfarrer ihn um Hilfe gebeten hatte. Aber in Foley galten schon immer andere Maßstäbe.

Fin fragte sich, wie viel die Leute wirklich von Billy wussten, ob es seine zweifelhafte Auffassung von Recht und Gesetz war oder ob es in Wahrheit allein die familiären Bande waren, die seine Stellung im Dorf rechtfertigten.

Fin konnte diesen Mann nur schwer einschätzen. Am liebsten ging er ihm aus dem Weg, was er im vergangenen halben Jahr erfolgreich praktiziert hatte. Wahrscheinlich war er für Billy bestenfalls ein nützlicher Idiot, den man vielleicht irgendwann mal brauchen konnte.

»Seit wann bist du denn auf den Hund gekommen, O'Malley?«

Fin hatte den weißen Schäferhund völlig vergessen. Er schaute sich um. Der Hund lag auf seinem Platz neben dem schiefen Torpfosten und beobachtete die beiden Männer.

»Ist nicht meiner. Gehört wohl MacAllister.«

Knapp eine Stunde war vergangen, als sich zwei Fahrzeuge näherten, ein dunkler Kombi und ein LKW der lokalen Molkerei. Fin wunderte sich, was der Kühltransporter hier verloren hatte, aber als Billy die beiden Fahrer mit Handschlag begrüßte, beschloss er, sich nicht mehr zu wundern.

Niemand stellte Fragen, jeder wusste, was er zu tun hatte, und es dauerte keine zwanzig Minuten, dann war das Cabrio mitsamt der Leiche im Inneren des LKWs verschwunden und nichts mehr erinnerte an die Bluttat, die diese idyllische Landschaft verschandelt hatte. Die schweigsamen Handlanger waren eben dabei, die Ladeklappe zu schließen, als Billy plötzlich aus einer rätselhaften Falte seines maßgeschneiderten Jacketts eine Pistole hervorzauberte. Er zielte auf den Hund.

»He, bist du bescheuert!«, warf sich Fin dazwischen, »du kannst ihn doch nicht erschießen!«

»Was soll ich denn sonst mit ihm machen?«, blaffte Billy zurück, »Ich kann ihn schlecht zurücklassen. Wenn er Hunger hat, reißt er am Ende Schafe. Das mögen die Leute hier nicht.«

Fin konnte sich beim besten Willen nicht vorstellen, dass dieser Hund auch nur einer Maus nachstellen würde, eher würde er wahrscheinlich verhungern. »Du erschießt diesen Hund nicht!«, stellte er mit Nachdruck fest. Er wollte noch ein ›Nur über meine Leiche hinzufügen‹, war sich aber nicht sicher, wie Billy das auffassen würde.

Billy ließ die Pistole sinken. »Okay, dann nimm ihn mit.« Es war kein Vorschlag, sondern eine Anordnung. Er steckte die Waffe ein und ging ohne ein weiteres Wort zu verlieren zu seinem Porsche.

Keine Minute später war der ganze Spuk vorbei, und der weiße Strand von Traban Bay lag wieder friedlich unter einer warmen Aprilsonne, als sei nie etwas geschehen. Der nächste Regenschauer würde die Spuren im Sand fortwischen, den Rest besorgte der Wind.

Fin fragte sich, was Billy mit der Leiche anstellen würde. Er würde sie verschwinden lassen, keine Frage, aber wo und wie? Er schien sogar so etwas wie Routine darin zu haben, ein Gedanke, der Fin gar nicht behagte. Andererseits war er die Verantwortung los und es war wohl besser, wenn er nicht allzu viele Details kannte.

»Komm, mein Junge, gehen wir nach Hause.«

Der Hund zögerte, aber als er Fin davongehen sah, raffte er sich schließlich auf und humpelte hinterdrein.

Es dauerte eine Weile, bis sie an der Straße ankamen, wo Fin seinen Wagen geparkt hatte. Genau genommen war es gar nicht sein eigener, es war Ronans alter Landrover, den er fahren durfte, wenn der Pubbesitzer wieder irgendwo in der Weltgeschichte unterwegs war, um irisches Kulturgut, vorzugsweise in flüssiger Form, in der Welt bekannt zu machen.

Er saß schon auf dem Fahrersitz und stieß den Schlüssel ins Zündschloss, als ihm einfiel, dass er nicht alleine war. Er stieg wieder aus, öffnete die hintere Tür, fegte die Krümel vom letzten Torftransport aus und zupfte die alte Pferdedecke auf der Ladefläche zurecht.

»Hopp, rein mit dir!«

Der Hund sah ihn an, sah die Ladefläche an und wieder Fin. Dann trottete er zur offenen Fahrerseite und sprang mit einem erstaunlich behenden Satz in den Wagen.

Fin schüttelte den Kopf und warf die Tür zu. »Nennen Sie mich schlicht Majestät.«

Als er einstieg, hockte der Hund auf dem Beifahrersitz und hechelte ihn erwartungsvoll an.

»Wenn du glaubst, dass ich dich jetzt noch anschnalle, kannst du lange warten.«

4. Lily

Fin ließ den Hund zur Hintertür des Pubs hinein. Offenbar hatte sich das Tier damit abgefunden, zu einem neuen Rudel zu gehören, denn es inspizierte wie selbstverständlich die Küche und lief neugierig weiter in den Schankraum.

In dieser Sekunde wusste Fin, dass er einen gravierenden Fehler gemacht hatte.

Zu spät.

Eine Viertelsekunde später ertönte wüstes Gebell, gefolgt von einem lauten Fauchen, als ob man Luft aus einem Dampfkessel abließ. Es krachte und polterte, Glas ging zu Bruch, noch ehe Fin überhaupt auf den Gedanken kommen konnte, einzugreifen. Weitere zwei Sekunden später herrschte Totenstille.

Vorsichtig betrat Fin die Kneipe. Als erstes entdeckte er Nora Nichols, die von der ganzen Szene völlig unbeeindruckt auf einem Barhocker saß und darauf wartete, dass der Bierhahn geöffnet wurde.

»Ich hab' einen weißen Teufel gesehen«, ließ die Alte vernehmen.

»Wohl eher einen roten«, entgegnete Fin.

Die Katze hockte gebieterisch auf dem Tresen, das rote Fell aufgeplustert zu doppelter Größe, und keckerte geifernd. Ihr Schwanz fegte zornig hin und her. Fin brachte schnell ein paar Gläser in Sicherheit und hielt nach dem Hund Ausschau. Er hörte nur ein völlig verängstigtes Winseln.

Mit einem ergebenen Seufzer rückte er die Gardine zurecht, stellte zwei umgekippte Stühle wieder auf, kroch unter einen Tisch, packte mit beherztem Griff das Halsband und zog den sich sträubenden Hund unter einer Sitzbank hervor. Die Katze grollte und blickte mit einer Mischung aus Ekel und Verachtung auf den Eindringling herab. Sofort duckte sich der Hund. Fin schätzte, dass er wohl Glück gehabt hatte. Auf jeden Fall konnte er hier nicht bleiben. Erst einmal bugsierte er ihn zurück in die Küche, im selben Moment, als die Hintertür aufflog und Lily hereinstürzte, offenbar angelockt vom Lärm.

»Oh, ein Hund! Ist der süß!«

Sofort fiel sie über das Tier her und wuschelte das weiße Fell. Der Hund kam mit dem Wechselbad der Gefühle offenbar ganz gut zurecht, gerade noch in Schockstarre, wedelte er freudig mit dem Schwanz und begrüßte das neue Rudelmitglied, das ihm eindeutig freundlicher gesonnen war als die Katze.

»Woher hast du ihn?«

»Ähm ...« Gute Frage. Er konnte ihr unmöglich die Wahrheit sagen. »Zugelaufen.«

»Können wir ihn behalten?«

Um jeden Tag an die blutige Leiche von Traban Bay erinnert zu werden? Bloß nicht. Er musste sich schnellstens was einfallen lassen. »Natürlich nicht. Er wird irgendwo einen Besitzer haben, der sich sicher schon Sorgen macht.« Erstmal Zeit schinden.

Er hasste es, Lily anzulügen.

Er fühlte sich wie ein Hürdenläufer, der das erste Hindernis mit Ach und Krach überwunden hatte, der aber wusste, dass da noch eine ganze Menge anderer in seinem Weg standen. Er ahnte, dass er das Ziel nicht erreichen würde. Blieb nur die Frage, an welcher Hürde er eine satte Bauchlandung hinlegen würde.

»Dürfte doch nicht schwierig sein, den zu finden. Du bist doch Polizist.«

»Ich *war* Polizist.«

»Du könntest doch ein Privatdetektiv sein?«

Das fehlte noch. Nein, Fin hatte unter sein bisheriges Leben einen dicken Schlussstrich gezogen. Er wollte nicht mehr ermitteln, weder beruflich noch privat. Auch wenn das nach der Geschichte heute schwierig werden könnte.

»Wie heißt er?«

»Hat er mir nicht verraten.«

Lily bekam das Halsband zu fassen und untersuchte es. »*Pebbles* steht da. Der Hund heißt Pebbles«, stellte sie fest, »meine Freundin Sarah hat auch so einen. Der heißt Troy. Aber Pebbles ist viel niedlicher!«

Sie herzte den neuen Freund, und Fin ahnte, dass es nicht leicht werden würde, die beiden zu trennen. Andererseits, wenn Lily den Hund mit nach Dublin nahm, wäre er ihn los. Eigentlich keine schlechte Idee. Er konnte sich schon das Gesicht seiner Ex-Frau vorstellen.

Lily hatte Frühjahrsferien und weil Susan mit ihrem neuen Lover in den Urlaub nach Südfrankreich geflogen war, war es an Fin hängengeblieben, Kindermädchen zu spielen. Natürlich war Lily längst kein Kind mehr, sie war gerade fünfzehn geworden, und Fin war froh, wenn er seine Tochter mal für sich hatte. Susan wusste das meist zu verhindern mit der Begründung, er habe einen schlechten Einfluss auf sie. Und das musste ausgerechnet er sich sagen lassen. Er, ein Polizist. Nun ja, Ex-Polizist.

Im Großen und Ganzen war ihre Trennung ohne Groll über die Bühne gegangen und manchmal bedauerte Fin sogar, dass sie nicht mehr zusammen waren. Aber so war das Leben, er und Susan waren eine Weile nebeneinander auf derselben Straße gelaufen, aber irgendwann an einer Kreuzung war jeder in eine andere Richtung abgebogen. Zwar waren sie auf dem Papier nach wie vor verheiratet, aber es fühlte sich schon sehr nach Scheidung an. Immerhin hatten sie es geschafft, dass sie in Kontakt geblieben waren. Schon wegen der gemeinsamen Tochter. Lily lebte bei Susan in Dublin und insgeheim beneidete Fin seine Ex-Frau nicht darum.

Lily war in einem Alter, in dem sie sich von ihrer Mutter nicht mehr alles sagen ließ. Eine rebellierende Teenagertochter im Haus zu haben, war nicht immer einfach, das bekam auch Fin zu spüren. Zwar freute er sich, wenn sie ihn besuchte, aber er wusste auch, dass sie nicht nur nach Foley kam, um ihren coolen Dad zu besuchen. Sie kam auch wegen Diarmuid O'Rourke.

Diarmuid war ein Junge aus dem Dorf, im selben Alter wie Lily. Er lebte bei seinen Großeltern, seine Mutter hatte sich gleich nach seiner Geburt auf und davon gemacht, niemand wusste, wo sie steckte. Angeblich war Billy MacGann sein Vater, aber Billy hatte diesen Umstand stets mit Nachdruck geleugnet. Allein dieses Gerücht genügte Fin allerdings, um klarzustellen, dass Diarmuid O'Rourke kein Umgang für seine Tochter war.

Lily sah das natürlich anders.

Seine Tochter kam ganz nach ihrer Mutter. Sie war schlank und hochgewachsen, was die langen blonden Haare noch betonten. Und sie war in einem Alter, in dem sie sich ihrer Reize bewusst wurde. Kurzum, ein gefährliches Alter. Eigentlich wirkte sie älter als fünfzehn, in diesem viel zu knappen *Ed Hardy*-T-Shirt und den ausgefransten Bluejeans, deren Hosenbund so tief saß, dass sie sich, wenn er noch einen Fingerbreit tiefer rutschte, an Stellen würde rasieren müssen, wo ein anständiges Mädchen in ihrem Alter das normalerweise nicht tat. Und gestern Abend hatte sie ihm allen Ernstes eröffnet, sie wolle sich die Nase piercen lassen. Das kam überhaupt nicht in Frage! Nur weil alle anderen so einen Blechpickel im Gesicht hatten, musste sie das noch lange nicht nachmachen.

Aber Fin hatte keine Illusionen. Über kurz oder lang würde er nicht verhindern können, dass Lily anfing, ihr eigenes Leben zu leben. Auch wenn es noch so schwerfiel, er musste lernen, loszulassen.

Seit er aus Dublin fortgegangen war, war er nicht länger Teil ihres täglichen Lebens. Was wusste er überhaupt von seiner Tochter? Was trieb sie nach der Schule? Mit wem ging sie abends ins Kino? War diese Sarah so was wie ihre beste Freundin? Hatte sie gerade einen festen Freund? Nahm sie am Ende Drogen? Ein Gedanke, bei dem sein Polizistenherz ungesund heftig klopfte. Er hatte sie in Verdacht, dass sie heimlich rauchte. Warum sonst riss sie immer das Fenster auf, bevor sie ihn ins Zimmer ließ?

Hatte sie auch diesen Vampir-Fimmel, den gerade alle Mädchen in ihrem Alter hatten? Verschlang auch sie dicke Wälzer über Blutsauger und anderes lichtscheue Gesindel? Wahrscheinlich – warum sonst verstand sie sich so gut mit Diarmuid O'Rourke, diesem blassen Nachtschattengewächs, das nur vor dem Computer rumhing und nie ans Tageslicht kam.

»Warst du bei Diarmuid?«

»Er hat ein echt geiles neues Computerspiel, da muss man –«

»Ich hab' dir gesagt, ich will nicht, dass du dich mit ihm rumtreibst.«

»Ich treib' mich nicht rum. Was hast du nur gegen ihn?«

»Sein Vater ist ein Gangster.«

»Und du? Was bist du? Der Dalai Lama?«

Fin hatte geahnt, dass es ein Fehler gewesen war, nach Foley zu ziehen. Aber Lily riss ihn aus seinen Gedanken, ehe er weiter sein Leben und seine Qualitäten als Erziehungsberechtigter in Frage stellen konnte. »Er ist verletzt.«

»Wer?«

»Pebbles.«

Der Hund hielt geduldig still, als Lily seine Pfote untersuchte. Das Blut war getrocknet, Schmerzen schien er keine zu haben.

»Er ist bestimmt irgendwo reingetreten. Oder von einem anderen Tier gebissen worden«, vermutete sie.

»Ja, wahrscheinlich.« Er ließ sie in dem Glauben, auch wenn er fürchtete, dass es anders war.

Aus der Kneipe dröhnte plötzlich Musik herein. Fin erkannte die Lieblingsplatte von Brenda, die *Clancy Brothers*, vier singende Aranpullover, die sie in den Sechzigerjahren sogar live auf der Bühne erlebt, aber mittlerweile allesamt überlebt hatte.

Brenda O'Shea war die schwerhörige Mutter von Ronan, dem Wirt, und in Abwesenheit ihres Sohnes führte sie das Regiment in der Küche. Ronan war vor drei Wochen zu einer neuen Mission aufgebrochen und versuchte gerade, in einem Vorort von Boston das Pub seines Cousins auf Vordermann zu bringen. Das konnte dauern, denn Ronan hatte ganz eigene Vorstellungen davon, wie man eine Kneipe führte. Leider hatte er Fin, dem er für diese Zeit das *Fisherman* überlassen hatte, diese Vorstellung nicht mitgeteilt. Das war nicht weiter tragisch, denn das *Fisherman* war das einzige Pub in Foley und lief praktisch von alleine, ob mit oder ohne Ronan. Einen viel größeren Fehler hatte er jedoch gemacht, als er Isobel mit nach Amerika genommen hatte, seine Frau und gute Seele der Küche.

Es gab einige Dinge, von denen Fin keinen Schimmer hatte. Eins davon war Kochen. Dummerweise ließen auch die Kochkünste von Ronans Mutter zu wünschen übrig, nur traute sich niemand im Dorf, ihr das zu sagen. Der wahre Grund für ihre Anwesenheit in der Kneipe bestand schlicht in der Tatsache, dass sie die Einzige war, die das Rezept für den *Fisherman's Fellow* kannte, das höllische Traditionsgetränk des Pubs, zubereitet nach einem alten Familienrezept, das die O'Sheas hüteten wie ihre Augäpfel. Selbst Fin hatte bisher nicht herausgefunden, was sich außer Bier, selbstgebranntem Whisky und Tabasco noch in diesem Gebräu versteckte.

»Ah, wir haben einen Gast zum Abendessen«, kommentierte Brenda die Anwesenheit des Hundes in ihrer Küche. Die stämmige Siebzigerin wuchtete zwei Einkaufstüten auf die Anrichte und begann, auszupacken.

»Lass mich raten – Eintopf?«

»Falsch, Fin. Fisch«, antwortete sie, band sich eine Schürze um die nicht vorhandene Taille und goss reichlich Öl in die Friteuse.

»Fish & Chips?«

»Was denn sonst? Mach dich nützlich und schäl schon mal Kartoffeln.«

Mit einem großen Messer bewaffnet machte sie sich an die Arbeit. Der Hund wedelte erwartungsvoll mit dem Schwanz und ließ sie nicht aus den Augen. Aufmerksam verfolgte er jeden ihrer Handgriffe. Für Pebbles war ein Mensch mit einem Messer gleichbedeutend mit Futter und diese kleine energische Frau mit dem grauweißen Bürstenhaar schien Ahnung davon zu haben. Aber Fin wusste, dass man ihm mit einer Portion Kabeljau in Bierteig keine Freude machen würde.

Er warf einen Blick auf den Fisch, den Brenda mit Schwung auf die Anrichte klatschte. Sein Magen rebellierte und spülte das Bild des Toten von Traban Bay wieder hoch.

»Ich geh erst noch Hundefutter kaufen.«

»Willst du damit andeuten, ich koche schlecht?«

5. The Fisherman

Das Pub war ungewohnt hell, seit Brenda vergangene Woche Staub gewischt und die Fenster geputzt hatte. Der frische scharfe Duft von Zitronenreiniger überlagerte den Geruch von Zigaretten und Bier, der seit Jahrzehnten an Gardinen und Polstern klebte. Tische und Dielenboden waren blankgescheuert, doch umso mehr traten die Narben hervor, die das tägliche Stühlerücken im Holz hinterlassen hatte. Die Wände waren von verirrten Dartpfeilen durchlöchert; wo es allzu sehr störte, hatte jemand ein Plakat drübergeklebt.

»Urig« würden es Touristen nennen, wenn sie denn den Weg hierherfänden. Fin nannte es schlicht »vergammelt«, Ronan O'Shea nannte es »Patina«. Er liebte sein Pub so, wie es war. Er brauchte keinen modernen Schnickschnack, das Fernsehgerät in der Ecke über dem Tresen war das höchste der Gefühle. Zwar ließ er immer wieder durchblicken, er plane eine grundlegende Renovierung des *Fisherman*, aber bisher war es bei dem löblichen Vorsatz geblieben. Das lag weniger am Mangel an Geld als vielmehr am Mangel an Zeit. Ronan hatte so viel anderes auf seinem Kalender, was ihm wichtiger erschien, da musste das Pub eben warten und solange sich niemand beschwerte, würde wohl alles beim Alten bleiben.

In der Küche sah es nicht viel anders aus. Es war alles da, was frau brauchte, alles war sauber und aufgeräumt. Lediglich der Geschirrspüler als Zugeständnis an die Moderne war neu und ging wahrscheinlich auf eine Initiative von Isobel zurück, die irgendwann keine Lust mehr gehabt hatte, ihre lackierten Fingernägel im Spülwasser zu baden. Der alte Aga-Herd war ein Monstrum, auf dem schon Ronans Großmutter gekocht hatte, und bisher hatte sich noch niemand daran gestört, dass er von Tellern aß, von denen schon Queen Victoria gegessen hätte, hätte ein ungünstiges Schicksal sie jemals in diese abgelegene Ecke ihres Empires verschlagen. Gläser gab es in allen Größen und Formen, aber keine zwei, die zueinander passten. Das machte nichts, schließlich kam es auf den Inhalt an, und Ronan legte großen Wert darauf, wirklich alle Wünsche seiner Gäste zu erfüllen und seien sie noch so ausgefallen. Ein anständiges Pub zeichnete sich durch eine schier endlose Getränkeauswahl aus und durch die unerklärliche Affinität des Iren zu amerikanischer Countrymusik, die besonders bei Brenda tief verwurzelt war. Kein Wunder, dass ihr Essen ungenießbar war – bei dem Geklimper wurde die Milch im Kühlschrank sauer.

Fin drehte Waylon Jennings ein paar Dezibel leiser, als er das Pub betrat, was einige neugierige Köpfe veranlasste, aufzuschauen. Eine Gruppe von Dorfbewohnern hatte sich um einen Tisch versammelt und verfolgte mit regem Interesse und guten Ratschlägen die Erstversorgung eines verletzten Hundes. Von der roten Katze war weit und breit nichts zu sehen.

Fin hatte gar nicht gewusst, dass es in Foley einen Tierarzt gab, und war umso erstaunter, als er Pebbles in den Händen von Brian vorfand, der normalerweise Autos reparierte.

»Du weißt, was du da tust?«

»Nora meinte, ich soll Brian holen«, fiel Lily ein.

Brian wickelte gerade einen Verband um die Hinterpfote des Hundes, der brav stillhielt und es sichtlich genoss, im Mittelpunkt zu stehen.

»Keine Sorge, in meinem früheren Leben war ich Arzt.«

»Arzt?«

Er hatte Brian eher für einen Grobmotoriker gehalten. Schon wegen der gewaltigen Pranken.

»Dublin. Beaumont Hospital.«

Offenbar war Fin nicht der Einzige, der in dieses Nest gekommen und hängengeblieben war.

»Und wieso bist du jetzt kein Arzt mehr?«

»Zu viele Nachtschichten, zu viele Autounfälle, zu viele Besoffene, zu viele idiotische Vorschriften.« Er prüfte den Sitz des Verbandes und schien zufrieden. »Ich repariere lieber Autos anstatt Menschen, die halten still und verklagen dich hinterher nicht.« Er deutete auf die Schramme an der Hundeschnauze. »Dornen?«

»Katze.«

»Er wollte doch bloß spielen«, verteidigte Lily den neugewonnenen Freund.

»Ja, aber die Katze nicht.«

Pebbles wedelte freundlich mit dem Schwanz. Ein Paar schokoladenbraune Augen hefteten sich an Fin und bedachten ihn mit warmer Zuneigung. Er konnte sich nicht daran erinnern, dass ihm jemals ein Wesen einen solchen Blick geschenkt hatte. Vielleicht lag es daran, dass er eine Dose Hundefutter in der einen und eine Schüssel in der anderen Hand hielt.

»Na komm, Junge. Fresschen!«

»Fin?«

»Ja, Brian?«

»Dein Junge ist ein Mädchen.«

»Oh ...«

Die Schüssel nahm es mit dem gesamten Doseninhalt auf und Pebbles machte sich ausgehungert und wenig damenhaft darüber her.

»Sieh mal, Diarmuid, wir haben einen Hund!«

Fins Miene verfinsterte sich beim Anblick des schlaksigen Jungen, der eben zur Tür hereingekommen war. Er konnte

Lilys Sympathie absolut nicht nachempfinden. Wieso mochte seine Tochter diesen stets in gruftiges Schwarz gehüllten, blassen Jüngling, dessen blaugefärbte Haare ihm etwas Alienhaftes verliehen.?An den langen dürren Fingern, die gewöhnlich wie Derwische über Computertastaturen tanzten, klebten silberne Ringe mit Totenschädelmotiven, während eine Hand ein undefinierbares Tattoo zierte. Ein winziger Ring verband die beiden Nasenlöcher. Dass es ein Schmuckstück war, erkannte man erst bei näherem Hinschauen. Oberflächlich betrachtet sah es aus, als ob ihm etwas aus der Nase tropfte, das man lieber nicht genauer untersuchen wollte. Und der funkelnde Stecker an seinem rechten Nasenflügel war wohl der Grund, weshalb Lily unbedingt auch so etwas haben musste. Nein, der Einfluss von Diarmuid O'Rourke auf seine Tochter gefiel ihm überhaupt nicht. Außerdem hatte er die hellen blauen Augen der MacGanns, ein deutliches Indiz für Fin, dass Billy hier etwas mehr als nur die Finger im Spiel gehabt hatte.

Das Bild des Toten von Traban Bay schoss ihm wieder durch den Kopf. »Was willst du hier?«, knurrte Fin Diarmuid an.

»Dad!« Lily missfiel der Tonfall ihres Vaters.

»Sachte, Mann! Ich wollte bloß fragen, ob Lily –«

»Die Antwort ist ›Nein‹!«

»Fin!«, fuhr Ciarán O'Connor, der Ladenbesitzer, dazwischen.

»Ich mag es nun mal nicht, wenn –«

»Fin!«

»Dad!«

»Ich glaube, der Hund muss mal raus …«, O'Connor sah Lily und Diarmuid aufmunternd an, während Pebbles mit ihrer Schnauze die leere Schüssel scheppernd vor sich her schubste, gierig bemüht, auch den allerletzten Rest des Futters aufzuschlecken.

»Ohne Leine?«

»Der läuft schon nicht weg. Wo sollte er hin?«

»Komm, Pebbles!«, lockte Lily. Die Hündin ließ sich nicht zweimal bitten. Diarmuid folgte ihr, die Tür fiel hinter den Dreien ins Schloss und Fin fühlte sich ausgebootet.

»Könntet ihr bitte die Erziehung meiner Tochter mir überlassen?«

»Was war los?«, fragte O'Connor.

»Bitte?«

»Ich war lange genug in der Notaufnahme, um 'ne Schussverletzung zu erkennen«, mischte sich Brian ein, »und dieser Hund ist zweifellos angeschossen worden.«

»Vater Keelan hat gesagt, du hättest ihn angerufen.«

Fin seufzte. Daher wehte der Wind. Er hätte es sich denken können. Der Nachrichtendienst von Foley funktionierte reibungslos. »Es hat einen Toten gegeben. Draußen bei Traban Bay.«

»Soviel wusste Vater Keelan auch.«

»Weiß man, wen's erwischt hat?«

»Jemand, den wir kennen?«

Fin blickte in gespannte Gesichter. »Einen gewissen MacAllister.«

»MacAllister?«

»B.B. MacAllister?«

»Dirty Bertie?«

Offenbar kein Unbekannter in Foley.

»Ihr kennt ihn?«

»Nööö, eigentlich nicht ...«

»Also, nicht wirklich ...«

»›Kennen‹ wäre vielleicht übertrieben ...«

Sie logen ihn an. Alle.

»Natürlich kenn' ich Bertie MacAllister.«

Fast alle.

»Nora ...« Ciaráns Stimme hatte unüberhörbar einen warnenden Unterton.

»Das ist der Kerl, der mit diesen Kaninchenställen, die er Häuser nennt, die Landschaft verschandelt und die Feen vertreibt«, erklärte Nora Nichols ungerührt, »war ja klar, dass die sich das irgendwann nicht mehr gefallen lassen.«

Fin ging hinter den Tresen und setzte das erste Pint des Abends an. »Er wurde erschossen – nicht verzaubert.«

»Na, da hat er aber Glück gehabt«, grummelte die Alte. Nora Nichols, die eigensinnige Tante von Billy MacGann, saß auf ihrem Barhocker und ließ die kurzen Beine baumeln. Fin fragte sich, wie sie da hinaufgekommen war. Sie war weit in den Achtzigern, ihr runzliges Gesicht umrahmte eine üppige weiße Lockenmähne, und auch sie hatte die blauen Augen der MacGanns, die wie einer jener raren wolkenlosen irischen Sommerhimmel strahlten, wenn sie etwas zu ihrem Lieblingsthema beisteuern konnte. Sie war der wandelnde Almanach über Elfen und Kobolde und es machte ihr überhaupt nichts aus, dass sie die Einzige im Dorf war, die an mythische Wesen glaubte. Sie wusste es schließlich besser. »Der Zorn der Feen ist fürchterlich.«

»Sicher, Nora.«

Ein volles Glas neben dem anderen nahm auf der Theke Aufstellung. Mittlerweile kannte Fin die Vorlieben seiner Gäste bei der Getränkewahl auswendig.

»Und wem gehört der Hund?« O'Connor fand wieder zum eigentlichen Thema zurück.

»Vermutlich MacAllister.«

»Hast du irgendjemanden gesehen? Irgendwas Verdächtiges bemerkt?«

Fin schüttelte den Kopf und konzentrierte sich aufs Bierzapfen. Er hatte keine Lust, den Dorfbewohnern alle Einzelheiten auf die Nase zu binden. Wenn sie nicht mit offenen Karten spielten, warum sollte er es tun?

Nach und nach fanden sich immer mehr Leute im Pub ein.

Das halbe Dorf war versammelt. Alle wussten Bescheid oder wurden sofort auf den neuesten Stand gebracht. Foley war kein Ort, an dem viel passierte.

Sean MacEvoy, der Schreiner, baute seine zwei Meter neben O'Connor an der Theke auf und orderte sein zweites Pint. »Und was denkt Billy über die Sache?«

»Das hat er für sich behalten.«

»Ich frage mich, was MacAllister da draußen bei Cruit Castle wollte«, sinnierte O'Connor in sein Glas.

Keiner hatte eine Erklärung.

»Was hat es eigentlich mit dem alten Kasten auf sich?«, wollte Fin wissen.

»Ach, das ist 'ne uralte Geschichte ...« Die aber offenbar niemand zu erzählen gedachte.

Wieder war es Nora, die sich zu Wort meldete. »Das ist mindestens zweihundert Jahre her. Da haben die Mulligan-Zwillinge nach dem Tod des Vaters um das Schloss gewürfelt. Aber Jasper Mulligan, der hat betrogen. Der hatte nämlich Zauberwürfel, die hat er eingetauscht gegen lebenslanges Wohnrecht für die Kobolde im Schloss. Natürlich hat Jasper gewonnen, aber Cruit Castle hat ihm kein Glück gebracht. Seine Söhne starben am Fieber, seine Frau lief ihm davon, die Ernte wurde durch Ratten zerstört und seine Kühe allesamt vom Blitz erschlagen. Da hat er das Gut seinem Bruder Jeremiah geschenkt, um den Fluch endlich von sich abzuwenden. Jeremiah hat als erstes die Kobolde vor die Tür gesetzt, aber die haben ihm das übelgenommen und das Schloss eines Nachts angezündet. Man sollte sich eben nie mit Kobolden anlegen, denn die Rache der Kobolde –«

»... ist fürchterlich, ich weiß, Nora.« Brenda kam aus der Küche und stellte der Alten einen heißen *Fisherman's Fellow* vor die Nase. »Wundern würd's mich allerdings nicht. In dem alten Gemäuer spukt's.«

»Unsinn.«

»Macht euch nur lustig! Ihr werdet schon sehen, dass ich recht habe«, knurrte Nora und tauchte ins dampfende Gebräu, »ich sagte doch, die Kobolde waren's.«

»Quatsch, die IRA war's«, mischte sich Moira O'Connor ein, die Frau des Ladenbesitzers.

»Na, das wüsst' ich aber …«

»Die IRA?«, fragte Fin neugierig.

Ciarán O'Connor leerte sein Glas und hielt es Fin zum Nachfüllen hin. »Das ist schon lange her. So um 1920 rum.«

»Was ist passiert?«

Informationen waren Kostbarkeiten, mit denen man in Foley lieber sparsam umging, und seien sie noch so alt. Moira erbarmte sich schließlich. »Cruit Castle war einst das Schloss der O'Neills von Clonalis, einem alten irischen Adelsgeschlecht aus Donegal. Die O'Neills konnten ihren Stammbaum bis auf die irischen Hochkönige zurückverfolgen, aber genützt hat es ihnen nichts. Natürlich wurden auch sie von den Engländern von ihrem Grund und Boden vertrieben. Zuletzt ging Cruit Castle in den Besitz des Duke of Armadale über, das muss so gegen Ende des neunzehnten Jahrhunderts gewesen sein.«

»Seitdem hieß es im Volksmund nur noch Greed Castle«, warf ihr Mann dazwischen.

»Den Pächtern in der Umgebung ging es unter der Herrschaft der Armadales ziemlich dreckig. Wie überall sonst in Irland auch. Aber der Duke war ein Geizkragen, wie er im Buche steht. Alter schottischer Adel. Nicht genug, dass die Iren kein Brot und kein Geld hatten, ihnen wurde auch noch verboten, Irisch zu sprechen. Da fiel es leicht, aus Cruit Castle Greed Castle zu machen.«

»Und wo kommt die IRA ins Spiel?«

»Der Duke of Armadale hatte ein paar Würdenträger und hochrangige Offiziere aus Derry zu einer Party eingeladen«, erklärte O'Connor und nahm ein neues Pint in Empfang, »die IRA hat die Party gesprengt und den ganzen Landsitz gleich mit. Ende der Geschichte.«

»Du vergisst Ambrose Allingham«, erinnerte ihn seine Frau und schob ihre gertenschlanke Figur auf einen der Barhocker neben ihm.

»Ambrose Allingham?« Fin versuchte, den Überblick zu bewahren.

»Ambrose, der Barde.«

»Wie könnte ich Ambrose Allingham vergessen«, schnaubte O'Connor in sein Bier.

Auch Nora Nichols schien ein gutes Gedächtnis zu haben, denn sie fing plötzlich lauthals an, zu deklamieren, die Linke mit dem Krug *Fisherman's* ehrfurchtsvoll erhoben, die Rechte inbrünstig über dem Herzen.

»Das Heer der Dämonen floh die eisige Wüste,
Mit Schwert und Axt fuhren sie übers Meer,
Bis sie landeten an unserer grünen Küste –«

»Lass gut sein, Nora.«

»Die wilden Krieger mordeten und raubten,
Schmähten Gott und unsere Weisen,
Opferten dem Teufel, an den sie glaubten.
Raubten unsere Häuser, unsere Schafe und Rinder,
Würzten ihr Mahl mit unseren salzigen Tränen,
Knechteten Männer, Frauen und Kinder –«

»Es reicht!«

»Verflucht sei der Dieb, der dich mir einst stahl,
Oh du mein grünes Juwel,
Mein Smaragd, mein Donegal!«

»Nora!«

»Es hat zweiundfünfzig Strophen –«

»Verschon uns bitte!«

»Na hör mal, das ist die *Irische Elegie!*«, reagierte die Alte pikiert, »Wir mussten sie in der Schule auswendig lernen!«

»Ein Wikinger-Epos. Na und?«, meinte Fin.

»Auf den ersten Blick vielleicht«, erwiderte Nora, »aber die Wikinger sind natürlich nur eine Meta..., eine Mate..., jedenfalls stehen sie für die Engländer.«

»Wär' ich nie drauf gekommen«, murmelte O'Connor in seinen rabenschwarzen Vollbart.

»Die blöden Engländer haben's auch nicht gemerkt«, setzte Nora nach.

»Tatsächlich?«

»Und was hat dieser Ambrose Allingham nun mit Greed Castle zu tun?«, fragte Fin. So mitteilsam hatte er seine Mitbewohner noch nie erlebt, er vergaß fast das Bierzapfen.

»Ambrose Allingham war zu seiner Zeit der bekannteste Dichter und Sänger in ganz Donegal«, erzählte Moira bereitwillig, »und weil sich der Duke of Armadale bei den Einheimischen ein bisschen beliebt machen wollte, hat er den Barden zu seiner Feier eingeladen.«

O'Connor zupfte seine Frau am Ärmel. »Vergiss nicht zu erwähnen, dass Allingham ein Nachfahre der O'Neills war.«

»Richtig. Genaugenommen war er sogar der Letzte der O'Neills und somit eigentlich der rechtmäßige Erbe von Cruit Castle.«

»Und er hat mit der IRA sympathisiert«, warf Brian von hinten ein.

O'Connor nickte heftig. »Die IRA hat mit der Hilfe von Allingham Waffen und Sprengstoff ins Schloss geschmuggelt«, nahm er den Faden wieder auf, »aber sie wurden verraten, und beim anschließenden Feuergefecht flog alles in die Luft.«

»Verraten?« Moira blickte ihren Mann über den Rand ihres Glases an und zog die perfekt gezupften Brauen skeptisch in die Höhe. »Da kenn' ich aber 'ne andere Version.«

»Ach ja?« Fin war ganz Ohr.

»Nun ja, der erste Teil der Geschichte stimmt soweit. Die IRA hat tatsächlich Sprengstoff ins Schloss geschmuggelt und zwar in Weinfässern. Allingham hatte den Auftrag, den Zugang zum Weinkeller sicherzustellen«, erzählte Moira, »nun sollte man aber wissen, dass Ambrose Allingham nicht nur ein begnadeter Dichter war, sondern auch ein berüchtigter Säufer und Weiberheld.«

»Du übertreibst, Moira.«

Sie ließ sich von ihrem Mann nicht reinreden. »Während die hohen Herrschaften ihre Party feierten, wartete Allingham im Keller auf seinen Einsatz, und zwar in Gesellschaft eines Dienstmädchens, mehrerer Flaschen sündhaft teuren Bordeaux und einer verdammt dicken Zigarre. Es kam, wie's kommen musste. Noch ehe die IRA auch nur auf Schussweite ans Schloss herangekommen war, flog der ganze Kasten in die Luft und der Kampf gegen die englische Oberherrschaft hatte einen Märtyrer mehr.«

»Alles Gerüchte. Kein Wort bewiesen!«, schränkte Ciarán ein und leerte sein Glas.

»Hat's wenigstens Armadale erwischt?«, erkundigte sich Fin.

»Nee, der hat's mit ein paar anderen überlebt. Aber Cruit Castle war nicht mehr zu retten. Der edle Duke ist zurück nach Schottland und ward nie wieder gesehen.«

»Und es hat nie jemand versucht, den Kasten wieder aufzubauen?«

»Nööö.«

»Eigentlich schade. Wenn man die Lage bedenkt. Den Strand vor der Haustür.«

»Tja …«

Die andere Seite des Tresens wurde plötzlich merkwürdig schweigsam.

»Es hat jemand versucht, oder?«

»Naja, nicht direkt.«

»MacAllister?«

Fin schaute seine Gegenüber der Reihe nach an. Keiner wollte so recht mit der Sprache rausrücken. Wieder war es Moira, die ihn einweihte. »Vor etwa zehn Jahren wollte ein Investor bei Traban Bay eine Ferienhaussiedlung bauen. An dem Projekt war auch MacAllister beteiligt.«

»Aber wir haben's verhindert«, stellte Sean MacEvoy mit sichtbarer Genugtuung fest.

Fin konnte sich gut vorstellen, wie. Meuternde Maurer, kaputte Bagger, geflutete Baugruben, verschwundene Zementsäcke ... Die Welt war voller rachsüchtiger Kobolde.

»Irgendwann haben sie aufgegeben.«

»Glaubt ihr, MacAllister hat das Projekt wieder ausgegraben?«, fragte Brian in die Runde.

»Keine Ahnung, aber irgendwas läuft da draußen«, meinte Sean.

»Wäre interessant zu erfahren, was«, dachte O'Connor laut nach.

»MacAllister kann's euch jedenfalls nicht mehr verraten«, entgegnete Fin, sammelte ein paar leere Gläser ein und trug sie zur Spüle.

»Aber sein Büro in Derry wird's wissen.«

»He, Leute, wir können schlecht anrufen und sagen, hört mal, da hat jemand euren Boss abgeknallt und jetzt wüssten wir gern, woran er zuletzt gearbeitet hat.«

»Das wird die Polizei noch früh genug tun.«

»Die Polizei, ja. Dazu muss die Garda aber erstmal eine Leiche haben. Es wär' besser, wenn wir's jetzt schon wüssten.«

»Wir müssten jemanden hinschicken, der's rausfindet.«

»Und wen?«

»Jemanden, der Erfahrung damit hat, Leute auszuquetschen.«

Die plötzliche Stille war erdrückend. Fin schaute vom Spülen auf und fühlte die Blicke aller Anwesenden gebündelt auf seiner Person. Er tippte sich mit einem nassen Finger an die Brust. »Ich?«

Er erntete gemeinschaftliches Kopfnicken. »Uns kennen die da drüben alle und du hast mit so was Erfahrung. Du bist Polizist.«

»Ihr vergesst, ich arbeite nicht mehr in dem Job.«

»Einmal Bulle, immer Bulle.«

»Vergesst es!«

»Gib dir'n Ruck, Fin, sei kein Spielverderber!«

Er schüttelte abwehrend den Kopf und wedelte mit der Spülbürste. »Das ist kein Spiel. Außerdem hab' ich kein Talent für so was. Ich wüsste gar nicht, wie ich das anstellen sollte.«

»Du könntest als interessierter Investor auftreten«, schlug O'Connor vor.

»Ihr Polizisten macht doch so ... so Undercover-Aktionen«, fügte Brian hinzu.

»Also ich hab' so was nie gemacht.«

Fast nie. Nur ein einziges Mal. Das war damals gründlich in die Hose gegangen und der Grund dafür, dass er jetzt hier stand und Gläser spülte, anstatt an seinem alten Schreibtisch in Dublin zu sitzen.

»Komm schon, Fin, tu uns den Gefallen«, drängte O'Connor, »nur das eine Mal ...«

Er fühlte sich zunehmend in die Enge getrieben. Tausend Fragen regneten plötzlich auf ihn herab, schlugen auf ihn ein wie Hagelkörner. Was sollte das werden? Eine Art Initiationsritual? Musste er sich hier und jetzt für eine Seite entscheiden? Für oder gegen Foley? Wollten sie ihn etwa in ihren illustren Kreis aufnehmen? Musste er ihnen beweisen, dass er es wert war und das Zeug dazu hatte, dazuzugehören? Wollte er eigentlich dazugehören? Oder war es schon zu spät für diese Frage? Hatte er noch eine Wahl?

Fieberhaft überlegte er, wie er aus der Nummer wieder rauskam. »Ich? Ein Investor?«

Er kratzte an seinen Bartstoppeln und schaute an sich herab. Ausgeleierte Bluejeans, das T-Shirt über der Hose, ein leuchtend orangefarbener Pullover, mit Spülwasser getränkt …

Moira deutete seinen hilflosen Blick völlig richtig. »Dein Outfit, Fin, das lass mal meine Sorge sein.«

Und die Frage aller Fragen: Was würde er Lily erzählen?

6. Derry

Trotz seines zweifelhaften Rufes war Foley ein beschauliches Dorf, eingebettet zwischen sanften Hügeln und den rauen Wellen des Atlantiks. Eine einzige Straße führte mitten hindurch, ein paar Häuser links, ein paar Häuser rechts, und ein kleiner Hafen, über dem die Möwen kreisten und in dem der letzte Fisch vor mehr als zehn Jahren angelandet worden war. Hier schien die Zeit stehengeblieben zu sein. Hektik war ein Fremdwort. Geburten- und Sterberate hielten einander die Waage, die Abwanderungsrate war gleich null, mit der Zuwanderung sah es auch nicht viel besser aus. In den vergangenen zwölf Monaten war ein einziger Mensch nach Foley gekommen und geblieben. Und der hieß Fin O'Malley.

Fast die Hälfte der Einwohner schien vor dem Pub versammelt, um Fin gute Ratschläge mitzugeben auf dem Weg nach Derry.

»Red nicht zu viel, lass den anderen reden.«

»Niemals über konkrete Geldsummen sprechen.«

»Erfinde nichts, was man leicht im Internet überprüfen kann.«

»Und nicht übers Wetter reden, das ist unprofessionell.«

»Lass ihn, Ciarán, er weiß schon, was er tut.«

Wenn sie sich da mal nicht täuschten …

Sogar Billy MacGann hatte Wind von der Mission bekommen und wollte sich die Aktion um nichts in der Welt entgehen lassen. »Gehst du zum Kostümfest, O'Malley?«

Aus dem unerschöpflichen Lager von O'Connors Laden hatte Moira einen dunklen Anzug ausgegraben, dazu ein helles, dezent gestreiftes Hemd und eine ebenso dezente Krawatte, alles leger und unauffällig, und doch fühlte sich Fin, als hätte ihn ein Herrenausstatter in der Londoner Jermyn Street ausstaffiert. Er hatte sich von seinem Drei-Tage-Bart getrennt, und Moira hatte ihm sogar die Haare geschnitten. Sie pickte mit ihren blutrotlackierten Fingernägeln eine letzte Fussel von seiner Schulter und rückte die Krawatte zurecht. »Siehst gut aus, Fin, sehr überzeugend.«

Schade nur, dass er dasselbe nicht von seinem Wagen behaupten konnte. Trotz Generalwäsche vermittelte der Landrover alles andere als einen repräsentativen Eindruck. Das über die Jahre stumpf gewordene Dunkelblau war von einem rostigen Ausschlag überzogen, die Beifahrertür war verbeult, das rechte Rücklicht fehlte. Damit konnte man nun wirklich keinen Staat machen.

Mutig geworden schielte Fin zu Billy, der auf der gegenüberliegenden Straßenseite lässig an seinem blankpolierten Porsche lehnte und das Treiben sichtlich amüsiert verfolgte.

»Leihst du mir deinen Wagen?«

Billy grinste mitleidig. »Träum weiter ...«

Es half nichts, er musste es hinter sich bringen. Lily hatte er erzählt, er müsse nach Letterkenny zur Bank, um wegen eines Kredits vorzusprechen, deshalb die seriöse Aufmachung. Die nächste Lüge. Die nächste Hürde.

Er öffnete die Fahrertür. Pebbles lag auf dem Beifahrersitz und sah ihm erwartungsvoll entgegen.

»Raus!«

Sie knurrte.

»Überredet.« Er hob beschwichtigend die Hand und stieg ein. »Aber benimm dich.«

Vielleicht war es sogar besser, den Hund mitzunehmen. Für

den Fall, dass jemand nach ihm suchte und in Foley aufkreuzte. Lily durfte auf gar keinen Fall in die Sache hineingezogen werden.

Der Landrover hustete, als Fin ihn anließ, und spuckte eine graue stinkende Wolke in die saubere irische Luft. Das Pub verschwand im Rückspiegel und mit ihm die Mienen der Dorfbewohner, die besorgten wie die zuversichtlichen. Darunter wenigstens ein hämisches Grinsen.

Auf welchen Blödsinn hatte er sich da eingelassen? War das der Preis, den er zahlen musste, damit sie ihn akzeptierten? Hätte er dann seine Ruhe?

Eins aber schwor er sich jetzt schon: Dies würde ein einmaliges Unternehmen bleiben. Noch einmal würde er sich nicht vor ihren Karren spannen lassen. In seinem früheren Job hatte man ihn oft genug rumgeschubst, darauf konnte er in seinem neuen Leben gut verzichten.

Im Grunde ging ihn die ganze Sache überhaupt nichts an. Schließlich hatte er MacAllister nicht erschossen, er hatte bloß die Leiche gefunden. Das verpflichtete zu nichts. Er hätte ebenso gut »Nein« sagen können.

Nein, hätte er nicht. Die vertraute Neugier, die wieder Polizistenblut in sein Polizistenherz pumpte, hätte ihn nicht schlafen lassen.

Eigentlich hatte er Billy fragen wollen, was mit der Leiche geschehen war. Aber er war sich sicher, dass er keine Antwort bekommen hätte.

Hatte Billy womöglich was mit dem Mord zu tun? Der Gedanke war gar nicht so abwegig. Er war beim Anblick des Toten erstaunlich gelassen geblieben, andere würden sagen »kaltblütig«.

Außerdem war Billy nach Vater Keelans Anruf für Fins Geschmack verdammt schnell vor Ort gewesen.

Er traute ihm nicht. Er hielt Billy nach wie vor für gefährlich, darüber konnten auch Designeranzug und Smartphone nicht hinwegtäuschen.

Er fummelte an der Krawatte herum und löste schließlich den Knoten. Mit einem Ruck riss er sie herunter und warf sie auf die Rückbank. Billy hatte recht, irgendwie fühlte er sich tatsächlich verkleidet. Anzug und Hemd allein sollten doch reichen für den Auftritt, der vor ihm lag. Wie aber trat ein Investor auf? Ein akzentfreies Englisch bekam er gerade noch zustande. Zu mehr reichte Fins Phantasie nicht. Rauchten solche Leute nicht dicke Zigarren? Hatten sie am Ende Bodyguards, wenn sie mit einem Geldkoffer unterwegs waren? Waren sie pünktlich oder ließen sie auf sich warten? Billy hatte gemeint, er solle den Trottel vom Lande geben, da müsse er sich wenigstens nicht verstellen.

Nein, es war keine Liebe zwischen ihnen beiden. Dass sie jemals Freunde würden, da musste schon mehr passieren als ein Karfreitagsabkommen.

Fin hatte die Halbinsel, auf der Foley lag, hinter sich gelassen und fuhr durch die karge grünbraune Landschaft Donegals, an der der Wechsel der Jahreszeiten scheinbar spurlos vorbeigegangen war. Kaum ein Wagen begegnete ihm. Die Region war nur dünn besiedelt. Strommasten begleiteten die Straße, zogen Kabel durch die Einöde und verloren sich scheinbar im Nichts, bis irgendwo an ihrem Ende wie an einem Tropf eine einsame Farm hing. Die sanften runden Hügel waren mit versprengten Schafen dekoriert, kleine helle Tupfen in der Weite der dunklen Moorlandschaft. Torfsoden lagen zum Trocknen aufgestapelt neben nassen Gräben, in denen sich ein blauweißer Himmel spiegelte. Rauchschwaden zogen über den Horizont, wo die Bauern Ginster und Farn abfackelten, um ihre Weiden gegen den ungeliebten Wildwuchs zu verteidigen. Im Dunst dahinter kratzte eine Bergkette an den Wolken.

Die schmale Straße schlängelte sich über die Hügel. Der sumpfige Boden hatte über die Jahre seinen Tribut gefordert, der Untergrund war abgesunken und hatte die dünne Asphaltdecke mitgenommen. Die notdürftigen Flickwerke der Straßenarbeiter hatten Narben hinterlassen, die holprige Buckelpiste war eine Herausforderung für jedes Fahrzeug.

Pebbles machte die Schaukelei überhaupt nichts aus, sie schien Autofahren zu mögen. Sie hockte auf dem Beifahrersitz und schaute mit gespitzten Ohren hinaus. Ihre feuchte Nase hinterließ schmierige Abdrücke auf der Fensterscheibe.

Je weiter Fin nach Osten kam, desto besser wurden die Straßen. Wie aus dem Nichts tauchten Neubausiedlungen auf, gesichtslose hässliche Reihenhäuser, auf dem Reißbrett geplant und gedankenlos in die Landschaft gepflanzt, leerstehende Spekulationsobjekte, an denen bereits der Zahn der Zeit nagte. Scheiben waren eingeworfen, der Putz blätterte ab, in den Vorgärten wucherte das Unkraut. Riesige, schreiendbunte *For Sale*-Schilder priesen eine strahlende Zukunft an, die längst vergangen war.

Die Eigentümer dieser Ruinen hatten sich über Nacht ins Ausland abgesetzt. Zurück blieben Geistersiedlungen.

Die Folgen der Wirtschaftskrise erschienen Fin wie ein schlechter Scherz. Früher hatte die Not die Menschen aus den Häusern vertrieben, heute war der Geldmangel die Ursache dafür, dass sie gar nicht erst einzogen.

Irland veränderte sich. Wenn er vor zwanzig Jahren über Land gefahren war, dann hatte er noch echte Ruinen gesehen, Häuser, die vor Generationen aufgegeben worden waren, weil die Bewohner ihr Heil in Amerika oder sonst wo in Übersee gesucht hatten. Hier nun standen die Ruinen von morgen. Was würden Archäologen denken, wenn sie in einigen hundert Jahren Irland ausgruben? Dass die Iren einfach keine Häuser bauen konnten?

Wo waren sie geblieben, die typisch irischen Cottages, die mit dicken Mauern und strohgedeckten Dächern Sturm und Regen trotzten? Es gab sie noch, als Ferienhäuser für Touristen, für großstadtmüde Yuppies aus Dublin oder London. Aber selbst die suchten mittlerweile den Komfort von Zentralheizung und Mikrowelle. Ferienanlagen waren aus dem Boden gestampft worden, vorzugsweise in unberührter Natur. Investoren hatten sich die Hände gerieben, Baulöwen wie Bertrand MacAllister hatten sich eine goldene Nase verdient, die Banken hatten munter mitgemischt und vom vermeintlichen Goldrausch angesteckt hatten sich viele kleine Hausbesitzer verschuldet. Und keiner von ihnen wollte wahrhaben, dass der Topf am Ende des Regenbogens immer leerer wurde. Der Keltische Tiger hatte einen Riesensatz gemacht und war unsanft auf der Schnauze gelandet. Jetzt hockte er beleidigt in einer Ecke und wartete wie eine gemeine Hauskatze darauf, dass der große europäische Dosenöffner den Futternapf wieder füllte.

Fin hatte sich durchaus mit dem Gedanken getragen, ein Haus zu kaufen. Dazu musste er sich aber erstmal entscheiden, wohin er gehören wollte. Und er brauchte Geld. Wenn nicht ein Wunder geschah, würde er sich auf absehbare Zeit mit seinem Zimmer über dem Pub zufrieden geben müssen.

Der Verkehr wurde dichter. Er näherte sich der Grenze nach Nordirland. Früher war der Grenzübertritt verbunden mit scharfen Kontrollen, Soldaten und dem unguten Gefühl, etwas Verbotenes getan zu haben, bei dem man auf keinen Fall erwischt werden wollte. Dass man in Nordirland war, merkte man heute lediglich an den britischen Autokennzeichen und dem ein oder anderen Union Jack, den Ewiggestrige demonstrativ in ihrem Vorgarten gehisst hatten.

Um die Mittagszeit erreichte er Derry. Eine Brücke führte über den River Foyle vom protestantisch geprägten Waterside-Viertel hinüber ins katholische Stadtzentrum. Es war eine Fahrt in die eigene Vergangenheit. Vor fünfzehn Jahren war er zum letzten Mal hier gewesen. Hier, wo er geboren war.

Er konnte sich kaum noch an Derry erinnern. Oder an Londonderry, wie es offiziell hieß. Er war vier oder fünf Jahre alt gewesen, als seine Eltern mit ihm und seinen Geschwistern fortgezogen waren. Fort nach Dublin, wo seine Mutter herstammte. An einen Ort, der sicherer war. Denn sein Vater war Polizist gewesen, zu einer Zeit, als Polizisten in Derry noch weniger beliebt waren als heute.

Fin fuhr durch eins der Stadttore ins Zentrum. Er hatte einen Termin gemacht mit MacAllisters Geschäftspartner, aber ein Blick auf die Uhr sagte ihm, dass er zu früh dran war. Er fuhr den Hügel hinauf, kurvte um den zentralen Platz und suchte sich abseits in der Nähe der Stadtmauer einen Parkplatz. Er konnte unmöglich mit dieser Rostlaube vor MacAllisters Büro aufkreuzen.

Pebbles machte keinerlei Anstalten, das Auto zu verlassen. Sie faltete sich auf ihrem Sitz zusammen und beschloss, ein Nickerchen zu machen, bis er zurückkam.

»Na schön, wie du willst«, meinte Fin, stieg aus und kurbelte das Seitenfenster ein Stück herunter, so dass genug Luft hineinkam, »wenn einer den Wagen klauen will – schau einfach weg.«

Er stieg eine Treppe hinauf auf die breite Stadtmauer, die auch nach Jahrhunderten den alten Stadtkern Derrys nahtlos umschloss. Eine Handvoll Jugendlicher hing herum, ein Ghettoblaster dröhnte, Bierdosen und eine verdächtige Zigarette machten die Runde. Ein paar Schritte weiter begegneten ihm Touristen, die Fotos machten.

Fin blieb stehen und schaute von der Stadtmauer hinab auf das Viertel jenseits der Altstadt.

Bogside.

Ein Gewirr von endlosen Häuserreihen, die gegen die Stadtmauer anbrandeten wie einst der Hass der Iren gegen die Eindringlinge von der Nachbarinsel.

Fin fragte sich, ob auch heute noch ausschließlich Katholiken dort wohnten. Oder ob die Fronten nicht allmählich aufweichten, durchlässig wurden. Aber wahrscheinlich war die Vergangenheit noch nicht vergangen genug. Noch waren die Wunden nicht verheilt und seit dem Ausbruch der Unruhen in den Sechzigerjahren hatte es so viele Tote gegeben, dass fast jeder in Derry wenigstens ein Opfer in der eigenen Familie oder im Freundeskreis zu beklagen hatte. Es mussten wohl noch einige Generationen geboren werden, bis sich niemand mehr an diesen Krieg erinnerte.

Sein Blick fiel auf die Murals, Wandgemälde, die die Fassaden etlicher Häuser schmückten. Schwarzweiß oder farbig waren sie Ausdruck gewesen für den Widerstand der Katholiken gegen die englische Oberherrschaft. Manche wirkten fast neu. Aufpoliert. Ein Freilichtmuseum für Touristen.

Seine eigenen Erinnerungen an die Unruhen waren vage. Nach mehr als vierzig Jahren war nicht viel geblieben außer den bekannten Bildern, die auch heute noch bei gegebenem Anlass aus den Archiven hervorgekramt wurden. Gepanzerte Fahrzeuge, die durch die Straßen patrouillierten. Straßensperren. Brennende Barrikaden. Kaputte Fensterscheiben und rußgeschwärzte Häuserwände. Soldaten mit Gewehren. Und Steine, immer wieder Steine. Am Abend zuvor noch Waffen, waren die Straßen am nächsten Morgen übersät von ihnen. Ob sie ihr Ziel verfehlt oder getroffen hatten, wen interessierte das am nächsten Tag noch.

Fin war zu jung gewesen, um zu begreifen, worum es damals ging. Wenn er ehrlich war, so waren ihm bis heute der Sinn dieses Konflikts und der Fanatismus, mit dem dieser auf beiden Seiten über Generationen hinweg ausgetragen wurde, ein Rätsel geblieben.

7. Dermot & Hardcastle

MacAllisters Firma residierte in einer ehemaligen Textilfabrik. Ein ockerfarbener Backsteinbau, von Grund auf renoviert, mit viel Glas und Stahl aufgehübscht. Eine respektable Adresse. Laut eines blanken Messingschildes teilten sich die vier Etagen eine Im- und Exportfirma aus Indien, ein IT-Unternehmen und Dermot & Hardcastle, Investment & Construction Management. MacAllisters Name tauchte nirgendwo auf, er hatte sich offensichtlich lieber im Hintergrund gehalten und von dort seine Fäden gezogen.

Ein gläserner Aufzug brachte Fin in die oberste Etage. Er war noch immer zu früh, aber er beschloss, als millionenschwerer Geldgeber könne er sich diese Extravaganz leisten. Davon abgesehen war sein Plan denkbar einfach. Sicheres Auftreten bei völliger Ahnungslosigkeit.

Die Fahrstuhltür öffnete sich direkt ins Foyer der Firmenräume. Auch hier war viel Glas verbaut worden, dazwischen immer wieder die unverputzten Mauern der alten Fabrik als Blickfang. Großzügige Oberlichter sorgten für eine angenehme Atmosphäre. Er registrierte das gedämpfte Summen einer Klimaanlage.

»Mr. Doyle?«

Eine Art Empfangsdame nahm sich seiner an, eine jungdynamische Blondine Typ Cheerleader-Barbie mit straffem Pferdeschwanz und einem roséfarbenen Kostüm. Ihr Lippenstift war pink, der Nagellack, sogar der Kugelschreiber in ihrer Hand. Irgendwie erwartete Fin fast, dass sie zu seiner Begrüßung irgendwo unter ihrem Schreibtisch rosa Pompons hervorzaubern würde.

»Mr. Hardcastle ist noch in einer wichtigen Besprechung.« Sie kam ihm entgegen und schenkte ihm ein Lächeln ihrer schneeweißen, vermutlich sehr teuren Zähne. »Sie können gerne in seinem Büro auf ihn warten.«

Sie ging voraus. Der energische federnde Schritt und der durchtrainierte Body zeugten von allabendlichen zweistündigen Work-outs. Ihr Pferdeschwanz wippte im Takt.

Fin folgte ihr durch einen langen verglasten Korridor. Dort, wo fast hundertfünfzig Jahre lang Webstühle gestanden und Frauen und Mädchen an Nähmaschinen im Akkord Hemden zusammengenäht hatten, sorgten nun lichtdurchflutete Großraumbüros mit Grünpflanzen, Loungebereich und Kaffeebar für ein vergleichsweise entspanntes Arbeitsklima. Er erhaschte einen Blick auf Computermonitore, fast schon altmodisch anmutende Reißbretter mit Konstruktionszeichnungen und überwiegend junge Mitarbeiter, die an Schreibtischen saßen, telefonierten oder in kleinen Grüppchen beisammenstanden.

Barbie führte ihn in ein Büro, der Größe nach zu urteilen hatte das, was Derek Hardcastle zu sagen hatte, ohne Frage Gewicht.

»Darf ich Ihnen was zu trinken anbieten? Kaffee?«

»Danke. Gerne.«

Sie ließ ihn allein.

Das Büro war spärlich möbliert. Nicht die üblichen Regale voller zugestaubter Akten, die versteckten sich hinter geschlossenen, mahagonifarbenen Schrankwänden, auf deren glänzender Oberfläche großformatige Kunstdrucke hingen. Historische Stadtansichten von Derry, in Warholscher Pop Art-Manier bunt verfremdet. Ein dunkler, schimmernder Holzboden spiegelte die dezente indirekte Beleuchtung. Eine Sitzgruppe aus hellem Leder lockerte den Raum auf. Direkt gegenüber der Schreibtisch des Hausherrn, keine wuchtige Eiche, nein, ein filigranes Etwas aus Chrom und Glas, das über dem Boden zu schweben schien. Darauf ein ausgeschalteter Laptop und eine Telefonanlage. Überflüssiger Schnickschnack war hier fehl am Platz. Die Fensterscheiben dahinter reichten von der Decke bis zum Boden, Doppelglas gegen den Straßenlärm, ein unverbauter Blick auf den River Foyle, wo gerade eine weiße Segelyacht lautlos Richtung offenes Meer dahinglitt.

»Mr. Hardcastle wird sicher das passende Objekt für Sie finden, Mr. Doyle.« Barbie platzierte ein Tablett mit Kaffee und allem, was dazugehörte, auf dem Glastisch bei der Sitzgruppe.

Fin nickte dankend und wartete, bis sie den Raum verlassen hatte.

Es war einfacher, als er gedacht hatte. Er wusste, dass er das Passende bereits gefunden hatte, in dem Moment, als er das Büro betreten hatte. Es war die gläserne Vitrine, die vor dem Fenster stand und ihn magisch anzog. Zugegeben, Cruit Castle war eine baufällige Ruine und dieses Modell hatte absolut nichts mit der Realität gemein, aber Fin wusste sofort, was er vor sich hatte.

Es war die maßstabsgetreue Nachbildung des Schlosses inklusive der näheren Umgebung von Traban Bay, das Meer als blaue Fläche angedeutet, der weiße Sand sogar echt. Auch der Garten war mithilfe einiger Büsche und Bäume aus Plastik wiederauferstanden. Fin beugte sich über die Vitrine und studierte die Details. Kleine Figürchen und Autos bevölkerten ganz realistisch die Szenerie, auf dem Meer waren Segelboote aufgeklebt, in einem kleinen Hafen, der Fin bisher nie aufgefallen war, lag eine ganze Armada davon.

»Cruit Castle.«

Er fuhr herum.

In der Tür stand ein junger Mann, blondgelockt und glattrasiert, die Hemdsärmel aufgerollt, die Hände lässig in den Taschen seiner grauen Anzughose. Er war höchstens Mitte zwanzig. Dieser Frischling konnte unmöglich Derek Hardcastle sein.

»Ein Hotelprojekt. Ist es das, was Sie suchen, Mister …?«

»Doyle, Daniel Doyle.«

Der junge Mann trat näher. Er nahm die Hände aus den Taschen, aber nicht, um Fin zu begrüßen. »Ein Fünf-Sterne-Hotel, einhundert Zimmer, drei Restaurants«, er kam ohne Umschweife zur Sache, »sogar mit eigenem Hubschrauberlandeplatz. Ein großer Spa-Bereich. Der Achtzehn-Loch-Golfplatz versteht sich von selbst.« Ein Finger untermalte die einzelnen Features am Modell. »Hier hinten kommt die neue Marina hin. Platz für etwa dreißig Segelboote.«

»Beeindruckend«, entfuhr es Fin ungewollt ehrlich.

»Und jede Menge neue Arbeitsplätze«, ergänzte sein selbstbewusster Gesprächspartner, der es nach wie vor nicht für nötig hielt, sich vorzustellen, »da gibt's natürlich EU-Gelder. Förderung strukturschwacher Gebiete und so, Sie verstehen.«

Fin nickte zustimmend. »Keine Probleme mit dem Denkmalschutz?«

Der junge Mann lachte. »Das Schloss ist praktisch eine Ruine. Da fragt niemand nach Denkmalschutz. Der Eigentümer war froh, es los zu sein. Ein Schnäppchen.«

»Wenn es so günstig war, gab es sicher mehr als einen Interessenten?«

»Sicher, aber wir haben das Rennen gemacht«, erklärte er nicht ohne Stolz.

»Darf ich fragen, wer noch … ?«

»Eine englische Hotelkette, ein texanischer Ölmulti«, zählte sein Gegenüber bereitwillig auf, »und so ein paar lokale Bekloppte, die aus der Ruine allen Ernstes ein Heritage-Center machen wollten. Als ob wir –«

»Danke, Peter, ich übernehme dann jetzt.«

Ein Mann war aufgetaucht und sein Tonfall ließ keinen Zweifel daran, dass er der eigentliche Eigner dieses Büros und in dieser Funktion alles andere als angetan war ob der Redseligkeit seines Angestellten.

»Würdest du Elizabeth sagen, sie soll uns Kaffee bringen?«

Das Tablett auf dem Couchtisch konnte ihm nicht entgangen sein. Dies war keine Bitte, dies war ein Befehl. Eine unmissverständliche Order, zu verschwinden, und zwar plötzlich.

Der junge Mann warf einen missmutigen Blick in die Runde und trollte sich. Mit diesem Chef legte man sich besser nicht an.

Derek Hardcastle war Fin auf Anhieb unsympathisch. Er misstraute grundsätzlich Männern in senfgelben Slippern und passender Krawatte. Das buntkarierte Sakko deutete darauf hin, dass die wichtige Besprechung wahrscheinlich auf dem Golfplatz stattgefunden hatte. Hardcastle mochte um die Fünfzig sein, aber das lichter werdende Haar konnte täuschen. Das kleine rote Ziegenbärtchen, eine Reminiszenz an die vergangene Jugend, sah aus wie ein vergessener Klecks Ketchup am Kinn.

Er stellte sich vor und reichte Fin die Hand. »Tut mir leid, dass Sie warten mussten, Mr. Doyle.«

»Ich bitte Sie.«

Sie nahmen in der Sitzgruppe Platz und Hardcastle machte sich an die Verteilung des Kaffees.

»Wie ich am Telefon bereits sagte, hätte ich natürlich gerne mit Mr. MacAllister persönlich gesprochen«, wagte Fin einen Vorstoß.

Hardcastle kam nur für eine Sekunde aus dem Tritt. »Mr. … Mr. MacAllister ist sehr beschäftigt.« Er stellte Fin eine Tasse vor die Nase. »Wie sind Sie ausgerechnet auf unser Unternehmen gekommen, Mr. Doyle?«

Entweder wurde der Chef noch nicht vermisst oder Hardcastle wusste Bescheid. »Sie wurden mir empfohlen.«

»Darf ich fragen, von wem?«

»Von Geschäftspartnern.« Fin versuchte, seiner Stimme jenen Klang zu geben, der Hardcastle davon abhalten sollte, weiterzubohren.

Es klappte. »Nun, unser Unternehmen ist über die Grenze hinaus bekannt.«

»Waren Sie nicht auch federführend bei dem neuen Einkaufszentrum in Letterkenny?«

Fin hatte sich von seinen Auftraggebern ein wenig instruieren lassen, um nicht ganz so unbedarft daherzukommen. Um mögliche letzte Zweifel an seiner Seriosität zu zerstreuen, setzte er noch eins drauf: »Außerdem ist Bertrand MacAllister ein alter Freund meines Vaters. Sie sind zusammen zur Schule gegangen.«

Bertrand MacAllister war schwerlich in der Lage, die letzte Behauptung zu widerlegen.

Hardcastle nickte, wohl weil ihm nichts Besseres einfiel. »Wenn ich richtig verstanden habe, sind Sie Amerikaner?«

Fin gab die Story zum Besten, die er sich ausgedacht hatte. »Ich bin in Derry geboren, aber schon mit Anfang zwanzig nach Amerika ausgewandert. Ich habe Glück gehabt und ein wenig Geld gemacht. Nun möchte ich der alten Heimat in den Zeiten der Krise ein wenig beistehen.«

»Ich verstehe.« Hardcastle lehnte sich bequem ins Polster zurück. »Was für eine Art Investition haben Sie sich denn so vorgestellt?«

»Nun, so ein Hotel wie dieses ... Wie hieß es noch, Greed – ähm, Cruit Castle? Ja, das fände ich schon sehr reizvoll.«

»Das liegt allerdings drüben in Donegal.«

»Kein Problem. Ich habe unsere geliebte grüne Insel immer

als Ganzes betrachtet.« Ein wenig Pathos hatte noch nie geschadet.

»Wie viel gedachten Sie denn zu investieren?«

Fin legte eine künstlerische Pause ein und löffelte Zucker in seinen Kaffee. »So ... fünf Millionen?«

»Fünf Millionen?«

Fin hatte keine Ahnung, in welcher Liga Hardcastle spielte und ob fünf Millionen dabei helfen würden, dort mitspielen zu dürfen. »Erstmal.«

»Cruit Castle ist mit fünfzig Millionen Pfund veranschlagt«, erwiderte Hardcastle.

Fin wusste, dass bei solchen Projekten in der Realität meist achtzig Millionen daraus wurden. »Ich könnte natürlich jederzeit aufstocken.« Es war toll, wie leicht sich mit Geld jonglieren ließ, das man nicht besaß. Langsam fing die Sache an, ihm Spaß zu machen. »Wissen Sie, Mr. Hardcastle, ich habe einen guten Bekannten, der ist Sternekoch in der Schweiz. St. Moritz, glaube ich. Er möchte sich gerne verändern und ich könnte mir vorstellen, dass ihn dieses Cruit Castle reizen könnte.«

Er sollte aufpassen, dass er nicht zu dick auftrug.

»Nun, muss es unbedingt ein Hotel sein? Wir haben auch andere interessante Objekte in Sligo oder Ballyshannon. Oder eine Ferienanlage oben an der Küste bei Portrush.«

Fin wurde den Eindruck nicht los, dass Hardcastle ihn von der Fährte weglocken wollte. Er blieb hartnäckig. »Ich hatte schon immer ein Faible für alte Gemäuer und dieses Cruit Castle scheint ein wirklich interessantes Objekt zu sein. Wer war eigentlich der ursprüngliche Besitzer? Alter irischer Adel, nehme ich an?«

»Da müsste ich mal nachschauen.« Hardcastle stand auf, ging zu seinem Schreibtisch und startete seinen Computer. Er spielte auf Zeit. Fin war sich sicher, dass er die Details von Cruit Castle auswendig kannte.

»Ein gewisser Gordon Armadale«, gab Hardcastle schließlich Auskunft und vertiefte sich in seine Datei, »leider, Mr. Doyle, muss ich Ihnen sagen, dass der Investor, der Cruit Castle gekauft hat, dieses Hotelprojekt alleine umzusetzen gedenkt. Sie müssten sich wohl oder übel etwas anderes suchen.«

»Verraten Sie mir, wer da mal eben fünfzig Millionen locker macht?«

»Das ist kein Geheimnis. Ein Software-Entwickler aus Shanghai.«

Fin hatte immer geglaubt, die Chinesen kopierten lieber, statt sich selber was auszudenken. Wahrscheinlich gab es diesen Investor gar nicht.

Hardcastle zog ein paar bunte Hochglanzprospekte aus einer Ablage seines Schreibtischs und kam zu Fin zurück. »Wenn Sie möchten, dann schaue ich mich gerne nach was Passendem für Sie um, Mr. Doyle.« Er drückte ihm den Stapel in die Hand. »Vielleicht finden Sie ja in diesen Unterlagen etwas, das Ihnen zusagt.«

Er wollte ihn abwimmeln. Aber das war Fin egal. Er wusste, was er wissen wollte. Die Verabschiedung fiel kurz und knapp aus.

»Eine Frage hätte ich allerdings noch«, hakte Fin nach.

»Ja?«

»Wann werden Sie mit den Bauarbeiten beginnen?«

»Unser Auftraggeber hat noch nicht alle Pläne im Detail abgesegnet«, antwortete Hardcastle höflich, aber ausweichend, »es ist nicht immer einfach, wenn der Partner aus einem anderen Kulturkreis stammt. Und dann die räumliche und zeitliche Distanz ...«

Fin nickte verständnisvoll. Mit einem »Grüßen Sie Mr. MacAllister von mir« verließ er das Büro.

Ein Hotel also. Aber nicht einfach nur ein Hotel, nein, ein Fünf-Sterne-Schuppen mit allem Drum und Dran. Das würde denen in Foley bestimmt nicht schmecken. Aus wär's mit Ruhe und Frieden. Fin fragte sich, was sie dagegen tun würden. Es wieder sabotieren? Konnte ein kleines Dorf so ein Riesenprojekt zu Fall bringen? Okay, sie hatten Übung darin. Aber wer mal eben fünfzig Millionen über den Tisch schob, der hatte meist auch gute Beziehungen und die richtigen Freunde. Und das Gesetz – oder wie immer man es auch nennen mochte – auf seiner Seite.

Allerdings, jetzt, da MacAllister das Zeitliche gesegnet hatte, stand das Projekt möglicherweise auf der Kippe. Vielleicht ein Grund, weshalb Hardcastle so zurückhaltend gewesen war. Wenn Fin noch bei der Polizei wäre, würde er als Erstes versuchen, herauszufinden, wer von MacAllisters Tod profitierte. Der Investor aus Shanghai bestimmt nicht – wenn es ihn denn wirklich gab.

Die Konkurrenten, die beim Bieterstreit um Cruit Castle leer ausgegangen waren? Irgendwie konnte Fin sich nicht vorstellen, dass eine Hotelkette über Leichen ging, um im Norden Donegals ein neues Haus zu eröffnen. Der Heimatverein, der ein Museum brauchte? Oder der texanische Milliardär? Es gab eine Menge durchgeknallter Amerikaner, bei denen der Colt locker saß.

Oder war es am Ende Derek Hardcastle selber, dem MacAllisters Tod am meisten nützte? Natürlich war es lukrativer, in dieser Firma der Boss zu sein und nicht nur die Nummer Zwei. Das warf allerdings die Frage auf, welche Rolle Hugh Dermot, der andere Kompagnon, in dieser Partie spielte.

Fin hatte den Wagen erreicht und schloss die Beifahrertür auf. Pebbles begrüßte ihn schwanzwedelnd. Besser, er ging mit dem Hund noch mal um den Block, bevor er nach Foley zurückfuhr.

»Mr. Doyle?«

Er reagierte nicht auf den fremden Namen. Es hätte auch

nicht viel geändert, wenn er sofort reagiert hätte. Erst als ihm jemand auf die Schulter tippte, drehte er sich um.

Eine Faust landete mitten in seinem Gesicht. Er prallte gegen den Türholm. Der nächste Schlag traf ihn in den Magen. Er schnappte nach Luft.

Sie waren zu zweit. Einer hätte völlig genügt. Schon in der Schule hatte ein einziger Mitschüler gereicht, um ihn gründlich zu verprügeln. Er hatte dem nie etwas entgegenzusetzen gehabt und stets versucht, jeder Schlägerei aus dem Weg zu gehen. Dieses Mal hatte er keine Chance.

Die Schläge prasselten auf ihn nieder. Instinktiv versuchte er, seinen Kopf zu schützen, hob die Arme, aber es nützte nichts. Binnen Sekunden landete er auf dem Boden, spürte noch einen letzten harten Tritt in seine Magengegend.

»Sag MacGann, er soll das nächste Mal nicht so 'n Komiker schicken!«

Zwei Paar Füße entfernten sich ohne Eile.

Er stöhnte. Jetzt bloß nicht bewegen. Einfach liegenbleiben. Er atmete ganz flach, atmete gegen den heftigen stechenden Schmerz in seiner Brust. Er drehte sich auf die Seite, suchte irgendeine Körperhaltung, die die Schmerzen erträglich machte. Es half nichts.

Die Seitenstraße, wo er den Landrover geparkt hatte, war menschenleer. Niemand weit und breit, der ihm helfen konnte. Oder helfen wollte. Fin vermutete, dass Derry eher ein Pflaster war, wo es noch immer gesünder war, wegzuschauen.

Er schniefte, tastete vorsichtig über seine Nase. Seine Finger waren blutig, aber sie schien nicht gebrochen zu sein.

Als er aufsah, entdeckte er Pebbles, die ganz gelassen auf dem Beifahrersitz lag und auf ihn herabschaute. Sie gähnte. Offenbar hatte sie keinen Grund gesehen, einzugreifen.

Langsam und vorsichtig sortierte er seine Körperteile und schaffte es nach ein paar Anläufen, aufzustehen. Er fühlte sich, als hätte man ihn gerade unter einem Bus hervorgezogen. Der Anzug war ruiniert, das Hemd blutverschmiert. Erschöpft stützte er sich am Autositz ab und sah den Hund vorwurfsvoll an.

»Hättest wenigstens einen von ihnen beißen können!«

Eine große nasse Zunge schlabberte mitten durch sein Gesicht.

Er schloss die Augen und seufzte. »Danke, Pebbles, genau das hab' ich jetzt gebraucht ...«

8. Billy

»Ich hab' doch gleich gesagt, dass das 'ne Schnapsidee ist.«

»Ich hab' dich nicht um deine Meinung gebeten, MacGann.«

»Halt still, Fin!«

Brian tupfte eine übelriechende Tinktur auf die Platzwunde unter seinem linken Auge. Fin verzog das Gesicht. »Was, verdammt noch mal, ist das? Bremsflüssigkeit?«

»Spätestens morgen wirst du ein hübsches Veilchen haben«, verkündete Brian ungerührt und pappte abschließend ein Pflaster auf die Schürfwunde an Fins Stirn.

Fin stöhnte auf, bereute es aber auf der Stelle. Das Atmen fiel ihm schwer, wahrscheinlich war eine Rippe gebrochen. Die blauen Flecke hatte er noch gar nicht gezählt.

Brian stellte eine Schachtel mit Tabletten vor ihn auf den Tisch. »Falls die Schmerzen heut' Nacht schlimmer werden sollten ...«

Fin nickte dankbar und wand sich auf seinem Stuhl, um eine halbwegs erträgliche Position zu finden, während Brian seine Utensilien in den blauen Werkzeugkasten packte und neben der Theke deponierte. »Wenn du ein Pint willst, bedien dich. Geht aufs Haus.«

Währenddessen tigerte Pebbles ruhelos durch die Kneipe. Sie schnüffelte hier, schnüffelte da. Keine Katze weit und breit. Aber es war nicht die Katze, die sie suchte. Ganz offensichtlich vermisste sie ihr Herrchen. Immer wieder fiepte sie kläglich und schaute hinüber zu Fin, dann wieder zur Tür, als ob sie erwartete, dass jeden Moment ein vertrautes Gesicht hereinkäme. Nein, sie war mit der augenblicklichen Situation überhaupt nicht einverstanden. Der außerplanmäßige Ausflug zu diesen fremden Menschen hatte ihr jetzt lange genug gedauert. Sie wollte nach Hause.

»Wir hätten dich da nicht hinschicken sollen.« Moira wirkte ehrlich betroffen.

»Tut mir leid wegen des Anzugs.« Fin hatte noch nicht mal Zeit gehabt, sich umzuziehen.

»Mach dir um den albernen Fetzen Stoff keine Gedanken«, erwiderte sie und stellte ihm ein Glas Whisky hin. Sie schien jedoch die Einzige zu sein, die seinen Zustand bedauerte.

Es war noch früh am Abend, aber trotzdem waren sie alle da. Am Tresen hockte Nora Nichols wie ein unverrückbares Möbelstück und bewachte ihren allabendlichen *Fisherman's Fellow*. Neben ihr stand Diarmuid vor einem halbvollen Glas Bier. Fin war sich sicher, dass der Junge noch nicht alt genug war, um im Pub Alkohol zu trinken, und fragte sich schon, wer ihm das eingeschenkt hatte. Wahrscheinlich Billy, der am anderen Ende der Theke saß und sich ganz ungeniert über Ronans besten Whisky hermachte.

Aus dem Radio tröpfelte das Banjo von Kieran Hanrahan, untrügliches Zeichen dafür, dass Brenda in der Küche werkelte. Es roch nach Irish Stew, aber das sollte nichts heißen. Vieles, was Brenda kochte, roch wie Irish Stew.

Aber sie alle waren nicht des Essens wegen gekommen. Es war eine andere Frage, die ihnen auf den Nägeln brannte.

»Und? Was hast du rausgefunden?«

Fin nippte an seinem Whisky. Ronan wollte nie so recht damit rausrücken, wo er ihn herhatte, aber das Zeug war wirklich verdammt gut. »Offenbar genug, um mir zwei Schläger auf den Hals zu hetzen.«

Es konnte nicht schaden, die versammelte Dorfgemeinschaft auf die Folter zu spannen. Sie könnten ihn wenigstens ein klein wenig bemitleiden.

»Glaubst du, es war Hardcastle?«

»Wer sonst?«

Er hätte die beiden Gesellen nicht beschreiben können. Durchschnittstypen mit Allerweltsgesichtern. Er würde sie nicht mal wiedererkennen, wenn sie morgen in sein Pub hereinspazierten. Und er war Polizist gewesen.

»Warum sollte er so was tun?«

»Vielleicht hat er mir den Investor nicht geglaubt?«

Ein abfälliges Schnauben kam von der Theke. Billy grinste breit, verkniff sich aber einen wortreichen Kommentar.

Fin drehte sich zu ihm um, auch wenn es ihn einige Mühe kostete. »Ich soll dir übrigens schöne Grüße ausrichten«, knurrte er, »offenbar glaubt Hardcastle, ich arbeite für dich.«

»Soweit kommt's noch«, entgegnete Billy. Dieser Mann brauchte kein Eis für seinen Drink, ein Blick aus seinen Augen genügte.

»Also was ist jetzt?«

Fin blickte in gespannte Gesichter. Er wollte den Moment auskosten, so lange es ging. Eine feuchte Schnauze schob sich in seine Hand. Geistesabwesend kraulte er Pebbles' Ohren. Die Hündin legte den Kopf auf sein Knie und hoffte auf mehr.

»Haben sie da oben Erdöl gefunden, oder was?«

Fin schüttelte den Kopf.

»Oder suchen sie 'nen Platz für 'ne neue Müllverbrennungsanlage?«

»Nee.«

»Na, sag schon. Es sind Windräder, hab' ich recht?« Auch Vater Keelan hatte den Weg ins Pub gefunden.

»Falsch.«

»Eine Lachsfarm?«

»Schlimmer.«
»Was ist schlimmer als so ’ne schwimmende Fischfabrik?«
»Ein Luxushotel.«
Erstauntes Schweigen.
»Mit Golfplatz, Wellness-Tempel, Yachthafen und eigenem Hubschrauberlandeplatz«, ergänzte Fin.
»Na toll, da wird’s hier nur so wimmeln von Schickimickis aus Dublin und London!«
»Von Amerikanern ganz zu schweigen.«
»Und wir dürfen die Freizeitskipper dann aus’m Wasser fischen, wenn sie ihre Kähne auf die Klippen setzen!«
»Und die rollen alle durch Foley. Ist die kürzeste Strecke.«
»Hubschrauberlandeplatz? Geht’s noch?«
Nein, die Idee mit dem Luxushotel gefiel den Dorfbewohnern überhaupt nicht. Nicht, dass sie etwas gegen ein gutes Geschäft einzuwenden hätten. Was Ciarán O’Connor in seinem Laden nicht vorrätig hatte, das besorgte er innerhalb eines Tages, aber es ging darum, wo und wie er es besorgte. Genau dabei wollte er sich von niemandem in die Karten schauen lassen.
»Das wird er nie zulassen.«
»Wer?« Alle blickten Nora Nichols an.
»Der Erbe.«
»Welcher Erbe?«
»Der Erbe von Greed Castle.«
»Moment mal«, meldete sich Fin zu Wort. Seine lädierten grauen Zellen waren noch nicht ganz auf Betriebstemperatur. »Ich dachte, dieser … dieser verkrachte Dichter, der bei dem Brand umgekommen ist, sei der einzige Nachfahre gewesen.«
»Exakt. Und mit seinem Tod ist die Linie der O’Neills sozusagen ausgestorben«, bestätigte Ciarán.
»Nee, es gibt noch einen letzten O’Neill«, behauptete Nora steif und fest.

»Bleib lieber bei deinen Kobolden, Nora«, meinte Ciarán und ging zur Theke, um sich ein Pint zu zapfen.

»Nein, wartet mal, vielleicht hat sie recht«, warf Vater Keelan dazwischen, »wenn Ambrose Allingham einen Nachkommen hätte, dann wäre der heute zwar nicht König von Irland, aber er hätte möglicherweise Anspruch auf seinen Besitz. In dem Fall auf Cruit Castle.«

»Soviel ich weiß, war Allingham aber nie verheiratet«, bemerkte Ciarán.

»Pah, so wie der Kerl hinter den Röcken her war, hat er bestimmt 'n paar uneheliche Kinder in die Welt gesetzt«, erwiderte seine Frau.

»Es gab einen unehelichen Sohn. Milo. Aber der ist mit seiner Mutter schon um die letzte Jahrhundertwende nach Amerika ausgewandert.« Wenn sich jemand in der Geschichte des Dorfes und der Umgebung auskannte, dann Nora Nichols. Sie wusste alles über Stammbäume und Erbstreitigkeiten, Familienbande und Skandale, und was sie nicht wusste, das passte auf einen Bierdeckel.

Trotzdem erntete sie skeptische Blicke.

»Angenommen das, was Nora sagt, stimmt ausnahmsweise mal, dann könnte dieser Milo in Amerika geheiratet und Kinder gezeugt haben«, spann der Pfarrer den Faden weiter, »dann besteht zumindest theoretisch die Möglichkeit, dass es tatsächlich noch Nachfahren der O'Neills gibt.«

»Das hieße dann aber, dass MacAllister eine Ruine umbauen wollte, die ihm nicht gehört«, brachte Fin den Gedanken wieder zurück ins Hier und Jetzt, »oder in deren Besitz er vielleicht mit nicht ganz legalen Mitteln gekommen ist.« Den äußeren Umständen zum Trotz funktionierte sein Polizistenhirn noch ganz gut.

»Ich glaube nicht, dass MacAllister wegen dieser Kleinigkeit schlaflose Nächte hatte«, entgegnete Moira trocken.

»Mal angenommen, es gibt diesen Erben …«

»Natürlich gibt es ihn«, beharrte Nora mit todernster Miene, »ich hab' ihn sogar gesehen.«

»Ja, in deinen Sagen vielleicht.«

»Nein, in meiner Küche«, behauptete die Alte steif und fest, »hab' doch keine Hallo–, … keine Hallizunation.«

»Da wär' ich mir nicht so sicher«, murmelte Ciarán.

»William«, sie nannte ihren Neffen immer bei seinem richtigen Namen, »du hast ihn doch selber mitgebracht.«

Alle Augen hefteten sich plötzlich auf Billy, der während der ganzen Debatte auffallend still gewesen war und auch jetzt ganz konzentriert in sein leeres Glas blickte, als ob es ihm gerade die aktuellen Börsenkurse übermittelte.

»Gibt es da irgendwas, das wir wissen sollten, Billy?«, half Ciarán nach.

Billy schob schweigend sein Glas über den Tresen und fühlte sich ganz offensichtlich nicht angesprochen.

»Raus mit der Sprache!«, Ciarán wurde nachdrücklich, »Du hörst doch sonst das Gras wachsen!«

»Du hast das mit dem Hotel gewusst, oder?«, vermutete Sean MacEvoy.

»Na und?«

»Warum hast du uns nichts gesagt?«

»Ihr habt mich nicht gefragt«, kam die lapidare Antwort. Aber Billy war anzumerken, dass er sich nicht wohlfühlte in seiner Haut. Keine Spur von seiner üblichen Großspurigkeit.

Fin wurde den Verdacht nicht los, dass Billy MacGann sein eigenes Süppchen kochte, ohne seinen Freunden in Foley das Rezept zu verraten oder zum Essen einzuladen. Eigentlich war er nicht besonders scharf darauf, sich mit ihm anzulegen, aber es war eh zu spät, er steckte schon tiefer drin in der Geschichte, als ihm lieb war.

»Warum hat Hardcastle mir wohl schöne Grüße an dich ausrichten lassen? Sieht so aus, als ob ihr Zwei gute alte Bekannte seid?«

»Halt du dich da raus, O'Malley«, empfahl Billy mit einem giftigen Unterton.

»Fin hat recht«, schlug sich Ciarán unerwartet auf seine Seite, »was hast du mit Hardcastle zu schaffen?«

Auch wenn es O'Connor bei den Buchstaben des Gesetzes mit der Groß- und Kleinschreibung nicht so genau nahm, bei Mord hörte der Spaß auf.

Billy schwieg. Offenbar war er nach wie vor nicht bereit, sein Wissen zu teilen. Wieder war es Nora, die ihren Neffen ganz unbekümmert noch tiefer in die Bredouille brachte. »Erzähl ihnen doch von deinem Denkmal.«

»Denkmal?«

»Was für ein Denkmal?«

Fin schwante etwas. Die lokale Interessengruppe, die zusammen mit dem Texaner und der Hotelkette um Cruit Castle mitgeboten hatte und sich letztlich dem angeblichen chinesischen Investor hatte geschlagen geben müssen.

»Das Heritage-Center ...«

»Was weißt du verdammt nochmal von unserem ...« Billy hielt inne. Zu spät.

»Ein Heritage-Center? Was soll das nun wieder?« Für Sean MacEvoy ging das alles ein wenig zu schnell.

»Ein Heritage-Center ist so eine Art Gedenkstätte«, erklärte Ciarán unnötigerweise. Jeder im Raum wusste, was gemeint war.

Aber Billy schwieg sich weiter aus.

Fin wurde leichtsinnig. »Super Idee, das mit dem Heritage-Center. Erst jagt die IRA den Kasten in die Luft, dann baut sie ihn wieder auf«, meinte er süffisant, »die Zeiten scheinen sich tatsächlich zu ändern.«

Diarmuid fand, es sei an der Zeit, für Billy Partei zu ergreifen. »Jeder hat das Recht, aus Fehlern zu lernen und –«

»Fehler? Dazu braucht er gleich 'ne Gedenkstätte? An welche Großtaten will er erinnern?«

»Es gibt 'ne Menge Leute, die viel für dieses Land getan haben. Viele, die für Irlands Freiheit gekämpft –«

»Was weißt ausgerechnet du von irischen Freiheitskämpfern? Was, glaubst du, haben die Großartiges getan?«, fiel Fin ihm ins Wort, »Bomben gebaut? Unschuldige erschossen?«

»Pass auf, was du sagst, O'Malley!«, drohte Billy unverhohlen.

Pebbles knurrte. Entweder gefiel ihr Billys Stimme nicht oder sein Tonfall.

»Wann habt ihr endlich genug von den gottverdammten guten alten Zeiten? Wen interessiert das noch? Niemanden!« Fin kam allmählich in Fahrt. Er hatte keine Ahnung, wo das hinführen sollte, aber es war ihm egal.

Ehe Billy etwas erwidern konnte, mischte sich Diarmuid wieder ein. »Die IRA ist immerhin Teil der irischen Geschichte«, warf er ein.

»Muss man jedem Teil der Geschichte gleich ein Denkmal setzen? Cromwell ist auch Teil der irischen Geschichte. Hat er etwa irgendwo ein Museum?«

»Fin, lass gut sein«, versuchte Ciarán die erhitzten Gemüter zu beruhigen.

Aber Fin wollte sich nicht beruhigen. »Und warum ausgerechnet hier? Hierher kommt doch eh kein Schwein! Oder ist es genau das, was euer Führungskommando sucht? Ein ungestörtes Versteck für konspirative Treffen?«

Billys Blick signalisierte ihm, dass er sich gerade auf ganz dünnem Eis bewegte.

»Wer soll das Ganze eigentlich finanzieren?«, startete Ciarán einen Themenwechsel.

»Das sollte für Mr. MacGann und seine Freunde doch nun wirklich kein Problem sein«, zischte Fin.

»Ich werd' dir gleich …«

»Billy!«

Pebbles fing an zu kläffen.

»Schnauze!«

»Lass den Hund in Ruhe!«

»Wo genau kommt eigentlich unser irischer Königssohn ins Spiel?«, versuchte Vater Keelan einen Ausbruch aus der Spirale der gegenseitigen Beschimpfungen.

Billy wühlte in seiner Jackentasche und knallte sein Zigarettenetui auf die Theke. Man merkte ihm an, dass er im Geiste bis zehn zählte, um die Beherrschung wiederzufinden. Er ließ sich ausgesprochen viel Zeit mit der Zigarette.

»Die Besitzverhältnisse von Cruit Castle konnten bisher nicht zweifelsfrei geklärt werden.« Der Rauch schien ihn ein klein wenig zu beruhigen. Er bemühte sich, betont sachlich zu reden. »Nach der langen Zeit der englischen Besatzung gibt es keinerlei Urkunden oder Ähnliches, die belegen, dass das Schloss ursprünglich den O'Neills gehört hat. Auch Fitzwilliam hat –«

»Fitzwilliam?«

»John Fitzwilliam. Allinghams Nachfahre.«

»Aus Amerika?«

Billy nickte. »Aus Chipewa Falls, Wisconsin«, antwortete er, »er hat das Ganze erst ins Rollen gebracht. Er hat Ahnenforschung betrieben und dabei festgestellt, dass er eigentlich ein Allingham aus Donegal ist und sein Stammbaum sich bis zu den O'Neills zurückverfolgen lässt. Und dass ihm folglich diese Ruine gehört. Eigentlich.«

»Aber?«

»Bertie MacAllister hat Tatsachen geschaffen, ehe Fitzwilliam Ansprüche anmelden konnte«, erzählte Billy und goss sich einen neuen Whisky ein, »er hat einen Lokalpolitiker hier aus Donegal bestochen und wie durch ein Wunder gab es plötzlich Unterlagen, wonach Cruit Castle einem gewissen Gordon Armadale aus Schottland gehörte, der wiederum nichts Eiligeres zu tun hatte, als die Ruine zu einem Dumpingpreis an MacAllister zu verhökern. Als Belohnung gab's für das arme, unterentwickelte Donegal Gelder aus 'nem EU-Fonds.«

»Was?«, hakte Sean MacEvoy nach.

»Fördermittel.«

»Was, bitteschön, soll hier gefördert werden? Segeln? Golf?«

»Arbeitsplätze.«

»Brauchen wir hier keine.«

»Erzähl das denen in Brüssel.«

»Ich versteh' das Problem nicht«, mischte sich Fin ein, »wenn's nur darum geht, ein paar Urkunden zu fälschen ...«

Ciarán überhörte die Anspielung auf Foleys schlechten Ruf. »Und wo ist dieser Fitzwilliam jetzt?«

»Er wollte nach Dublin, in irgendwelchen Archiven rumstöbern«, antwortete Billy.

»Ist ja alles schön und gut, aber ...«, begann Fin einen zugegeben sehr riskanten Gedankengang. Aber er konnte einfach nicht anders, er war eben immer noch zu sehr Polizist.

»Wenn aus dem Heritage-Center jetzt nichts wird, weil Dirty Bertie schneller war, dann wär' ich aber nicht gut auf den Knaben zu sprechen.«

Anhand der Stille, die plötzlich eintrat, spürte Fin, dass die anderen im Raum diesem Gedanken folgen konnten. Aber keiner traute sich, ihn zu Ende zu denken. Entweder überstieg jener ungeheuerliche Gedanke schlicht die Vorstellungskraft eines Einzelnen oder niemand wollte sich den Unmut von Billy MacGann zuziehen.

Billys Vorstellungskraft hingegen funktionierte einwandfrei.

Wenn Blicke töten könnten, läge Fin längst ausgestreckt auf dem Boden.

Es gab nur einen einzigen Menschen unter ihnen, der sich die Frage erlauben durfte. Die Frage aller Fragen. Die logische, unausweichliche Polizistenfrage.

»Wo warst du eigentlich, Billy, als MacAllister getötet wurde?« Die Stimme des Pfarrers war ruhig, fast beiläufig.

Billy schnappte nach Luft. Aber Diarmuid war schneller. »Seid ihr komplett bescheuert?«

»Als ich dich angerufen habe, warst du gerade in Foley, oder?«

Billy starrte den Pfarrer entgeistert an. Wütend pfefferte er sein Whiskyglas in eine Ecke. »Seht ihr denn nicht, dass dieser … dieser Kerl hier«, er deutete auf Fin, »einen Keil zwischen uns treiben will?«

»Billy, übertreib nicht«, versuchte Ciarán zu besänftigen, »niemand will dir irgendwas unterstellen –«

»Ach nein?«

Fin hob abwehrend die Hände. »Hab' nix gesagt …«

Aber er dachte sich seinen Teil. Billy hatte bei dieser Geschichte wohl mehr Finger im Spiel, als an beiden Händen Platz hatten.

»Wir sollten lieber zusammenhalten, dann werden wir mit Hardcastle und Co. schon fertig! Genau wie beim letzten Mal.«

»Billy, jetzt komm wieder runter. Wir finden 'ne Lösung«, beschwichtigte der Pfarrer.

»Auch wenn MacAllister tot ist, die werden's weiter versuchen. Hardcastle ist nicht der Typ, der so ein Millionenprojekt einfach sausen lässt«, versuchte Billy zu überzeugen, »wenn erst mal die Sache mit dem Kasino durch ist –«

»Kasino?«

»Welches Kasino?«

»MacAllister wollte neben dem Hotel ein Spielkasino bauen. Wartete aber noch auf die Genehmigung.«

»Billy?«

»Ja?«

»Was gibt es noch alles, das wir wissen sollten?«

Billy tat überrascht. »He, Leute, was ist los? Vertraut mir …«

Er blickte in zunehmend skeptische Mienen.

»Ich regle das schon.«

»So wie früher? Mit 'n paar Kilo Semtex?«, warf Brian ein.

»Quatsch.«

»Billy, die Zeiten haben sich geändert«, entgegnete Moira.

»Was willst du damit sagen?«

»Nichts. Nur dass man heute gewisse Dinge anders regelt als noch vor ein paar Jahren.«

Billy schaute von einem zum anderen, fast konnte man meinen, er sei beleidigt. »Schön, wenn ihr alles besser wisst!«, schnaubte er, hämmerte die halbgerauchte Zigarette in den Aschenbecher und verließ das Pub.

Moira hatte recht, dachte Fin. Die Zeiten hatten sich geändert. Manche Menschen aber nicht.

»Das war echt nicht fair«, fand Diarmuid, schob sein Glas von sich und folgte Billy. An der Tür stieß er mit Lily zusammen.

»Was ist denn hier für 'ne Stimmung?« Sie stellte eine schwere Tüte mit Hundefutter auf den Boden und entdeckte im selben Moment ihren ramponierten Vater. »Dad! Was ist denn mit dir passiert?«

Pebbles hüpfte wie ein Gummiball um sie herum. Die verletzte Pfote war vergessen.

»Ähm … nichts …«

»Also nach nichts sieht das nicht gerade aus.« Trotz des Schreckens fiel es ihr sichtlich schwer, ihre Aufmerksamkeit gerecht zwischen dem Hund und ihrem Vater zu verteilen.

»Wie kommst du eigentlich dazu, meinen neuen Pullover anzuziehen?«, versuchte Fin abzulenken.

»Was regst du dich so auf? Du hast gesagt, dir gefällt er eh nicht.« Orange stand Lily entschieden besser als ihm. »Also, was ist jetzt? Woher hast du das blaue Auge?«

»Du legst den Pullover sofort zurück!«

»Erzählst du mir jetzt, was passiert ist?«

Die Sturheit hatte sie ganz klar von ihrer Mutter. Susan hatte ihn immer sofort durchschaut. Die wenigsten Ausreden, die er ihr aufgetischt hatte, wenn er nach Feierabend wieder im Pub hängengeblieben war, hatte sie ihm geglaubt. Trotzdem hatte er es immer wieder versucht.

»Naja, als ich in Letterkenny aus der Bank rausgekommen bin, sind mir zwei Typen nachgegangen. Das heißt, ich hab's erst gar nicht bemerkt. Dachten wohl, ich hätte Geld dabei ... Vielleicht haben sie mich auch verwechselt. Und dann ... dann ...« Er überlegte fieberhaft. Die nächste Hürde in einem Rennen, das er nicht gewinnen konnte.

»Sag mal, Lily, willst du nicht ein bisschen mit dem Hund rausgehen?«, sprang Ciarán ihm bei.

Lily kniete neben Pebbles und kraulte das lange weiche Fell. Misstrauisch äugte sie von einem zum anderen. »Kann mir mal jemand verraten, was hier gespielt wird?«

»Nichts.«

»Wie kommst du darauf, dass hier –«

»Haltet ihr mich für blöde?«

Die letzte Frage ging eindeutig an Fins Adresse. Lily war nicht dumm. Schließlich war sie seine Tochter.

»Dein Dad hat 'ne Leiche gefunden«, kam es plötzlich von Diarmuid, der noch immer in der Tür stand, die Klinke in der Hand. »Und jetzt spielt er ›Hasch mich, wer ist der Mörder‹.«

»Echt?«

»Danke, Diarmuid.« Fins Abneigung gegen den Jungen wurde von Minute zu Minute größer.

»Du arbeitest wieder als Polizist?«

»Nein, Lily.«

»Doch, tut er.«

»Wenn ich deine Meinung hören will, lass ich's dich wissen.« Er blitzte Diarmuid wütend an und versuchte gleichzeitig, für Lily eine zensierte Version der Ereignisse zu stricken. »Wir haben einen Toten gefunden. Draußen bei Traban Bay.« Das »Wir« nahm der ganzen Geschichte etwas die Dramatik, es klang nicht ganz so nach riskantem Alleingang. »Wir vermuten, sein Tod hat was mit der alten Ruine zu tun, die dort steht.«

»So, das vermutet ihr«, entgegnete Lily spitz, »und was sagt die Polizei?«

»Die Polizei?«

Vater Keelan antwortete an Fins Stelle. »Hier in Foley brauchen wir keine Polizei.« Aus seinem Mund klang es irgendwie beruhigend. »Wir sind bisher ganz gut ohne zurechtgekommen.«

»Das merkt man«, meinte Lily schnippisch mit einem Seitenblick auf ihren Vater, »kann mich nicht erinnern, dass du so nach Hause gekommen bist, als du noch wirklich Polizist warst.«

»Naja, es gibt halt Leute, die reagieren 'n bisschen empfindlich, wenn man neugierige Fragen stellt«, versuchte er abzuwiegeln. Er hatte es nicht mal bis zur letzten Hürde geschafft.

»Soll das heißen, ich kann froh sein, dass sie dich nicht erschossen haben?« Sie stand auf und griff sich ihre Einkaufstüte. »Komm, Pebbles, die haben ja alle 'nen Knall!«

Sie verschwand in der Küche, den Hund auf den Fersen.

Irgendwie hatte sie nicht ganz unrecht.

9. DA SILVA

Traute er Billy einen derart kaltblütigen Mord zu?

Die Antwort war ein klares »Ja«.

Fin traute Billy MacGann so ziemlich alles zu, vom Diebstahl eines Babyschnullers bis zur Entführung des amerikanischen Präsidenten.

Aber das war nicht die eigentliche Frage.

Die Frage war, ob die Leute aus dem Dorf Billy so etwas zutrauten. Und welche Konsequenzen sich daraus ergaben. Würden sie gegebenenfalls einen Mörder decken?

Oder taten sie ihm am Ende alle unrecht und Billy war unschuldig?

Welche Rolle spielte John Fitzwilliam, dieser ominöse Erbe aus Amerika, der an einem verregneten Nachmittag auf die Idee gekommen war, Ahnenforschung zu betreiben, statt sich zu langweilen, und plötzlich hier aufgetaucht war? Wie weit war er bereit zu gehen, um seine Ansprüche durchzusetzen – vorausgesetzt, er hatte welche?

Und Derek Hardcastle? Die Tatsache, dass er Fin eine unmissverständliche Warnung hatte zukommen lassen, sprach nicht gerade für einen seriösen Geschäftsmann.

Genug Fragen, die Fin in seinem früheren Leben auf Trab gehalten hätten. Aber er war kein Polizist mehr. Er wollte auch keiner mehr sein.

Nach drei Tagen konnte er sein Spiegelbild wieder ertragen

und seine Rippen taten nicht mehr ganz so weh. Drei Tage Zeit hatte er gehabt, das Erlebte zu verdrängen, nicht ganz erfolgreich, aber er arbeitete dran. Seine Neugier hatte ihm eine schmerzhafte Erfahrung beschert, aber schließlich war er selber schuld gewesen. So was passierte eben, wenn man seine Nase in Dinge steckte, die einen nichts angingen. Soviel zu Billys guten Ratschlägen.

Er würde sich fortan raushalten.

Aber war das überhaupt machbar? Konnte man sich in Foley aus etwas heraushalten?

Egal, ob er nun dazugehören wollte oder nicht, die Sache konnte gefährlich werden. Er hatte sich für seinen Geschmack schon entschieden zu weit vorgewagt. Er musste an Lily denken.

»Was ist das?«, fragte sie misstrauisch, und der Klang ihrer Stimme verriet Fin, dass sie das, was sie da vor sich hatte, nicht mögen würde.

»Krebsscheren.«

»Igitt!«

Sie zog angewidert eine Schnute, die Oberlippe berührte fast die Nasenspitze. Fischige Nahrungsmittel standen ganz unten auf der Liste von Lilys Lieblingsspeisen. Fin wusste, dass sie vor kurzem eine Vegetarierphase durchgemacht hatte, aber seit sie hier war, war es zu keinerlei Nörgeleien gekommen. Mit Ausnahme von Fish & Chips fanden selbst Brendas Kochkünste Gnade vor ihren Augen. Aber was konnte man von einer Fünfzehnjährigen erwarten, die mit Burgern, Pommes und Pizza aufwuchs?

Sie standen in der Küche des *Fisherman* und betrachteten das tote Meeresgetier vor sich auf dem Tisch.

»Wie isst man so was?«

Fin hob die Schultern. »Keine Ahnung. Muss ich erst im Kochbuch nachschauen.«

»Bemüh dich nicht. Ich ess' das Zeug sowieso nicht«, entschied Lily, »und Pebbles bestimmt auch nicht.«

Bei der Erwähnung ihres Namens wedelte die Hündin freundlich mit dem Schwanz und schaute aufmerksam zu den zwei Menschen auf, die sich ihrer Meinung nach ganz offenkundig über etwas Essbares unterhielten. Ob sie Krebsfleisch mochte, würde sie selbst entscheiden, wenn es darauf ankam. Ausspucken konnte sie es dann immer noch.

»Hab' ich dir nicht gesagt, du sollst diesen Pullover zurücklegen?«

»Was hast du bloß mit diesem blöden Pullover?«

Gar nichts. Es ging ums Prinzip. Er durfte ihr nicht alles durchgehen lassen.

»Er ist dir viel zu groß.«

»Das trägt man aber jetzt so«, entschied Lily und zupfte das schlabberige Stück Strick zurecht, »komm, Pebbles, wir drehen 'ne Runde!« Und schon waren beide zur Hintertür hinaus. Wahrscheinlich auf dem Weg zu Diarmuid.

War er zu streng? Eigentlich hatte sie recht, er mochte den Pullover überhaupt nicht. Oder störte er sich nur deshalb an Lilys Eigensinn, weil er der alten Nora Nichols nicht traute? Hatte der Pullover am Ende doch magische Kräfte?

Blödsinn.

Da stand er nun allein mit seinen Krebsscheren. Sean MacEvoy hatte ihm rund zehn Kilo der Schalentiere vorbeigebracht und der Umstand, dass er sie Fin gegeben hatte und nicht Brenda, konnte nur ein Wink mit dem Zaunpfahl sein. Die Gäste des *Fisherman* wollten endlich was anderes essen als Fish & Chips und Irish Stew, und er, Fin, sollte sich schleunigst etwas einfallen lassen.

Leichter gesagt als getan. Er könnte es ja mal mit einer Art Hummercocktail versuchen. Im Geiste rekapitulierte er sämtliche Kochsendungen der letzten Wochen und griff sich schließlich eins von Isobels Kochbüchern aus dem Regal. Er sollte sich beeilen, wenn er mit den Vorbereitungen fürs Abendessen fertig sein wollte, ehe Brenda kam und alles versaute.

Die rote Katze kam in die Küche geschlichen, der fischige Geruch hatte sie angelockt. Mit einem eleganten Satz landete sie auf der Anrichte neben Fin. Und ließ eine tote Maus fallen.

Fin sah von seinem Kochbuch auf. »Und was soll ich jetzt damit?«

Er konnte von Glück reden, dass sich bisher noch niemand vom Gesundheitsamt in die Küche des *Fisherman* verirrt hatte. Angewidert betrachtete er das pelzige, angekaute, kopflose Etwas. Eine eher ungewöhnliche Liebesbezeugung? War die Katze am Ende eifersüchtig auf Pebbles?

Sie maunzte.

»Was erwartest du? Soll ich sie dir vielleicht grillen? Dünsten? Gratinieren?«

Die Katze begann sich ungeniert und ausgiebig zu putzen.

»Was hältst du von Mouse au Chocolat?«

Nicht viel.

Fin hielt eine Krebsschere hoch. »Oder willst du tauschen?«

Sie schnurrte eine Antwort.

Wenigstens waren die Krebsscheren schon vorgegart und er musste sich keine Gedanken darüber machen, in welchen Topf er sie alle hineinstopfen konnte. Er musste nur noch überlegen, wie er ans Fleisch im Inneren der Panzer herankam.

Leichter gesagt als getan. Er ließ seinen Blick über die Regale und die daran aufgehängten Utensilien schweifen, suchte und fand einen Fleischklopfer. Ja, damit könnte es klappen.

Die Katze beobachtete interessiert, wie Fin die Krebsscheren vor sich auf der Arbeitsplatte aufreihte und anfing, mit kräftigen Schlägen die Panzer zu zertrümmern.

Sie ergriff augenblicklich die Flucht.

Splitter spritzten kreuz und quer durch die Küche, blieben an

Schränken und Fenstern kleben oder sausten als Querschläger zu Fin zurück, der in Deckung ging. Und doch weigerten sich die Schalen, ihr delikates Fleisch preiszugeben. Verdrossen stocherte er mit einer Gabel im Inneren der zerquetschten Scheren herum und bekam doch nur dünne Fasern zu fassen. Wieder und wieder hämmerte er auf die steinharten Panzer ein und zermatschte sie zu einer unappetitlichen Masse, die sich gleichmäßig auf der Arbeitsplatte verteilte. Die Küche sah aus wie ein Schlachtfeld, Brenda würde ihn umbringen. Aber er würde es überleben.

»Was soll das werden? ’ne neue Tapete für die Küche?«

Fin hielt inne und blickte über die Schulter.

Eine junge Frau lehnte lässig mit verschränkten Armen im Durchgang zur Kneipe, als ob sie ihm schon eine ganze Weile zugeschaut hätte. Ein burschikoser Typ mit kurzen dunklen Haaren, leger gekleidet in Jeans, T-Shirt und Parkajacke. Eigentlich fehlten nur die Trekkingstiefel und der Rucksack und Fin hätte auf Touristin auf Wanderurlaub getippt. Er hatte sie noch nie hier gesehen.

»Wenn Sie ’n Kaffee wollen, das dauert ’n Augenblick. Wenn sie was essen wollen, das dauert etwas länger.«

»Das seh ich.«

Sie kam näher. Sie war nicht groß, reichte Fin gerade bis zur Schulter. Sie warf einen mitleidigen Blick auf die Bescherung und sah offenbar dringenden Handlungsbedarf. Sie begann ungefragt, die Schubladen der Anrichte aufzuziehen, eine nach der anderen, stieß ein missfälliges Schnauben aus, wenn sie nicht fand, wonach sie suchte, knallte die Lade zu, zog die nächste auf und fischte zu guter Letzt eine Geflügelschere heraus. Sie schnappte sich eine Krebsschere, schlitzte den Panzer auf, nahm eine Gabel und präsentierte mit einer schnellen geschickten Bewegung aus dem Handgelenk ein sauber herausgelöstes Stück Krebsfleisch.

Fin war angemessen beeindruckt. »Sie scheinen zu wissen, wie man damit umgeht.«

»Sagen wir so, ich hab' Erfahrung damit, etwas zu knacken und auseinanderzunehmen«, kam die Antwort.

»Falls Sie Interesse haben – die Stelle als Köchin wär' noch frei«, bot Fin an, »Sie können sofort anfangen.«

»Danke. Aber ich hab' schon 'nen Job.« Sie hielt ihm einen Ausweis unter die Nase. Fin erkannte ihn sofort. Einen ähnlichen Ausweis hatte er auch mal besessen. »Detective Inspector Caitlin da Silva. Mr. Finbar O'Malley, nehme ich an?«

Fin schluckte. Er verspürte ein unangenehmes Kribbeln im Nacken. »Ähm ..., Ja?« Er setzte eine Unschuldsmiene auf – oder das, was er dafür hielt. »Worum geht's?« Er ahnte es bereits.

»Sagen Sie's mir?«

Vielleicht sollte er seinen Charme spielen lassen. Er deutete auf die Krebsscheren. »Die waren schon tot, als ich sie gekriegt hab'.« Er grinste. »Ehrlich.«

Er sah ihr genau an, was sie in diesem Moment dachte. Klugscheißer.

»Ich bin auf der Suche nach Bertrand MacAllister.«

»MacAllister? Nie gehört. Wer soll das sein?« Er sagte die Worte ohne nachzudenken. Sie kamen erstaunlich leicht und schnell über seine Lippen. Aber war er auch überzeugend?

Ein zweifelnder Blick musterte Fin von oben bis unten. Wahrscheinlich stand ›Lügner‹ in Großbuchstaben auf seiner Stirn geschrieben. »Ein Bauunternehmer aus Derry.«

»Aus Derry? Und dann suchen Sie ihn in Foley?«

»Mr. MacAllister wurde zuletzt am Montag um die Mittagszeit in Letterkenny gesehen, wo er getankt und eine Zeitung gekauft hat. Er fährt ein auffälliges Auto«, erklärte Caitlin da Silva, »die Ortung seines Handys hat ergeben, dass er irgendwo hier auf der Halbinsel Day's Foreland sein könnte. Soviel ich weiß, ist Foley der einzige Ort weit und breit.«

»Wenn sein Handy hier ist, heißt das noch lange nicht, dass auch MacAllister hier ist.«

»Er hat es nicht als gestohlen gemeldet.«

»Vielleicht hat er mehr als eins. Schon mal nachgeprüft?« Fin merkte, dass er schon wieder in seinen alten Polizistentrott verfiel. Aber an dem Tag, als er seinen Ausweis und seine Waffe abgegeben hatte, hatte er aufgehört, Polizist zu sein. Er war nur noch ein ganz normaler Staatsbürger.

Sie fischte mit spitzen Fingern ein Stückchen Krebsfleisch von der Arbeitsplatte und steckte es sich in den Mund. »Wo haben Sie das Veilchen her?«

Er strich sich über die Schramme unter seinem immer noch geschwollenen Auge. »Bin gegen einen Türrahmen gelaufen.«

»Wie oft?«

Sie kannte die gängigen Ausreden. Zwecklos, ihr irgendetwas vorzumachen. Er entschied sich für die Wahrheit. »Ich hab' jemanden getroffen, dem meine Nase nicht gefallen hat.«

»Sieht eher so aus, als ob dieser Jemand Sie getroffen hat. Und nicht bloß die Nase.«

Fin ahnte, dass mit dieser Frau nicht gut Kirschenessen war.

»Sie verkehren in merkwürdigen Kreisen für einen Polizisten, Mr. O'Malley.«

Sie schien ihre Hausaufgaben gemacht zu haben.

»Ex-Polizist, ja?« Soviel Zeit musste sein.

Sie nahm es mit einem kleinen Lächeln zur Kenntnis. Ihr Blick fiel aus dem Küchenfenster. Ein paar Wiesen, ein Hügel, eine Handvoll Schafe. »Wie kommt ein Poli…, Verzeihung, Ex-Polizist dazu, sich in einem Nest wie Foley niederzulassen?«

Fin griff nach einem Geschirrtuch und wischte sich die klebrigen Finger ab. »Ich hab' Urlaub gemacht. Es gefiel mir hier. Da bin ich geblieben.« Drei kurze Sätze für die vermutlich folgenschwerste Entscheidung in seinem Leben.

»Soso …«

Er hatte keine Ahnung, weshalb sie ihm nicht glaubte. Wahrscheinlich dachte sie so, wie er selbst noch vor einem halben Jahr gedacht hatte. In Foley konnte man niemandem trauen, in Foley waren alle verdächtig. Alle hatten sie Dreck am Stecken, egal ob Oma, Enkel oder Hund. Auch Fin. An dem Tag, an dem er seine Zelte in Foley aufgeschlagen hatte, hatte er sich mit Kleinkriminellen und Betrügern gemein gemacht. Er gehörte in der Tat dazu, ob es ihm nun passte oder nicht.

Ihm wurde zum ersten Mal bewusst, wie sich ein Verdächtiger fühlte, wenn er in einem Verhör die Wahrheit sagte und die Polizei ihm nicht glaubte, nur war diesmal nicht er der Polizist, dieses Mal saß er auf der anderen Seite des Tisches. Eine völlig neue Perspektive. Aber er hatte nichts Unrechtes getan, warum also sollte er verdächtig sein?

»Was wollen Sie überhaupt von diesem MacAllister?«

»Seine Frau hat ihn als vermisst gemeldet.«

»Tja, manche Männer brauchen eben länger, um Zigaretten zu holen.« Er fand seine Bemerkung komisch, Detective Inspector da Silva wollte nicht drüber lachen. Seine Strategie mit dem Charme sollte er noch mal überdenken.

»Wir nehmen die Sache ernst.«

»Schön, aber Sie sehen ja, er ist nicht hier.« Seine Stimme wurde rau, das schlechte Gewissen meldete sich. »Außerdem kenne ich diesen MacAllister überhaupt nicht.«

»Das sagten Sie bereits, Mr. … Doyle.« Sie beobachtete Fin und die Wirkung des Namens. Sie wurde nicht enttäuscht. Fin war ein lausiger Schauspieler.

»Doyle?« Er zog verwundert die Augenbrauen hoch.

»Kommen Sie, O'Malley, Sie waren vergangenen Dienstag in Derry in MacAllisters Büro! Was wollten Sie dort?«

»Werde ich überwacht?«

»Sie nicht, aber MacAllister. Britische Finanzbehörde.«

»Wenn er überwacht wurde, wie konnte er dann verschwinden?«

Sie zuckte vielsagend mit den Achseln. »Engländer eben …« Ihr war anzumerken, dass MacAllister nicht entwischt wäre, hätte man ihr den Job gegeben.

»Vielleicht hat er sich ins Ausland abgesetzt?«

»Wir haben seinen Wagen gefunden.«

Die Nachricht beschleunigte Fins Pulsschlag. Ab jetzt könnte es kompliziert werden. »Wie schön …«

»Die irische Küstenwache hat an der Foyle-Fähre bei Greencastle eine Übung veranstaltet –«

»Greencastle? 'n ganz schöner Umweg. «

Sie ignorierte seinen Einwurf. »Sie haben einen Schiffsunfall simuliert. Autos, die über Bord gegangen sind, Passagiere, die aus dem Wasser gerettet werden müssen, das ganze Programm«, erzählte Caitlin da Silva, »die Taucher staunten nicht schlecht, als sie im Hafenbecken tatsächlich ein Auto fanden.«

»Und die Leiche?«

»Welche Leiche?«

Fin zog es vor, den Mund zu halten, bevor es ein Unglück gab.

»Im Moment wird Bertrand MacAllister lediglich vermisst«, sie sah ihn argwöhnisch an, »es sei denn, Sie hätten Informationen, die uns weiterhelfen könnten, Mr. O'Malley?«

Fin wand sich wie eine Schlange in den Händen eines chinesischen Straßenhändlers, die ahnte, dass man ihr gleich bei lebendigem Leib die Haut vom selbigen ziehen würde.

»Vielleicht sollten wir uns auf der Polizeistation weiterunterhalten«, schlug Detective Inspector da Silva vor.

In dieser Sekunde flog die Hintertür auf und ein leuchtend orangefarbener Pullover platzte herein, Pebbles hinterher. Es war eine kurze Runde gewesen, Diarmuid schien anderweitig beschäftigt. Die Hündin stürmte sofort auf die fremde Frau zu und wuselte neugierig schnüffelnd um sie herum.

»Ach ja, hatte ich erwähnt, dass mit MacAllister auch sein Hund verschwunden ist?«, fragte Caitlin da Silva wie beiläufig, »ein weißer Schäferhund. Hört auf den Namen Pebbles …«

Der Hund spitzte die Ohren.

Lily blickte fragend von einem zum anderen.

»Äh, das ist meine Tochter Lily«, versuchte Fin abzulenken, »Lily, das ist, äh … Detective Inspector da Silva.«

»Ist das Ihr Hund, Mr. O'Malley?« Sie ließ sich nicht ablenken.

»Ähm …«

»Das ist meiner!«, platzte Lily heraus und zog Pebbles von der Polizistin weg. »Das ist … das ist Troy.«

Fin starrte sie entgeistert an, aber sie wich seinem Blick aus.

»Wir haben ihn schon, seit er soooo klein war.« Sie skizzierte mit ihren Händen einen winzigen Welpen.

»Troy … Ja, wenn das so ist …« Caitlin da Silvas amüsierter Tonfall verriet Fin, dass sie nicht wirklich überzeugt war. »Vielleicht sollten wir jetzt gehen, Mr. O'Malley?«

Lily riss erschrocken die Augen auf. »Ist er verhaftet?«

»Wie kommst du denn darauf? Sollte ich denn einen Grund haben, ihn zu verhaften?« Die Polizistin tat überrascht.

Lily ruderte zurück. »Ähm, nein, ich denke nicht …«

»Dein Dad ist so nett und hilft uns bei unseren Ermittlungen.« Sie warf Fin einen spöttischen Blick zu. »Nicht wahr, Mr. O'Malley, wie in alten Zeiten – immer auf der Suche nach der Wahrheit?«

Fin grummelte etwas Unverständliches vor sich hin. So weit war es nun also gekommen. Lily log die Polizei an. Für ihn.

Natürlich glaubte diese da Silva kein Wort. Er kannte das nur zu gut. Er war lange genug Polizist gewesen, um zu merken, wann einen jemand verarschte.

10. COSTELLO

Die kleine zierliche Stupsnase verlieh ihrem Gesicht etwas Kindliches, die kurzen verstrubbelten Haare und die fast schwarzen Augen allerdings erinnerten Fin eher an einen Kobold. Und wenn er eins von Nora Nichols gelernt hatte, dann, dass mit Kobolden nicht zu spaßen war. Sie waren unberechenbar und taten immer genau das, womit man gerade am wenigsten rechnete.

Kobolde trugen aber keine Lederholster am Gürtel mit einer Pistole drin.

Caitlin da Silva hatte sich ihrer Parkajacke entledigt. Das T-Shirt entblößte muskulöse, gebräunte Arme, die unmissverständlich klarmachten, dass diese Frau ihren Beruf nicht als reinen Bürojob betrachtete. Nein, Fin war nicht scharf darauf, von ihr entwaffnet zu werden.

Das Büro der Garda Station in Letterkenny war klein und vollgestopft mit Möbeln. Die Regale bogen sich unter Aktenordnern, in jeder freien Ecke stapelten sich Kartons und Papierbündel. Auf dem Fußboden stand eine Kaffeemaschine, dem fleckigen Teppich nach zu urteilen, wurde sie mindestens einmal pro Woche über den Haufen gerannt. Der einzige halbwegs freie Platz war der Schreibtisch.

Das Computerterminal signalisierte, dass die hauseigene IT-Abteilung immerhin schon mal angefangen hatte, Ordnung in die Papierflut zu bringen. Daneben ein paar lose Blätter, eine

Handvoll Kugelschreiber und eine benutzte Kaffeetasse, die im Lauf des Tages eine Spur aus braunen Ringen auf der hellen Kunststoffoberfläche hinterlassen hatte.

Während er vor dem Schreibtisch hockte und darauf wartete, dass sich jemand mit ihm beschäftigte, hatte Caitlin da Silva den Fensterplatz gewählt. Sie lehnte an der Fensterbank. Im späten Nachmittagslicht, das von den Scheiben der Bürogebäude gegenüber reflektierte, war sie für Fin kaum mehr als ein Scherenschnitt.

Er kannte diese Taktik. Während sie für Fin undurchschaubar blieb, konnte sie jede Reaktion ihres Gesprächspartners im besten Licht studieren.

Ein Mann kam ins Büro geprescht, den Blick in eine Akte in seinen Händen versenkt. »Chief Inspector Jim Costello, PSNI Derry«, murmelte er zu niemand Bestimmtem im Raum und steuerte den Schreibtisch an.

Jim Costello war das Abziehbild eines BBC-Polizisten, der aus unerfindlichen Gründen beim Casting durchgefallen war. Alterslos, übergewichtig und von ungesunder Hautfarbe, das Ganze in einem Anzug, der seinen Inhalt förmlich anflehte, endlich auf Diät zu gehen. Das nicht mehr ganz saubere Polyesterhemd spannte über dem Bauch, die gestreifte Krawatte, die ihr Besitzer nie gelernt hatte anständig zu binden, baumelte locker um einen kaum erkennbaren Hals. Der forsche Auftritt ließ eher vermuten, dass er in diesem Büro zu Hause und nicht bloß Gast der irischen Garda war.

Er knallte seinen Aktenordner auf den Tisch und wehte ein paar lose Blätter zu Boden. Wenn er darauf spekulierte, dass Detective da Silva sie für ihn aufhob, konnte er lange warten.

Der Schreibtischstuhl ächzte unter seinem Gewicht. »Mr. O'Malley?« Er sah sein Gegenüber zum ersten Mal an.

Fin legte den Kopf schief und sah ihn abwartend an.

Costello redete nicht lange um den heißen Brei herum. »Was wollten Sie von Bertie MacAllister?« Er zog zwei Schwarzweißfotos aus der Akte und schob sie über den Schreibtisch.

Fin beugte sich vor. Beide Fotos zeigten ihn beim Verlassen von MacAllisters Büro. Sie waren übersät von fettigen Fingerabdrücken.

Fin lehnte sich wieder zurück. »'n Haus kaufen?«

Costello ließ sich auf das Spiel ein. »Machen Sie so was immer unter falschem Namen?«

Fin ließ es unkommentiert.

Costello sammelte die Fotos wieder ein und betrachtete sie, als wären sie etwas völlig Neues für ihn. »Einer Ihrer Ex-Kollegen hat Sie übrigens identifiziert.«

Fin wollte gar nicht wissen, wer ihn verpetzt hatte. Es gab einige, denen er die Krätze an den Hals wünschte. »Na und?«

»Bei der Polizei sieht man es nicht gerne, wenn einer der ihren die Seite wechselt.«

»Wie bitte?« Fin glaubte, sich verhört zu haben.

Costello sah ihn von oben herab an und begann, mit einem Kugelschreiber auf dem Schreibtisch herumzutippen. Überhaupt waren seine Finger ständig in Bewegung, blätterten in Papieren oder schoben den Kaffeebecher vor sich her. Entweder haderte er mit dem Rauchverbot im Polizeigebäude oder er war gerade dabei, sich das Rauchen gleich ganz abzugewöhnen.

»Warum sonst haben Sie ausgerechnet in Foley Unterschlupf gesucht? Sie machen doch gemeinsame Sache mit denen.«

Er hatte es geahnt. »Ihr habt mich hierher gezerrt, nur weil ich in Foley lebe?«

Er sah von Jim Costello zu Caitlin da Silva, die sich bisher aus dem Gespräch herausgehalten hatte. Sie beobachtete nur, aber ihre gespannte Körperhaltung verriet Fin, dass sie die Einmischung des nordirischen Kollegen missbilligte. Er wusste nur zu gut aus eigener Erfahrung, dass kein Polizist es mochte, wenn sich ein anderer in seinem Revier breitmachte. Auch nicht, wenn es wie in diesem Fall nur um Amtshilfe ging, und schon gar nicht, wenn der andere der Ranghöhere war. Sollte MacAllister auf irischem Boden etwas zugestoßen sein, brauchte sie keine Hilfe bei der Klärung des Falls. Er wandte sich wieder an Costello.

»Und mit wem, bitteschön, mache ich gemeinsame Sache?«

»Es geschieht nicht zum ersten Mal, dass ein Bauprojekt von MacAllister von denen sabotiert wird.«

»Welches Bauprojekt? Und von wem sabotiert?«

»Diesmal ein Luxushotel. Draußen bei …«, er wühlte in seinen Unterlagen, »… Traban Bay. An dem Gelände war wohl auch die IRA interessiert.«

»Die IRA? Was hab' ich mit der IRA zu schaffen?« Allmählich wurde es Fin zu bunt. Er verschränkte die Arme vor der Brust, baute eine Mauer zwischen sich und Costello und schob herausfordernd das Kinn nach vorne.

»Sie stecken doch mit diesem Billy MacGann unter einer Decke.«

Fin starrte ihn entgeistert an. »Sind Sie übergeschnappt? Ausgerechnet MacGann?« Er verdrehte die Augen zur Decke, als ob er dort Linderung suchte für diesen unerträglichen Schwachsinn.

»Kommen Sie, O'Malley, einer wie Sie kann für die IRA durchaus nützlich sein«, Costello sah ihn lauernd an, »Sie kennen sich aus mit den verschiedensten Ermittlungsmethoden, Sie könnten sogar Spitzel ans Messer liefern, kurzum, Sie verfügen über eine Menge wertvolles Insiderwissen.«

»Danke für die Blumen, Chief Inspector, aber Sie überschätzen meinen Rang«, erwiderte Fin ehrlich.

Er sah Costello an, dass er ihm nicht glaubte. Der Polizist zog die Augenbrauen ein wenig zu theatralisch in die Höhe, beließ es aber einstweilen dabei.

»Mr. Hardcastle sagte, Sie hätten sich sehr auffällig nach Mr. MacAllister erkundigt«, erklärte er, »haben ihm das hübsche Märchen aufgetischt, Ihr Vater sei zusammen mit ihm zur Schule gegangen. Wir haben das natürlich überprüft. Wie alle anderen Lügen, die Sie zum Besten gegeben haben.«

Fin zog einen Flunsch und lümmelte sich tiefer in seinen Stuhl, soweit das bei dem steifen, unbequemen Sitzmöbel möglich war. Verdächtige sollten sich hier nicht wohlfühlen. Und genau das war er – ein Verdächtiger.

Aber dies war nicht sein erstes Verhör. Er kannte schließlich alle Tricks. Sollte sich dieser Costello doch die Zähne an ihm ausbeißen. »Wenn ihr Clowns MacAllisters Büro überwacht habt, wieso wisst ihr dann nicht, wo er steckt?«, versuchte er von sich abzulenken.

Costello massierte seine verschwitzten sandfarbenen Haarbüschel. »Er ist uns entwischt.«

Dieses lapidare Detail schien ihm noch nicht einmal peinlich.

»Ach, er hat gemerkt, dass er jemanden am Rockzipfel hängen hatte?« Fin grinste schadenfroh.

»Möglicherweise wollte er zu einem Treffen, das ihm so wichtig war, dass er keine Zeugen dabeihaben wollte«, vermutete Costello und sah sein Gegenüber erwartungsvoll an.

Fin erwiderte den Blick und gähnte mit gespielter Langeweile.

»Wo waren Sie eigentlich am 21. März?«

Der Themenwechsel kam plötzlich. Und er kam von Detective da Silva.

»Am 21. März?«, wiederholte Fin und schaute sie irritiert an. Vor vier Wochen? Wieso wollte sie wissen, wo er vor vier Wochen gewesen war? Hätte sie ihn nach einem Alibi für den Nachmittag vor vier Tagen gefragt, hätte ihn das weniger gewundert. Auch wenn sie gar nicht wissen konnte, dass und vor allem wann Bertrand MacAllister getötet worden war. Er durchschaute das Manöver nicht. »Was war am 21. März?«

»Am 21. März wurde Hugh Dermot, die Nummer Zwei in MacAllisters Firma, erschossen aufgefunden«, erklärte Caitlin da Silva sachlich.

»Es war eine regelrechte Hinrichtung«, fügte Costello hinzu. »Verstehen Sie jetzt, weshalb wir am Verbleib von Bertrand MacAllister so interessiert sind?«

Fin nickte langsam. Die kleinen Gedankenrädchen in seinem Gehirn griffen ineinander. Wenn Hugh Dermot tot war und nun auch Bertrand MacAllister, dann hatte Derek Hardcastle freie Bahn. Da war so einer wie Fin gerade zum richtigen Zeitpunkt aufgetaucht. Kein Wunder, dass es Hardcastle eine Freude gewesen war, ihn erst verprügeln zu lassen und ihn dann als Sündenbock ans Messer zu liefern.

»Und?« Caitlin da Silva wartete noch immer auf eine Antwort.

»Ähm, keine Ahnung ...«

Wenn er gewusst hätte, dass er ein Alibi brauchte, hätte er es sich rot in den Kalender geschrieben. Mit einem Mal hatte er Mitleid mit denen, die er selber früher verhört hatte.

»Lassen Sie mich raten, Mr. O'Malley. Sie waren zu Hause in Ihrem Pub und haben dafür mindestens zwanzig Zeugen«, half Detective da Silva mit ironischem Unterton aus, »und wenn wir die befragen, werden sie alle es bezeugen.«

»Wenn Sie das sagen.« Fin konnte nur hoffen, dass es tatsächlich so war.

»Foley ist nicht allzu weit von der Grenze weg ...«, begann Costello.

»Wenn Sie den Rahmen so weit stecken, dann ist ganz Donegal Grenzgebiet«, erwiderte Fin.

»Derry ist nur ein paar Autostunden entfernt. Sie hätten durchaus Gelegenheit gehabt –«

»Ich kenne Hugh Dermot nicht«, sagte Fin mit Nachdruck.

»Das haben Sie über Bertrand MacAllister auch gesagt«, stellte Caitlin da Silva trocken fest.

»Hören Sie«, Fin drehte sich zu ihr um und versuchte es mit Argumenten, »dieser MacAllister scheint mir ein Mann zu sein, der sich in seinem Leben mehr als nur ein paar Feinde gemacht hat. Im Augenblick ist er lediglich verschwunden.« Er musste genau auf seine Wortwahl achten. »Vielleicht hat er sich einfach nur abgesetzt, vielleicht ist ihm auch etwas zugestoßen. Auf jeden Fall sollten Sie sich lieber in seinem Bekanntenkreis umschauen, statt harmlose Bürger zu verdächtigen.«

»Genau das tun wir gerade«, ergriff Costello wieder die Initiative, »was wollten Sie bei Hardcastle?«

Fin seufzte und dachte nach. Inwieweit würde er sich schaden, wenn er die Wahrheit sagte?

»Ich wollte herausfinden, wie weit die Pläne für das Hotel sind. Ich hab' Informationen, dass MacAllisters Firma mit unlauteren Mitteln in den Besitz von Cruit Castle gekommen ist und –«

»Womit wir wieder bei Ihren Freunden in Foley wären«, stellte Costello mit Genugtuung fest.

Sie drehten sich im Kreis.

»Woher haben Sie den Hund?« Caitlin da Silva ließ nicht locker.

»Den Hund?« Fin tat überrascht.

»Den weißen Schäferhund.« Sie übte sich in Geduld.

Er musste wohl oder übel bei Lilys Version bleiben. »Das hat Ihnen meine Tochter doch schon erzählt.«

»Und Sie sind ganz sicher, dass es nicht MacAllisters Hund ist?«

»Glauben Sie, ich hab' ihn vielleicht wegen dem Köter umgebracht?«, spuckte Fin verärgert aus. »Geht das denn nicht in Ihren Schädel hinein? Ich hab' schlicht und ergreifend kein Motiv!«

Vielleicht brauchte man das ja nicht, wenn man aus Foley kam. Egal, was er auch sagte, sie würden ihm nicht glauben. Weil sie ihm einfach nicht glauben wollten.

»Kommen wir zu MacAllisters Wagen.« Jim Costello wühlte wieder in seiner Akte.

Fin verfluchte im Stillen Billy MacGann. Er hatte geglaubt, Billy sei ein Profi im Verschwindenlassen von Beweismaterial jeglicher Art, Leichen eingeschlossen. Offenbar hatte er sich geirrt.

Costello zupfte an seiner Krawatte herum, die allmählich mehr Ähnlichkeit mit einer Henkersschlinge bekam. »Wir fragen uns, was Bertrand MacAllister da oben bei Greencastle wollte.«

»Entweder hat sich sein Navi geirrt oder jemand hat den Wagen geklaut«, reagierte Fin gereizt, »vielleicht ist er ja auch auf der nordirischen Seite ins Wasser gefallen und abgetrieben worden.«

»Der Wagen weist keinerlei Unfallspuren auf.«

Fin wurde allmählich sauer und sah demonstrativ auf seine Uhr. »Dauert das hier noch lange?«

»Es ist nur eine Frage der Zeit, wann wir eine Leiche finden, Mr. O'Malley.« Jim Costello schien sich seiner Sache sehr sicher zu sein.

Fin sah ihn mitleidig an. »Wenn er nicht angeschnallt war, kann die Strömung die Leiche längst ins offene Meer gespült haben. Ist halt der Nachteil von 'nem Cabrio.«

»Ich hab' nie erwähnt, dass MacAllister ein Cabrio gefahren hat.«

Fin spürte Caitlin da Silvas bohrenden Blick im Nacken. Und trat sich im Geiste in den Hintern.

»Hören Sie, verdammt nochmal! Ich kenne diesen Mann nicht und ergo habe ich auch nichts gegen ihn! Warum also sollte ich ihn umbringen?«

»Vielleicht ’ne Mutprobe?«

»Was?« Er starrte Costello verständnislos an.

»So ’ne Art Aufnahmeritual, mit dem sich der Ex-Polizist bei seinen neuen Freunden empfiehlt«, antwortete der Polizist, schien aber selber nicht so ganz überzeugt von seinem Gedanken, »ich glaube kaum, dass die Typen in Foley Sie mit offenen Armen empfangen haben …«

War Costello jetzt komplett übergeschnappt? Nein, dachte Fin, es war wohl eher ein billiger Versuch, ihn aus der Reserve zu locken. Er lehnte sich zurück und beließ es bei einem entnervten Kopfschütteln. Hier war er eindeutig im falschen Film.

Jim Costello holte einen neuen Aktenordner hervor, schlug ihn auf und zog ein paar lose Blätter hervor. »Dass Sie kein Motiv haben, Mr. O’Malley, das stimmt nicht ganz.«

»Na, da bin ich aber neugierig«, tat Fin gelangweilt und schaute aus dem Fenster. Draußen schien noch immer die Sonne, der Himmel war wolkenlos blau. Nur die Schatten waren länger geworden, es ging auf den Abend zu.

Costello breitete ein paar Seiten vor sich auf dem Schreibtisch aus, sortierte sie und schien zu überlegen, mit welcher er anfangen sollte. »Sie haben noch eine alte Rechnung offen.«

»Was Sie nicht sagen …«

»Am 5. Februar 1972, knapp eine Woche nach den Ausschreitungen in Derry …«

Fin wandte langsam den Kopf und sah Costello ungläubig an.

»… an denen Ihr Vater, Michael O’Malley, beteiligt war, hat die IRA einen Rachefeldzug gestartet gegen die Polizisten, die damals gegen die katholischen Bürgerrechtler eingesetzt worden waren –«

»Was?«

»Ihr Vater, Mr. O’Malley, war Polizist und hat am 30. Januar 1972 …«, er betonte das Datum unnötigerweise, als ob irgendjemand in Irland vergessen könnte, weshalb der Bloody Sunday in die Geschichte eingegangen war, »... auf unschuldige Katholiken eingeprügelt –«

»Blödsinn!«

Costello ließ sich nicht beirren. »... und eine Woche später kam Ihr Onkel, David O'Malley, der ebenfalls Polizist war, bei einem Anschlag ums Leben.« Costello schob einen vergilbten Zeitungsausschnitt über den Tisch. »Nur dass dieser Anschlag gar nicht auf das Konto der IRA ging, sondern auf das der protestantischen UVF, die die Aktion den Katholiken in die Schuhe geschoben hat.«

Fin überflog den Zeitungsartikel, las von Brandbomben und Schießereien, aber Costello ließ ihn nicht zum Ende kommen. »Bertie MacAllister war in jener Zeit Mitglied der UVF und bei verschiedenen paramilitärischen Aktionen aufgefallen. Auch wenn man ihm nie etwas hatte nachweisen können, gilt es als sicher, dass er diesen Anschlag nicht nur geplant hatte, sondern auch daran beteiligt war.«

Er beobachtete Fin, sicher, dass seine Ausführungen die gewünschte Wirkung erzielen würden.

Fin starrte ihn sprachlos an.

»Eine wenn auch späte Rache ...«

Er wusste nicht, was er sagen sollte. Natürlich war das, was Costello da konstruierte, komplett an den Haaren herbeigezogen. Allein der Gedanke, eine Geschichte auszugraben, die mehr als vierzig Jahre zurücklag, verriet ihm, wie verzweifelt sich Jim Costello an jeden vermeintlichen Strohhalm klammerte.

»Davon weiß ich nichts ...«, antwortete er zögernd.

Costello sah ihn unverwandt an und setzte noch eins drauf. »Es war die Nacht von Samstag auf Sonntag«, versuchte er Fins Erinnerung auf die Sprünge zu helfen, »den ganzen Tag über hatte es illegale Kundgebungen in der Stadt gegeben. Ein paar Katholiken zogen in das Viertel, in dem die Protestanten lebten. Machten Randale, warfen Scheiben ein. Das Ganze eskalierte schließlich, als Schüsse fielen. Am nächsten Morgen gab es zwei tote Polizisten. Einer von ihnen David O'Malley. Ihr Onkel. Nach Zeugenaussagen war er auf die Straße gegangen, um zu schlichten.« Er beugte sich über den Schreibtisch und ließ Fin nicht aus den Augen. »Ich habe gelesen, dass er im Nachbarhaus gewohnt hat. Viel hätte nicht gefehlt und es hätte drei tote Polizisten gegeben.«

Februar 1972.

Fin versuchte, sich zu erinnern. Trotz des Gedankens an eine kalte Winternacht wurde ihm warm. Sein Hemd klebte auf seiner Haut, seine Hände fühlten sich unangenehm feucht an. Ging es nur ihm allein so? Er bemerkte den dunklen Rand an Costellos Hemdkragen. Die winzige Schweißperle, die sich einen Weg über seine Schläfe suchte. Caitlin da Silva dagegen schien von der Temperatur völlig unbeeindruckt. Sie lehnte reglos auf ihrem Platz an der Fensterbank und beobachtete ihn. Es war stickig in dem kleinen Büro, nirgends ein offenes Fenster. Gab es hier keine Klimaanlage? Oder war sie kaputt? Wieso fragte er sich das ausgerechnet jetzt?

Wieder sah er zum Fenster hinaus. Die Grünanlagen vor dem Polizeigebäude lagen schon im Schatten, nur die Spitzen der Tannen fingen die letzten Sonnenstrahlen ein. Fin konnte sich an keinen Frühling erinnern, der so warm gewesen war.

Auch an jene Februarnacht konnte er sich nicht erinnern. Er war damals vier Jahre alt gewesen. Das Einzige, was ihm noch in den Sinn kam, war, dass er mit seinen Eltern und seinen Geschwistern im Februar 1972 nach Dublin gezogen war. Sein Vater hatte sich ganz plötzlich zu diesem Umzug entschlossen. Über Nacht.

David O'Malley.

Er wusste, dass er einen Onkel gehabt hatte, aber nicht, was aus ihm geworden war. Nachdem sie nach Irland übergesiedelt waren, war der Kontakt zur Familie seines Vaters abgerissen.

Er konnte sich beim besten Willen nicht daran erinnern, dass sein Onkel einem Anschlag zum Opfer gefallen war. So was vergaß man doch nicht. Und ausgerechnet Bertrand »Bolt« MacAllister sollte der Rädelsführer gewesen sein?

»Man hat keinen der Täter damals gefasst«, ergänzte Costello, nahm den Zeitungsausschnitt wieder an sich und legte ihn sorgfältig in die Mappe zurück. »Wie sie bereits sagten, Mr. O'Malley, MacAllister hat sich schon früh im Leben Feinde gemacht.«

»Und nach all den Jahren soll ich ... ?« Fin sah ihn fassungslos an.

»Warum nicht?«

»Sie machen sich lächerlich, Chief Inspector.« Er sah zu Caitlin da Silva hinüber, aber ihre Miene war ausdruckslos. Er konnte nicht mal ahnen, was sie von der ganzen Sache hielt. »Dafür gibt es keinerlei Beweise.«

»Warten wir ab, was die Spurensicherung in MacAllisters Wagen findet.« Jim Costello schien optimistisch. »Sie glauben ja gar nicht, was unsere Forensiker heutzutage so alles entdecken. Selbst wenn die Karre 'ne ganze Weile im Wasser gelegen hat. Fasern, Haare, Hautschuppen.« Costellos Finger begleiteten die Aufzählung mit nervösem Trommeln. Offensichtlich hatte er das Gefühl, dass die Lösung des Falls kurz bevorstand. »Von Fingerabdrücken ganz zu schweigen. Aber wem erzähl' ich das ...«

Fin überlegte fieberhaft, was er alles angefasst hatte. Hatte er nicht alles sauber abgewischt? Billy, dieser Mistkerl, hatte Handschuhe getragen! Billy, dieser Idiot, der sich um alles kümmern wollte! Billy, dieses verdammte Arschloch!

»Ich weiß noch nicht, welches Spiel Sie und Ihre Freunde aus Foley da spielen«, Costello lehnte sich über den Schreibtisch zu Fin, »aber ich werde dafür sorgen, dass Sie es nicht gewinnen, verlassen Sie sich drauf!«

Abgesehen davon, dass Fin Costellos After Shave nicht mochte, beeindruckte ihn seine Drohung nicht. Er wusste nur zu gut aus eigener leidvoller Erfahrung, dass die Polizei nichts, aber rein gar nichts gegen ihn in der Hand hatte.

»Wir brauchen Ihre Fingerabdrücke, Mr. O'Malley«, hörte er Detective da Silvas nüchterne Stimme.

»Im Leben nicht!«, entfuhr es ihm erbost. Er war doch kein Krimineller!

Sie lächelte milde, beugte sich zu einer Plastiktüte hinunter, die zu ihren Füßen lag, und fischte einen Gegenstand heraus, der sorgfältig in Folie verpackt war.

»Wir können uns natürlich auch hiermit behelfen.« Fin erkannte seinen Fleischklopfer. Sie hatte ihn in einem unbeobachteten Moment mitgehen lassen. »Das dauert zwar etwas länger, aber ich bin sicher, es wird etwas Passendes dabei sein. Wir könnten Ihnen das Teil dann mit der Post zuschicken. Vorausgesetzt, Sie können es so lange entbehren.« Sie sah ihn mit einem selbstzufriedenen Grinsen an. »Oder wollen Sie es doch lieber gleich mitnehmen?«

»Linke Ratte!«, zischte Fin. Gerade laut genug, dass sie es hören konnte. Sie nahm es gelassen zur Kenntnis. Vermutlich hatte sie sich schon üblere Beschimpfungen anhören müssen.

11. Diarmuid

»Und ihr habt nie darüber gesprochen?«

»Worüber willst du mit einem Kind sprechen? Ich war viel zu klein damals, ich kann mich kaum noch an Derry erinnern.«

»Aber später, als du älter warst, hat dich da nie interessiert, was mit deinem Onkel passiert ist?«

»Die Familie meines Vaters war bei uns zu Hause nie ein Thema. Nachdem wir nach Dublin gezogen waren, haben wir mit denen im Norden nie wieder was zu tun gehabt.«

Fin saß mit Lily am Küchentisch des *Fisherman*, vor sich einen Teller mit Resten von Brendas Irish Stew, aber er hatte keinen Hunger. Es war fast Mitternacht, aus dem Pub drangen die Stimmen der letzten verbliebenen Gäste und der gedämpfte Ton des Fernsehers, das monotone Gebrabbel einer Nachrichtensendung. Er hatte die rote Katze auf dem Schoß und kraulte das dichte, weiche Fell, was sie mit geschlossenen Augen und anhaltendem Schnurren quittierte. Es hatte etwas ungemein Beruhigendes.

»Glaubst du, Großvater hat jemanden erschossen und musste deshalb aus Derry fliehen?«, fragte Lily, die diesen Aspekt ihrer eigenen Familiengeschichte plötzlich sehr spannend fand.

»Nein, das glaube ich nicht«, er schüttelte den Kopf, »aber er hat nie über diesen Tag gesprochen. Immer, wenn in den letzten Jahren im Fernsehen davon die Rede war, hat er weggeschaltet.«

Und trotzdem war auch Fin den Bildern nicht entronnen, mit denen jeder Ire in den vergangenen vierzig Jahren konfrontiert worden war, ob im Fernsehen oder in den Zeitungen. Die verwaschenen Schwarzweißfotos mit den mehr oder weniger erkennbaren Gesichtern. Die katholischen Bürgerrechtler mit ihren Plakaten auf der einen Seite, die britischen Fallschirmjäger, die sie eigentlich vor der protestantischen Gegenseite schützen sollten, auf der anderen. Die Barrikaden, die Leichen auf den Straßen, die fassungslosen Menschen. Noch immer war die Aufarbeitung jenes Tages nicht abgeschlossen, die Zeugen wurden weniger, nicht aber die Schuldzuweisungen und Forderungen nach Wiedergutmachung. Als ob Geld, wie viel auch immer, über den Verlust eines Vaters oder Sohnes hinweghelfen könnte.

»Warum hast du ihn nicht einfach gefragt?«

Was für Lily einfach und naheliegend war, erschien Fin beinahe naiv. Heute gingen Eltern und Kinder in vielen Dingen offener miteinander um, damals hätte er nie gewagt, seinen Vater darauf anzusprechen. Der 30. Januar 1972 war in Fins Familie ein Tabu. Jetzt war es zu spät, all diese Fragen zu stellen, sein Vater war vor sechs Jahren gestorben. Auch seine Mutter war alt geworden, ihr Gedächtnis funktionierte nicht mehr so richtig.

Und seine eigene Erinnerung? Er war in Derry geboren, aber die ersten vier Jahre seines Lebens waren ein großes schwarzes Loch. Die frühesten Bilder seiner Kindheit hingegen waren bunt, der Strand von Bray, der kleine Ort bei Dublin, wohin die Familie gezogen war, das Karussell auf der Promenade, die Blumen auf dem Sommerkleid seiner Mutter, eine Tüte Eis in kleinen, klebrigen Fingern. Als ob Derry nie existiert hätte. Eine Stadt in einem anderen Land. In einer anderen Welt. In einem anderen Leben.

»Mach so was nie wieder, hörst du?«

Lily sah ihren Vater fragend an. »Was?«

»Die Polizei anlügen.«

»Ich dachte –«

»Auch nicht für mich. Selbst wenn du es in dem Moment für richtig hältst. Das ist kein Spaß.«

Sie wich seinem Blick aus und betrachtete eingehend ihre Fingernägel. Sie schien unbeeindruckt vom väterlichen Rüffel. Das sollte ihm eigentlich zu denken geben. Er wollte noch etwas hinzufügen, aber er beließ es dabei.

Sie stand auf und begann, den Tisch abzuräumen, leerte die Essensreste in eine Schüssel für den Hund. »Und die Polizei glaubt wirklich, du hast diesen Mann umgebracht, weil er vor vierzig Jahren vielleicht deinen Onkel erschossen hat?«

Fin sah auf die Katze und schaute sich in der Küche um. Wo war eigentlich Pebbles? »Offenbar war gerade kein anderer Verdächtiger da …«

Nein, er wollte lieber nicht ernsthaft darüber nachdenken. Er, Fin, ein Verdächtiger in einem Mordfall. Er hoffte, dass Susan das niemals erfuhr.

»Aber das ist doch absolut hirnrissig«, meinte Lily und verstaute das Geschirr in der Spülmaschine, »vielleicht solltest du denen mal zeigen, wie man richtig ermittelt. Schließlich hast du doch gar kein Motiv.«

»Mach dir keine Sorgen, Lily, die fischen ein bisschen im Trüben. Und solange sie keine Leiche finden …« Er ließ das Ende offen und betete darum, dass dieser Zustand noch lange anhalten möge.

Sie drehte sich zu ihm um. »Warum sagst du denen denn nicht einfach, wie's gewesen ist? Du hast doch nichts verbrochen.«

Nein, er hatte nichts verbrochen. Er hatte bloß geholfen, eine Leiche verschwinden zu lassen, er hatte die Spuren vernichtet und die Ermittlungen behindert, die Polizei hinters Licht geführt … Sein fragwürdiger Auftritt bei Hardcastle war da noch sein geringstes Problem.

»Der Typ hätte einfach in Derry bleiben sollen«, sagte Lily und knallte die Tür der Spülmaschine zu, »was hatte der überhaupt hier verloren?«

Fin erzählte ihr von MacAllisters Plänen.

»So 'ne Art Schlosshotel? Super.«

»Na hör mal, würde es dir etwa gefallen, wenn man dir so ein Disneyland für Millionäre vor die Nase setzen würde?«

»Ist doch 'ne Superidee. Endlich mal was los hier.«

»Bitte?« Das konnte sie doch nicht ernst meinen. »Mit Golfplatz? Und Hubschrauberlandeplatz? Denk doch bloß mal an die Umweltzerstörung, an –«

»Was soll das jetzt werden? Machst du hier 'ne Ortsgruppe von *Greenpeace* auf?«

Die Hintertür flog auf, ein Schwall kühle Nachtluft wehte herein. Die Katze zuckte zusammen, plusterte sich auf, machte einen Buckel und grub ihre Krallen in Fins Jeans. Er biss die Zähne zusammen.

Pebbles duckte sich hinter Diarmuids Beine.

»Du hau bloß ab!«, stieß Fin hervor.

»Dad!«

»Sachte, Mann, was hast du eigentlich gegen mich? Ich hab' dir doch nix getan.« Diarmuid schlappte herein, vorsichtig, um nicht auf die offenen Schnürsenkel seiner Sneakers zu treten, und schloss die Tür.

»Dein Vater hat mir diesen ganzen Mist eingebrockt!«, fluchte Fin und hob behutsam die Katze hoch, um die Krallen aus seiner Hose zu fädeln. »Wahrscheinlich hat er's mit Absicht gemacht!« Der Gedanke war ihm bis zu dieser Sekunde überhaupt nicht gekommen, aber je mehr er darüber nachdachte, desto mehr kam er zu der Überzeugung, dass da durchaus was dran war.

»Warum sollte Billy das tun? Lass ihn endlich in Frieden, er is' schon okay.«

»Okay? Tu nicht so, als ob ausgerechnet du Ahnung hättest …« Er musterte den schlaksigen Jungen mit seiner verkehrt herum aufgesetzten karierten Baseballkappe, die seinen langen blauen Pony noch tiefer in sein Gesicht drückte und das Sehen nur möglich machte, wenn er den Kopf lässig in den Nacken legte. Dazu die übergroßen ausgebeulten Hosen, deren Hintern irgendwo in Kniehöhe pendelte. Nein, es war wirklich entsetzlich anstrengend, cool zu sein. »Du kannst dir ja nicht mal 'ne Hose kaufen, die dir passt.«

»Dad!« Lily funkelte ihn böse an.

Diarmuid zog sich unbeeindruckt einen Stuhl heran. Wahrscheinlich hörte er den ganzen Tag dieselben Sprüche von seinen Großeltern und hatte sich längst daran gewöhnt. »Lily hat mir erzählt, dass die Polizei dich verhaftet hat.«

»Naja, nicht direkt verhaftet«, wehrte Fin ab. Die Katze hatte sich beruhigt und war wieder auf Normalgröße geschrumpft. Ihr giftgrüner Blick machte dem unliebsamen Eindringling allerdings unmissverständlich klar, wer hier im Haus das Sagen hatte. Pebbles blieb sicherheitshalber hinter Diarmuids Stuhl und rührte sich nicht.

»Sie verdächtigen Dad, diesen Mann draußen bei der Ruine ermordet zu haben«, erklärte Lily in einem Tonfall, als habe Fin gerade einen Orden für besondere Dienste erhalten.

»Cool.«

»Bitte?« Fin glaubte sich verhört zu haben.

»Nein, ich meinte natürlich, gar nicht cool«, beschwichtigte Diarmuid schnell.

»Sie haben seine Fingerabdrücke genommen«, verkündete Lily.

»Solange sie keine haben, mit denen sie sie vergleichen können …«

»Und sie haben das Auto von diesem Typen gefunden.«

Lily verstand es wirklich, einem Mut zu machen.

»Jetzt mal halblang, das will alles überhaupt nix heißen«, wiegelte Fin ab.

»Stimmt, wenn du nichts angefasst hast, brauchst du dir keine Sorgen zu machen«, entgegnete Diarmuid.

Er hörte sich an wie jemand, der wusste, wovon er sprach. Wahrscheinlich hatte Billy ihm längst beigebracht, wie man sich an einem Tatort korrekt verhielt.

Fin spürte, wie die Wut wieder in ihm hochkochte. »Billy hat Handschuhe getragen«, spuckte er aus, »außerdem wollte er sich drum kümmern, dass die Leiche verschwindet. Dilettant!«

»Ey, komm wieder runter, Mann. So wie's aussieht, gibt's ja wohl keine Leiche«, nahm Diarmuid Billy in Schutz, »solange die Polizei nur das Auto hat …«

»Oh, damit sind die 'ne Weile beschäftigt. Und die suchen nicht nur nach Fingerabdrücken.«

»Glaubst du, die haben schon was gefunden?«

Lily stellte die Futterschüssel auf den Boden. Pebbles äugte zögernd hinter dem Stuhl hervor, traute sich aber nicht so recht aus ihrer Deckung.

»Was weiß ich. Die werden's mir nicht auf die Nase binden.«

»Echt abgefahren. Vielleicht sind sie schon auf dem Weg nach Foley, um ihn zu verhaften«, grinste Diarmuid.

»Das ist nicht witzig!«, fuhr Fin ihn an.

»Wie lange braucht die Polizei, um solche Spuren auszuwerten?«, fragte Lily interessiert.

»Kommt drauf an, was sie hat«, antwortete Fin, »der Abgleich von Fingerabdrücken geht heutzutage mit dem Computer ganz schnell. DNA-Spuren dauern natürlich etwas länger.«

»Computer?«

»Ja, Schatz, auch die irische Polizei ist mittlerweile in der Neuzeit angekommen«, erwiderte er nicht ganz frei von Ironie.
»Nun, wenn die mit Computern arbeiten ...« Sie warf Diarmuid einen Blick zu, den Fin nicht deuten konnte. Diarmuid dagegen schien sofort zu wissen, worauf sie hinauswollte.
»Kinderspiel.«
»Was?« Fin verstand gar nichts.
»Diarmuid kann jeden Computer knacken«, klärte Lily ihn auf.
»Wie bitte?«
»Nichts leichter als das.« Diarmuid lehnte sich lässig zurück und blinzelte hinter seinem blauen Haarvorhang hervor, ganz jene Überheblichkeit, die den MacGanns im Blut lag.
»Das lässt du schön bleiben«, dämpfte Fin den aufkommenden Eifer. Das fehlte gerade noch. Als ob er nicht schon genug Ärger am Hals hatte.
»Dad, wir könnten es doch wenigstens versuchen!«
Offenbar hatte Diarmuid Lily mit seiner kriminellen Energie schon angesteckt. Am Ende hatte er ihr schon beigebracht, wie sie die Facebook-Accounts ihrer eintausendsiebenhundertzweiundvierzig Freunde knackte.
»Falls es dir noch niemand gesagt hat, Lily, das ist illegal«, wagte er einen zaghaften, aber völlig überflüssigen Einwurf.
Sie ignorierte ihn. »Sag, Diarmuid, wie lange würdest du brauchen?« Lily schien weit weniger Skrupel zu haben als Fin. Dabei lebte er schon viel länger in Foley.
»Warum sollte ausgerechnet ich ihm helfen?«, maulte Diarmuid.
»Diarmuid!«
»Okay okay«, lenkte er ein und stand auf.
»Ihr seid völlig übergeschnappt! Das kommt überhaupt nicht in Frage!« Er sah von Lily zu Diarmuid und wieder zu Lily. Gegen seinen Alleingang in Derry hatte sie noch gewettert,

nun konnte sie offenbar nicht schnell genug selber auf die Jagd gehen. Wenn man jung war, fiel es leichter, seine Ideale auf dem Altar der Neugier zu opfern. »Das wirst du nicht tun!«

»Tu ich ja auch nicht«, sie wies mit dem Kopf auf Diarmuid, »er wird es tun.«

»Lily, das ist eine Straftat! Du kannst nicht einfach –«

»Spaßbremse! Wenn's der Wahrheitsfindung dient?«, reagierte sie schnippisch und schloss sich Diarmuid an, »wenn es dich nicht interessiert, kannst du ja solange hier sitzen bleiben und warten. Ich möchte gern rechtzeitig wissen, wenn mein Vater wegen Mordverdachts eingebuchtet werden soll.«

Fin wurde das Gefühl nicht los, dass er nicht länger Herr der Lage war. Er konnte unmöglich tatenlos zusehen, wie die beiden …

»Wartet!«

… und schon gar nicht allein …

»Ich komm mit!«

Sie waren schon zur Tür hinaus, Pebbles auf dem Fuß. Er schubste die verdutzte Katze von seinem Schoß und stürzte hinterher. Es würde sowieso nicht klappen. Niemand konnte sich einfach mal eben in den Computer der Polizei einhacken. Worüber machte er sich also Sorgen?

Und wenn es wider Erwarten doch funktionierte, sollte er, Fin, besser dabei sein, um Diarmuid im Auge zu behalten und zu verhindern, dass er irgendwelchen Unsinn anstellte.

Nein, es war nicht legal, was sie da gerade vorhatten, es war sogar ausgesprochen illegal. Aber vielleicht sollte er sich endlich daran gewöhnen, dass es auf diesen Unterschied nicht wirklich ankam, wenn man in Foley lebte.

Diarmuid hauste hinter dem Cottage seiner Großeltern in einem Anbau, der früher als Stall gedient hatte. Die niedrige Decke verstärkte das Gefühl, in eine Höhle zu kriechen, und der Raum war bei Tageslicht vermutlich auch nicht viel heller als jetzt mitten in der Nacht. Die beiden winzigen Fenster waren mit Folie abgeklebt, um störende Reflexe auf den vielen Monitoren zu vermeiden, die überall herumstanden. Auf Regalen türmten sich elektronische Bauteile, Module, Computerfragmente, Plastikboxen mit Ersatzteilen, aus denen bunte Stecker baumelten. Überall hingen Kabel oder sie lagen Stolperfallen gleich auf dem Fußboden, aber Diarmuid schlängelte sich mit sicheren Schritten durch die Mitte wie ein Tier in seinem vertrauten Bau. Ein Hauptschalter erweckte das Durcheinander zum Leben, Lämpchen begannen zu blinken, Klimaanlagen surrten, Bildschirme flackerten auf, Computer fuhren hoch. Und nicht bloß einer.

Sollte es in Foley jemals zu einem Stromausfall kommen, Fin wüsste, wo er nach der Ursache suchen würde. Er fragte sich, wo dieser Nerd Diarmuid hier, am gefühlten Ende der Welt, all die Einzelteile für dieses Spielzimmer auftreiben konnte. Aber er war schließlich in Foley, da sollte er sich darüber eigentlich nicht wundern.

In der hintersten Ecke war so etwas Ähnliches wie ein Bett zu erkennen, darauf zerwühlte Decken, davor ein benutzter Teller voll undefinierbarer Krümel. Die einzigen Anzeichen dafür, dass sich hier tatsächlich ein menschliches Wesen zu Hause fühlte, auch wenn drumherum alles ein wenig zugestaubt war. Es war kaum anzunehmen, dass Diarmuids Großmutter hier saubermachte oder lüftete.

Diarmuid pflanzte sich vor einen Computer, warf seine Kappe in eine Ecke und ließ theatralisch seine Finger knacken. »Dann wollen wir mal …«

Lily bezog erwartungsvoll ihren Posten auf einem alten zerknautschten Ledersofa neben dem Computertisch, Pebbles zu ihren Füßen, während Fin sich hinter dem Jungen aufbaute und herauszufinden versuchte, was da gerade vor seinen Augen passierte. Diarmuid hämmerte eine ganze Weile auf seinem Keyboard herum, beobachtete mal diesen, mal jenen Monitor, verfolgte konzentriert scheinbar endlose, nichtssagende Zahlenkolonnen, wechselte eine CD und rief weitere Zahlenreihen auf. Seine Stimmung schwankte von »Scheiße« über »Netter Versuch« bis »Hab' dich«.

Zum ersten Mal zweifelte Fin an seiner Überzeugung, dass Lilys Plan bloß eine fixe Idee gewesen war. Diarmuid schien zu wissen, was er tat. Na schön, dann kam auf der langen Liste seiner Verfehlungen nun auch noch Anstiftung zu einer kriminellen Handlung dazu. Darauf kam es jetzt auch nicht mehr an. Während seine Augen erfolglos versuchten, das Kabelgewirr zu entknoten, und dabei bunte Lämpchen zählten, haderte er einmal mehr mit der Frage, ob Susan nicht recht hatte, wenn sie behauptete, er sei alles andere als ein Vorbild für seine heranwachsende Tochter.

»Bingo!«

Vor Fins Augen baute sich die vertraute Seite der NBCI in Dublin auf. Es hatte gerade mal dreißig Minuten gedauert. Sollte das wirklich so einfach gewesen sein?

»Wann bist du aus dem Polizeidienst ausgeschieden?«, wollte Diarmuid wissen.

»Vor 'nem halben Jahr.«

»Dann haben sie dein Profil wahrscheinlich gelöscht«, meinte er, »kein Problem, ich leg' dir ein neues an.« Seine Finger flogen über die Tasten. »Bei so vielen Polizeibeamten fällt einer mehr oder weniger nicht auf.«

»Paddy Murphy?«, las Fin.

»Passwort?«

»Mir egal.«

»Okay«, er tippte *Mir egal* und bestätigte das Passwort. »So, damit kommst du jetzt in jeden Polizeicomputer unserer Republik rein. Wo möchtest du gerne?«

»Ähm ... Letterkenny?«

Einige Klicks später. »Bitteschön.«

»Wie hast du das gemacht?«, fragte Fin ehrlich verblüfft.

Diarmuid stand auf und überließ ihm mit einer großzügigen Handbewegung den Platz vor dem Bildschirm. »Alter, das willst du jetzt nicht wirklich wissen …«

»Ich hab' doch gesagt, Diarmuid kriegt das hin«, triumphierte Lily und schielte gespannt auf den Monitor.

Fin setzte sich, hin und her gerissen zwischen Skrupel und purer Neugier.

»Los, mach schon«, drängelte Lily.

»Moment mal«, bremste Fin, »wenn ich hier was mache, dann alleine. Das geht euch zwei überhaupt nichts an. Es reicht völlig, wenn ich mich auf verbotenem Terrain bewege.«

Er wollte Lily auf keinen Fall noch weiter mit hineinziehen und bedeutete den beiden mit einer eindeutigen Handbewegung, zu verschwinden.

»So haben wir aber nicht gewettet«, widersprach sie.

»Wir haben überhaupt nicht gewettet. Raus! Alle beide!«

Diarmuid gab nach einigem Zögern nach. »Aber fass mir hier ja nix an, klar?« Er schob die protestierende Lily vor sich her aus dem Zimmer. »Und mach nicht zu lange, nicht, dass einer was merkt …«

Ein weißer Schatten huschte hinterdrein.

Als er alleine war, schob Fin erstmal vorsichtig ein Fenster auf, um frische Luft hereinzulassen, pflückte ein zerknautschtes T-Shirt vom Stuhl und schob eine leere Coladose zur Seite. Er machte sich keine Illusionen. Diarmuid hatte nur deshalb so schnell nachgegeben, weil er sich jederzeit, auch ohne Fins Beisein, in den Polizeicomputer einloggen und selbst nach Lust und Laune rumschnüffeln konnte.

Fin glaubte nicht wirklich, dass die Polizei irgendetwas gefunden hatte, was ihn belasten könnte. Schließlich hatte er aufgepasst. Es war vielmehr die altvertraute Neugier, die ihn lockte.

Er suchte nach der Akte MacAllister. Da die nordirische Polizei die Garda um Mithilfe gebeten hatte, war anzunehmen, dass die PSNI den Kollegen in Letterkenny alle ermittlungsrelevanten Unterlagen zu Verfügung gestellt hatte. Einen vollständigen Einblick würde ihm natürlich nur die Akte bei der Polizei in Derry bieten, aber er wollte sein Glück und Diarmuids Fingerfertigkeit nicht überstrapazieren.

Es dauerte eine Weile, bis er merkte, dass er fälschlicherweise unter den Tötungsdelikten suchte. Bisher wussten nur die Wenigsten, dass Bertrand MacAllister tatsächlich ein Mordfall war. Die Vermisstenakte war schnell gefunden.

Fin betrachtete das Foto von MacAllister, versuchte den Mann zu erkennen, der vor wenigen Tagen als Leiche vor ihm gelegen hatte. Ein Gesicht mit erstaunlich wenig Falten. Er wirkte jünger, als er vermutlich war. Fin suchte nach dem Geburtsdatum. Nein, wie zweiundsiebzig sah er wahrhaftig nicht aus. Das volle Haar war schneeweiß und gut geschnitten, die dichten markanten Brauen über den hellen Augen waren leicht zusammengezogen wie eine unmissverständliche Aufforderung an den Fotografen, ihn ja anständig ins rechte Licht zu setzen. Es war der selbstbewusste Gesichtsausdruck eines Mannes, der seine Wünsche präzise formulierte und gewohnt war, das zu bekommen, was er forderte.

Weitere Fotos waren hinterlegt. MacAllister bei einer feierlichen Eröffnung im Kreise namenloser Honoratioren. MacAllister in Abendgarderobe, an seiner Seite eine blonde, erheblich jüngere Frau, zwischen ihnen ein kleiner, ebenso blonder Junge von vielleicht zehn. *Ehefrau Nancy und Sohn Peter*, las Fin. Ein weiteres Foto, offenbar aus einer Boulevardzeitschrift. Derselbe Junge hatte drei Jahre später einen internationalen Klavierwettbewerb gewonnen. MacAllister, ganz der stolze Vater, ragte hinter ihm auf wie ein Schrank, seine schwere Pranke ruhte auf der schmalen Schulter seines Sohnes, der scheu in die

Kamera lächelte, als ob er seinen Erfolg gar nicht fassen könne. Das Foto war fast fünfzehn Jahre alt, sein Privatleben schien Bertrand MacAllister vor der Öffentlichkeit abzuschirmen.

Seine geschäftlichen Aktivitäten dagegen waren großzügiger dokumentiert. MacAllister war an vielen Projekten beteiligt, ob es um eine Ausschreibung für ein neues Kongresszentrum ging, die Erweiterung eines Flughafenterminals oder ein geplantes Kulturzentrum, überall tauchte sein Name auf. Ebenso oft aber auch im Zusammenhang mit negativen Schlagzeilen. Undurchsichtige Machenschaften bei der Vergabe von Baugenehmigungen, Verdacht auf Schmiergeldzahlungen bei lukrativen Ausschreibungen, geschönte Baupläne oder der ungeklärte Verbleib von Subventionsgeldern, seltsamerweise hatte nichts davon MacAllisters Ruf oder dem seiner Firma ernsthaft geschadet. Bis jetzt.

Eine Zeitungsmeldung. Gerade mal fünf Wochen alt. Die Fläche eines Gewerbeparks war beim Nachmessen plötzlich vierzig Prozent kleiner als in den Unterlagen ausgewiesen. Keiner hatte eine Erklärung dafür. Hugh Dermot hatte vor der Presse versucht, die Wogen zu glätten, die Folgen herunterzuspielen. Ein Rechenfehler. Hier ein Komma an der falschen Stelle, dort eine Null zuviel, das konnte schon mal passieren.

Drei Tage später war er tot gewesen.

Fin fand einen Verweis auf Hugh Dermot und öffnete die Datei.

Die Leiche von MacAllisters Kompagnon war vor vier Wochen auf einer Baustelle im Norden von Derry gefunden worden. Laut Aussage aus dem Büro hatte sich Hugh Dermot nach Feierabend angeblich mit dem Baustellenleiter treffen wollen, der wiederum auf Nachfragen von dieser Verabredung gar nichts gewusst und außerdem für die Tatzeit ein Alibi hatte. Arbeiter hatten den Toten am nächsten Morgen in der

Baugrube entdeckt. Die Fotos vom Tatort weckten in Fin den Verdacht, dass zumindest dieselbe Waffe im Spiel gewesen sein könnte. Laut Obduktionsbericht hatte ihm der Mörder mit einer Waffe Kaliber 44, möglicherweise einer Magnum, aus nächster Nähe in den Kopf geschossen. Die Leiche sah ebenso unappetitlich aus wie die von Bertrand MacAllister.

Es gab Zeugenaussagen, Protokolle der Spurensicherung, Fin druckte alles aus, um es später in Ruhe zu lesen.

Er warf einen Blick auf die Uhr und kehrte wieder zu MacAllister zurück.

Die Unterlagen reichten bis ins Jahr 1959 zurück, als er zum ersten Mal bei der Polizei aktenkundig geworden war. Unerlaubter Waffenbesitz. Daneben ein Jugendfoto von Bertrand MacAllister. Der Zeitungsausschnitt, den Costello Fin am Nachmittag gezeigt hatte. Die Kopie einer Zeugenaussage, die MacAllister mit dem Mord an einem Polizisten in Derry in Verbindung brachte. Und das Foto des Opfers.

David O'Malley.

Ein Mann in einer Polizeiuniform, ein Foto aus seiner Personalakte. Er sah seinem Vater kein bisschen ähnlich. Fin wusste nicht mal, welcher der beiden Brüder der Ältere war. Er versuchte sich zu erinnern, versuchte sich dieses Gesicht ins Gedächtnis zu rufen, aber da war nichts.

Er klickte das Foto weg. Costello musste schon eine Menge kranker Phantasie besitzen, um daraus ein Mordmotiv zu stricken.

Als nächstes fand er den Bericht der Küstenwache. Die Fotos von MacAllisters Wagen, den ein Kran aus dem Hafenbecken gefischt hatte. Und den vorläufigen Bericht der Spurensicherung.

Jetzt wurde es interessant. Mit fachmännischem Blick überflog Fin die einzelnen Punkte, schließlich wusste er, worauf es ankam.

»Mist, verdammter!«, fluchte er leise.

Die Spurensicherung hatte tatsächlich Fingerabdrücke im Wagen gefunden, die nicht Bertrand MacAllister gehörten. Das hieß erstmal gar nichts, die konnten schließlich allen möglichen Leuten gehören, mit denen MacAllister in der letzten Zeit Kontakt gehabt hatte. Er war sich sicher, dass er alles abgewischt hatte, was er angefasst hatte.

Sie hatten eine Faser gefunden. Eine Wollfaser. Keine fünf Zentimeter lang und leuchtend orange.

Er musste mit dem Pullover irgendwo hängengeblieben sein, als er sich in den Wagen gelehnt hatte. Er hatte es nicht gemerkt.

Aber woher sollte die Garda wissen, dass sie den dazu passenden Pullover bei ihm finden konnte?

Lily.

Caitlin da Silva hatte den Pullover gesehen. Und so wie Fin diese Frau einschätzte, war sie durchaus in der Lage, eins und eins zusammenzuzählen.

Wenn auch nur ein einziger Fingerabdruck von ihm passte, war er geliefert. Da spielte es keine Rolle mehr, ob er ein Motiv hatte oder nicht. Daran konnte man arbeiten.

Aber reichte das wirklich?

Ein lächerliches Motiv? Die Schmierenkomödie in Derry? Ein Wollfaden?

Er selber hatte Leute mit weniger Beweisen eingebuchtet. Er hatte in seinem Beruf schon früh gelernt, dass es immer einen guten Eindruck machte, wenn man einen Verdächtigen hatte, den man der Öffentlichkeit zum Fraß vorwerfen konnte. Der Druck, möglichst schnell Ergebnisse zu präsentieren, war in dem Metier enorm hoch. Leider ließ der Enthusiasmus so mancher ermittelnder Polizisten nach, sobald erst mal jemand in Untersuchungshaft saß.

Kurzum, als Verdächtiger hatte Fin verdammt schlechte Karten. Er sah schon die Schlagzeilen in der Irish Times vor sich – *Ex-Polizist wegen Mordes verhaftet.*

Der Bericht war einen Tag alt. Hatten sie seine Fingerabdrücke schon ausgewertet? Hatte Diarmuid recht und sie waren schon auf dem Weg nach Foley, um ihn zu verhaften?

Er schloss die Akte und loggte sich aus.

Er dachte nach.

Es war alles eine Frage der Zeit. Zeit, die er nicht hatte.

Er musste verschwinden.

Blödsinn. Da könnte er genauso gut ein Geständnis unterschreiben.

Natürlich würden sie ihm nicht glauben. Er war aus Foley, da konnte er lange seine Unschuld beteuern. Und wenn sie ihn erst hinter Schloss und Riegel hatten, würden sie den Schlüssel wegwerfen und gar nicht mehr nach einem anderen Täter suchen. Auf die Hilfe seiner ehemaligen Kollegen konnte er kaum hoffen. Der Einzige, der ihm helfen konnte, war er selbst, und dies nur, so lange er auf freiem Fuß war.

Er ließ alles stehen und liegen, nahm die Ausdrucke aus der Akte mit und kehrte in den *Fisherman* zurück. Mittlerweile war es halb drei. Das Pub war dunkel, irgendjemand hatte dankenswerterweise die Lichter ausgemacht.

»Lily?«

Die Tür zu ihrem Zimmer war angelehnt. Im Schein der Flurlampe sah er seine Tochter im Bett liegen. Sie schlief. Allein.

Er musste ihr irgendwie Bescheid geben, wollte aber keinen Zettel hinterlassen, der ihn schlimmstenfalls verraten würde. Nein, es war besser, wenn sie nicht wusste, wo er war. Er würde sie von unterwegs aus anrufen.

Das Wichtigste hätte er fast vergessen. Auf Zehenspitzen schlich er in ihr Zimmer, hob leise den verräterischen Pullover auf, den Lily achtlos auf den Boden hatte fallen lassen, und schlich wieder hinaus.

Er suchte seine Reisetasche, warf neben dem orangefarbenen Beweisstück ein paar Kleidungsstücke hinein, etwas Kleinkram und die Unterlagen aus dem Computer.

Die Katze strich um seine Beine und maunzte. Offenbar hatte sie Erklärungsbedarf für seine Hektik.

Wo war eigentlich dieser verflixte Köter?

Egal.

Keine halbe Stunde später saß er im Wagen und kehrte Foley den Rücken.

12. Cape Cloud

Er hatte keine Ahnung, wo er hinwollte. Ihm war lediglich klar, dass er erst mal von der Bildfläche verschwinden musste. Er brauchte Zeit. Und er brauchte einen Plan. Im Moment jedenfalls konnte er keinen einzigen vernünftigen Gedanken fassen. Diese Situation hatte er sich in seinen kühnsten Träumen nicht ausgemalt.

Mordverdacht.

Da konnte man schon in Panik verfallen. Doch genau das durfte ihm jetzt nicht passieren. Er musste einen klaren Kopf behalten.

Er hatte schon daran gedacht, nach Dublin zu fahren. Natürlich auf keinen Fall zu Susan. Sie würde ihm Lily nie wieder anvertrauen. Dann eher zu seiner Mutter, die würde sich einfach nur freuen, dass er sie mal wieder besuchte. Nein, besser zu irgendeinem alten Kumpel, der seine Lage verstand und ihm Unterschlupf gewährte. Aber er verwarf die Idee schnell wieder. Die meisten seiner früheren Kumpel waren bei der Polizei und wenn er ehrlich war, dann waren sie auch nicht wirklich gute Kumpel. Sie würden ihn vermutlich auf der Stelle ausliefern. Außerdem würde er den wahren Täter bestimmt nicht in Dublin finden.

Genaugenommen musste er hier bleiben, aber er kannte niemanden in Donegal, bei dem er unterkriechen konnte. Er könnte sich natürlich in irgendeinem Bed & Breakfast einmieten, aber in den kleinen Dörfern fielen Fremde immer sofort auf und wenn er Pech hatte, war seine Zimmerwirtin die Frau des einzigen Dorfpolizisten.

Notfalls konnte er im Landrover übernachten, aber nach dem Wagen würde die Polizei zuerst Ausschau halten. Er verspürte auch wenig Lust, in einem halbverfallenen Cottage oder einer nassen Schmugglerhöhle zu nächtigen. Der einzige Ort, der ihm einfiel, wo er zumindest fürs erste untertauchen konnte, war der verlassene Leuchtturm am Cape Cloud.

Wenn er Glück hatte, würde die Polizei ihn längst über alle Berge glauben und auf keinen Fall so nah bei Foley vermuten. Im Augenblick schien ihm das die beste aller Lösungen.

Er wendete den Wagen.

Plötzlich spürte er, wie eine warme feuchte Zunge in sein linkes Ohr kroch. Er schrak zusammen, schaffte es gerade noch, den Wagen auf der Straße zu halten, und drehte sich um.

»Pebbles!«, stieß er atemlos hervor, »was zum Teufel …?«

Die Hündin hockte wie ein weißes Gespenst auf der Rückbank und schaute ihn aus dunklen Augen seelenruhig an. Wahrscheinlich hatte Lily sie im Auto einquartiert, damit sie der Katze nicht in die Quere kam. Sie war dem nächtlichen Ausflug offensichtlich nicht abgeneigt.

Er musste sie zurückbringen.

Nein, keine gute Idee. Vor allem, wenn er an die Katze dachte.

Vielleicht war es besser, wenn der Hund nicht mehr in Foley war. Diese Caitlin da Silva hatte ihm eh keine Sekunde geglaubt, dass Pebbles ihm gehörte. Er würde Lily nur unnötig in Schwierigkeiten bringen. Wer weiß, vielleicht konnte die Hündin noch nützlich sein, schließlich hatte sie als Einzige den Mörder gesehen.

Er schaute über die Schulter. »Willst du mir bei der Suche nach dem Mörder helfen?«

Pebbles hechelte. Ein Hauch halbverdauter Irish Stew wehte ihm entgegen.

Okay, den Versuch war es wert gewesen.

Seit der Geschichte mit Charlotte war er nicht mehr am Cape Cloud gewesen. Er hatte den Ort gemieden. Zu viele Erinnerungen lagen dort begraben.

Der künstliche Damm, der die winzige Leuchtturminsel mit dem Festland verband, war nur wie jetzt bei Ebbe passierbar. Seit Fin hier draußen an der Küste lebte, hatte er gelernt, mit den Gezeiten umzugehen. Vorsichtig lenkte er den Landrover hinüber, suchte im unwegsamen Gelände den Weg und kletterte zur Inselkuppe hinauf. Im Scheinwerferlicht tauchte der Leuchtturm auf wie eine finstere Festung. Das Signalfeuer war schon vor Jahren abgeschaltet worden, niemand hatte mehr Verwendung für diesen Außenposten der Zivilisation.

Er fuhr den Wagen sicherheitshalber hinter das Gebäude, so dass er von der Straße nicht zu sehen war. Nicht, dass er ernsthaft damit rechnete, dass sich eine Polizeistreife hierher verirrte.

Der Leuchtturm bestand im Wesentlichen aus einem einfachen, zweistöckigen Haus aus massivem Mauerwerk, auf dessen Seeseite ein vergleichsweise niedriger, aber ebenso massiver runder Turm angebaut war. Viele Jahre lang hatten Leuchtturmwärter dafür gesorgt, dass das Licht die Schiffe sicher um das tückische Kap herumführte. Dann war die Anlage automatisiert und vor etwa zehn Jahren schließlich ganz stillgelegt worden. Allein dem unsicheren, zuweilen riskanten Zugang zur Insel war es wahrscheinlich zu verdanken, dass noch niemand auf die Idee gekommen war, das Haus als Ferienwohnung anzubieten.

Fin stieg im Dunkeln die Treppenstufen zum Eingang hinauf. Jemand hatte die Tür und die Fenster der unteren Etage mit Brettern vernagelt, aber nur halbherzig. Er zog hier ein wenig, zerrte dort ein bisschen, und schon war er drinnen, Pebbles auf dem Fuß. Er suchte nach dem Lichtschalter und war doch einigermaßen überrascht, als im Treppenhaus das Licht aufflammte. Die Stromversorgung funktionierte noch. Durch den Turm gelangte er hinauf ins zweite Stockwerk, dem eigentlichen Wohnbereich.

Im Flur blieb er stehen. Die Türen zu den Zimmern standen offen. Gerade so, als ob der Bewohner des Hauses mal eben weggegangen wäre und gleich wiederkehren würde.

Er zögerte.

Pebbles indes hatte weniger Hemmungen. Neugierig verschwand sie im Wohnzimmer und begann, jede Ecke zu inspizieren.

Fin schüttelte die aufkommenden Erinnerungen ab. Er zog die schweren, dicken Vorhänge zu und knipste das Licht in allen Räumen an. Vielleicht half es, die Geister zu verscheuchen.

Er stellte seine Tasche ins Schlafzimmer. Er wusste, dass niemand die Wohnung ausgeräumt hatte. Dass ihre Kleider noch immer im Schrank hingen. Seit einem halben Jahr war niemand mehr hiergewesen.

Damals hatte er sein ganzes Leben ändern wollen. Der Grund war eine Frau gewesen. Es hatte ihn so unvorbereitet getroffen, dass es ihm fast den Boden unter den Füßen weggezogen hatte. Mittlerweile hatte sich sein Leben geändert, aber es war alles ganz anders gekommen. Und es versetzte ihm noch immer einen Stich, wenn er an Charlotte dachte.

Vergangenheit ist, wenn es nicht mehr wehtut, hatte er mal irgendwo gelesen. Es konnte also noch eine Weile dauern.

Entschlossen öffnete er ein Fenster, um frische Luft hereinzulassen. An Schlaf war eh nicht zu denken, er fühlte sich kein bisschen müde. Er hatte Wichtigeres zu tun. Ein ganzes Bündel an Unterlagen wartete darauf, von ihm durchforstet zu werden. Ganz wie früher.

In der Küche machte er ein Feuer, warf knochentrockene Torfsoden und ein paar Holzscheite in den alten eisernen Herd, um die Kälte aus der verlassenen Wohnung zu vertreiben. Er fand ein paar Lebensmittel im Schrank, setzte einen Kessel Wasser auf für Tee und war kurz in Versuchung, die angebrochene Whiskyflasche aus dem Regal hervorzuholen. Stattdessen öffnete er eine Dose Rindfleischeintopf, füllte eine Schüssel und stellte sie auf den Boden. Pebbles stöberte und schnüffelte derweil durch die Zimmer, er hörte ihre Krallen leise über die Holzdielen klackern.

Irgendwie fand er es tröstlich, nicht ganz alleine hier zu sein.

Er goss sich eine Tasse Tee ein, schob die Blechkanne auf die warme Herdplatte und stieg durch den Turm hinauf in die Laterne.

Die Nacht war windstill, der Himmel sternenklar. Das Licht aus dem Treppenhaus reichte nicht bis hier oben hin, so dass er in vollkommener Dunkelheit stand. Während über der Küste ein zaghaftes Zwielicht den anbrechenden Tag ankündigte, lag über dem Wasser noch pechschwarze Nacht. Weit draußen blinkten einsame Signalfeuer, der Widerschein eines Leuchtturms viele Seemeilen entfernt geisterte über den Horizont. Die sonst so wilden Wellen des Atlantiks rauschten ungewohnt friedlich.

Fin lehnte sich gegen das geschliffene Glas der Optik, freute sich über so etwas Banales wie die Tasse heißen Tees, die seine Hände wärmte, und starrte hinaus in die Finsternis.

Mordverdacht.

Wenn er die Polizisten richtig verstanden hatte, sogar Doppel-Mordverdacht. Er sollte sich schleunigst was einfallen lassen. Als Detective in Dublin würde er jetzt an seinem Schreibtisch sitzen und die übliche Maschinerie in Bewegung setzen. Alibis prüfen, Verdächtige durchleuchten, Protokolle vergleichen, die Ergebnisse der Spurensicherung studieren, mögliche

Zeugen verhören. Aber er war nicht in Dublin. Er war auch kein Detective mehr.

Lediglich zwei Dinge waren in seinen Augen klar. Erstens – beide Morde gingen mit großer Wahrscheinlichkeit auf das Konto ein und desselben Täters. Zweitens – beide Opfer hatten ihren Mörder gekannt, beide waren sie irgendwohin gelockt worden, wo sie allein und unbeobachtet auf ihren Mörder getroffen waren.

Lohnte ein Blick auf MacAllisters Geschäftsverbindungen? Gab es einen Kunden, den er übers Ohr gehauen oder am Ende gar ruiniert hatte? War eine Frau im Spiel? Ein gehörnter Ehemann? Vielleicht ein Weggefährte aus längst vergangen geglaubten UVF-Zeiten, der mit dem großen Firmenboss noch eine Rechnung offen hatte?

Wie oft hatte Fin im Rahmen von Ermittlungen erlebt, dass das Opfer im Kreise von Familie und Freunden beliebter war als der Weihnachtsmann und sich absolut niemand erklären konnte, wie es zu dieser Tat hatte kommen können. Im Fall MacAllister hingegen konnte man aus dem Vollen schöpfen, zumindest was die Anzahl der potentiellen Verdächtigen betraf.

Fin vermutete, dass das Motiv am ehesten in MacAllisters unsauberen Geschäften zu finden war. Sonst hätte es nicht auch seinen Kompagnon Hugh Dermot erwischt. Bedeutete das nun zwangsläufig, dass Derek Hardcastle sich fortan gut überlegen sollte, mit wem er sich demnächst verabredete? Oder war er am Ende selbst der Drahtzieher? Hatte es Streit gegeben in der Firma? Wollte Hardcastle die dunklen Geschäfte nicht mehr mittragen?

Da war sie wieder, die häufigste aller Polizistenfragen: Wer profitierte eigentlich von MacAllisters Tod?

Und wie passten Billy MacGann und sein amerikanischer Freund in die ganze Geschichte? Wenn der Name MacGann fiel, tat man stets gut daran, genauer hinzuschauen. Wieso war der angebliche Erbe ausgerechnet jetzt aufgetaucht? Für einen Polizisten gab es grundsätzlich keine Zufälle im Leben. Es ging um Geld. Um eine ganze Menge Geld. Billy MacGann ließ sich nicht vor einen Karren spannen, wenn hinten drin nur ein paar Münzen lagen.

Außerdem sah es Billy ähnlich, den Verdacht auf Fin zu lenken. Warum sonst hatte er ihm MacAllisters Revolver zugeworfen? Doch nur, um seine, Fins, Fingerabdrücke am Tatort zu hinterlassen. So schlug er zwei Fliegen mit einer Klappe. Er selbst behielt eine weiße Weste und er wurde den unliebsamen Polizisten los.

Ex-Polizisten.

Fin vermisste seinen wohlgeordneten Schreibtisch.

So stand er eine ganze Weile im Leuchtturm, bis der Tee kalt geworden war und der Morgen das Meer erreicht hatte. Er wollte gerade nach unten gehen, als er auf der Insel eine Bewegung wahrnahm. Diskret rieb er über die beschlagene Scheibe und schaute genauer hin. Der Schatten war jedenfalls kein Tier, er hatte zwei Beine und ging aufrecht. Ein Mensch, kein Zweifel.

Ein Tourist? Um diese Zeit?

Die Polizei? Oder einer von Hardcastles Schlägern? Fin verspürte ein unangenehmes Ziehen beim Atmen, etwa dort, wo er eine angebrochene Rippe vermutete. Auf die Zustellung einer weiteren Nachricht konnte er gut verzichten. Aber bekanntlich traten solche Typen nie alleine auf.

Er beobachtete die Gestalt, die zielstrebig auf den Leuchtturm zusteuerte. Hatte sie ihn gesehen?

Fin sah auf die Uhr. Gut möglich, dass die Flut gerade den Damm überspülte und die Insel vom Festland abschnitt, das würde erklären, weshalb dieser Mensch auf der Suche nach Hilfe das Naheliegendste tat, nämlich im Leuchtturm nach

Hilfe suchen. Er kannte dieses Dilemma nur zu gut aus eigener Erfahrung.

Sekunden später klopfte es laut unten an der Tür.

Fin zögerte.

Letztendlich siegte die Neugier. Er ging durch den Turm hinunter und öffnete. Irgendwo im hintersten Winkel seines Polizistenhirns rief jemand »Kenn ich«, aber nicht laut genug. »Ja?«

»Mr. O'Malley? Finbar O'Malley?«

Fin stutzte. Vor ihm stand ein junger Mann, höchstens Anfang zwanzig, in einer schwarzen Lederjacke. Darunter zerschlissene Bluejeans und ein *Sex Pistols*-T-Shirt. Ein Original, keine Kopie. Die hellblonden Locken reichten bis zum Kragen. Wie ein Schläger sah er nicht aus. Auch nicht wie ein Polizist.

»Und Sie sind?«

Statt einer Antwort erhielt er einen ungehinderten Blick in die Mündung einer Pistole.

»Was haben Sie mit meinem Vater gemacht?«

»Mi-mit … Ihrem was?«, stotterte Fin und wich zurück.

»Mein Vater! Was haben Sie mit ihm gemacht?«

Der junge Mann folgte ihm, drängte ihn ins Treppenhaus.

»I-ich kenne Ihren Vater nicht! Wer sind Sie überhaupt?«, stieß Fin zu seiner Verteidigung hervor. Er hob abwehrend die Hände, versuchte abzuschätzen, wie viel Entschlossenheit den Finger am Abzug hielt.

»Bertrand MacAllister! Wo ist er?«

»Sie irren sich! Ich hab' damit nichts zu –«

»Wo ist er?«, wiederholte sein Gegenüber und fuchtelte mit der Waffe vor Fins Nase herum, um seiner Frage Nachdruck zu verleihen. »Ich will wissen, wo er ist, verdammt nochmal!« Seine Stimme überschlug sich.

»Hören Sie, Mann, beruhigen Sie sich«, versuchte Fin zu beschwichtigen und ließ die Pistole nicht aus den Augen. Sie war entsichert, soweit er das beurteilen konnte, was seine Situation nicht einfacher machte.

»Ich frage Sie zum letzten Mal …«

Etwas kam die Treppe herabgesaust.

»… und lügen Sie mich nicht an …«

Ein weißes Fellknäuel schoss an Fin vorbei, rannte ihn fast über den Haufen.

»… was haben Sie mit mei –«

Pebbles tat einen einzigen Satz, stürzte sich auf den Eindringling und riss ihn zu Boden. Die Pistole segelte durch die Luft, im Reflex streckte Fin die Hand aus und brauchte sie nur noch aufzufangen.

»Pebbles, du Miststück!«

Die Hündin jaulte und bellte vor Freude, wedelte mit dem Schwanz und beglückte den Menschen unter sich mit ihrer langen nassen Zunge.

Fin seufzte erleichtert.

Nein, Pebbles hatte ihn keineswegs gerettet. Zumindest nicht mit Absicht. Wenn der Mann, der da unter ihren Liebesbezeugungen zappelte und fluchte, tatsächlich MacAllisters Sohn war, dann begrüßte sie gerade ein lange vermisstes Rudelmitglied. Und das auf ihre ganz eigene stürmische Art.

»Ich konnte den Köter noch nie leiden!«

»Tja, beruht offenbar nicht auf Gegenseitigkeit«, erwiderte Fin und steckte sich die gesicherte Waffe in den Hosenbund. Die Vorliebe für kleine handliche Pistolen schien in der Familie zu liegen.

»Dad lässt ihr immer alles durchgehen …« Der junge Mann versuchte erfolglos, die Oberhand zu gewinnen, aber Pebbles kannte in ihrer Begeisterung kein Halten.

Fin ergriff kurzerhand ihr Halsband und befreite ihn. »Sind Sie wirklich MacAllisters Sohn?« Er half ihm auf die Beine.

»Peter.« Mit übertriebener Sorgfalt ordnete er seine Kleidung und klopfte die weißen Hundehaare von seiner Jeans.

Mit einem Mal wusste Fin, wo er das Gesicht schon mal gesehen hatte. Der Frischling aus Hardcastles Büro, den sein Chef ziemlich rüde zusammengefaltet hatte. In Jeans und T-Shirt hatte er ihn gar nicht wiedererkannt.

»Arbeiten Sie in der Firma Ihres Vaters?«, fragte er neugierig und hielt die immer noch freudig jaulende Hündin im Zaum.

»Nee, eigentlich studiere ich«, antwortete Peter und wischte sich mit dem Zipfel seines T-Shirts das Gesicht trocken, »aber wenn ich den Laden eh eines Tages übernehme, muss ich schließlich wissen, was abgeht.«

Mangelndes Selbstvertrauen war Peter MacAllisters Sache nicht.

Fin nahm ihn mit nach oben, setzte ihn ins Wohnzimmer und holte Tee und Whisky. Pebbles hockte sich neben Peter und ließ ihn keine Sekunde aus den Augen.

»Wieso kommen Sie ausgerechnet zu mir?«

Er goss Tee ein und stellte die Whiskyflasche auf den Tisch.

Peter hatte es sich auf dem ausgeleierten Sofa bequem gemacht und schaute sich interessiert in dem spärlich möblierten Raum um. Er schien kein Problem damit zu haben, mit dem Mann, den er eben noch für das Verschwinden seines Vaters verantwortlich gemacht hatte, unter einem Dach zu sitzen und Tee zu trinken. »Dieser Polizist, der nach meinem vermissten Vater sucht – Costello heißt er, glaube ich – der hat erzählt, dass Ihr richtiger Name O'Malley ist und Sie ein Pub in Foley hätten. Der Rest war einfach, ich musste Ihnen nur folgen.«

Und das mitten in der Nacht und ohne dass Fin es gemerkt hatte. Kunststück, normalerweise war Fin derjenige, der jemanden beschattete und nicht umgekehrt.

»Kann ich bitte Milch für meinen Tee haben?«

»Hab' keine.«

»Sahne?«

»Ich war nicht auf Besuch eingestellt.«

Peter verzog das Gesicht und gab einen Schuss Whisky in seinen Tee. »Wohnen Sie hier?«

»Sozusagen.« Fin konnte ihm schlecht erzählen, dass er gerade auf der Flucht war. Er nahm seinen Becher und setzte sich in den Sessel gegenüber. Die Pistole drückte in sein Kreuz. »Hören Sie, Peter, ich weiß nicht, was dieser Costello Ihnen noch erzählt hat, aber –«

»Wo haben Sie Pebbles her?«, fragte Peter und wies mit dem Kinn auf den Hund, der sofort eifrig mit dem Schwanz auf den Boden klopfte und freudig fiepte.

»Zugelaufen. Draußen bei Cruit Castle.« Es entsprach sogar der Wahrheit. »Sie kennen die Ruine? Ich meine jetzt nicht das Modell.«

Peter schlürfte seinen Tee und nickte. »Die Lieblingsspielwiese meines Vaters.«

»Was wissen Sie darüber?«

»Ein Fünfzig-Millionen-Projekt, Fünf-Sterne-Hotel mit –«

»Nein, ich meine das, was nicht in den Hochglanzprospekten steht.«

Peter sah ihn verständnislos an.

»Könnte es sein, dass Ihr Vater auf nicht ganz legale Weise in den Besitz von Cruit Castle gekommen ist?«, wagte Fin einen Vorstoß.

Er hatte zweifellos einen wunden Punkt getroffen. Peters Miene verfinsterte sich. »Das ist alles erstunken und erlogen! Die ganzen Schmierereien in den Zeitungen! Kein Wort wahr!«, stieß er wütend hervor. »Ich werde nicht zulassen, dass sein Name in den Dreck gezogen wird!«

Fin war froh, dass er die Pistole hinter seinem Rücken in

Sicherheit wusste. »Aber Sie müssen doch zugeben, dass in den letzten Jahren verdammt oft –«

»Nichts als Lügen!«, fuhr Peter ihn an, »mein Vater ist ein erfolgreicher Geschäftsmann, aber wie so oft im Leben gönnt ihm niemand den Erfolg! Dabei hat er ihn mehr als verdient!« Ärgerlich knallte er den Becher auf den Couchtisch. »Wer hat denn das neue Kulturzentrum gebaut? Keiner wollte sich daran die Finger verbrennen! Alle haben sie gesagt ›zu teuer‹, ›utopisch‹, ›das wird nie was‹. Aber mein Vater hat es gegen alle Widerstände trotzdem gebaut! Er hat Geld aufgetrieben, er hat Arbeitsplätze geschaffen – und was ist der Dank?« Er konnte nur den Kopf schütteln ob der Missachtung dieser großartigen Taten.

»Vielleicht stören sich die Leute an der Art und Weise, wie er das Geld aufgetrieben hat?«

Peter ignorierte den Einwand. »Mein Vater ist ein wunderbarer Mann. Er ist ein Genie, wissen Sie das, O'Malley? Ein Genie. Und er hat Visionen. Er sagt immer, wenn du keine Visionen hast, dann kannst du gleich den Sargdeckel von innen zumachen.«

Er war tatsächlich überzeugt von dem, was er redete, seine Bewunderung schien keine Grenzen zu kennen. Für Peter stand sein Vater auf einem Sockel, von dem ihn weder ein Gerücht noch die Wahrheit je würde herunterholen können. Irgendwie beneidete Fin ihn. Er dachte an seinen eigenen Vater. Hatte er ihn bewundert? Ja, als Kind ganz gewiss. Später war er selber Polizist geworden. Aber er hatte sich oft die Frage gestellt, ob er ihm wirklich hatte nacheifern oder es ihm nur hatte recht machen wollen. Er war sich die Antwort bis heute schuldig geblieben.

»Und Cruit Castle ist eine seiner Visionen. Warten Sie nur ab, am Tag der Eröffnung wird er es allen zeigen! Sie werden staunen!« So wie Peter sich ins Zeug legte und eine Lanze für seinen alten Herrn brach, würde er bestimmt in seine Fußstapfen treten. Aber Fin fragte sich, was der Junge tatsächlich von den Machenschaften seines Vaters wusste. Möglicherweise stand ihm ein böses Erwachen bevor.

»Alle hacken sie auf ihm herum, alle legen sie ihm Steine in den Weg!«, ereiferte sich Peter mit hochrotem Kopf, »die Banken, die Stadtverwaltung mit ihren blödsinnigen Vorschriften oder ihr hier in Foley! Auch ihr könnt den Fortschritt nicht aufhalten!«

Die Wortwahl war eines MacAllisters würdig. Diese Rede hatte er wahrscheinlich so oder in einer anderen Form bei seinem Vater aufgeschnappt und nichts Besseres zu tun, als ihm bei der erstbesten Gelegenheit nachzueifern. Phrasendreschen schien eine Familienkrankheit zu sein.

»Diese irischen Bauern! Allen voran dieser MacGann!«

»Sie kennen Billy MacGann?«

»Natürlich. Er war in der Firma, zusammen mit diesem Amerikaner, der behauptet, er wäre der rechtmäßige Eigentümer von Cruit Castle! So ein Quatsch!« Er stürzte den Rest Tee hinunter und hielt mittendrin inne. »MacGann ... Dass ich da nicht selber drauf gekommen bin.« Er sah Fin an. »Er steckt dahinter, nicht wahr? Er hat meinen Vater entführt!«

Fin ging nicht darauf ein. »Fühlte Ihr Vater sich bedroht?«

»Von MacGann?«

»Im Allgemeinen. Gab es Leute, mit denen er Streit hatte?«

»Mein Vater hatte mit niemandem Streit«, behauptete Peter steif und fest.

Diese Aussage hielt Fin für schlichtweg gelogen. Der Junge war noch blauäugiger, als er gedacht hatte. »Er hat nie irgendwelche Andeutungen gemacht? Vielleicht mal einen Namen erwähnt, der Ihnen im Augenblick gar nichts bedeutet?«

Peter dachte nach und schüttelte den Kopf.

»Wann haben Sie ihn eigentlich zuletzt gesehen?«

Der Text war ihm so vertraut, als hätte er nie aufgehört, Polizist zu sein. Es war ein Verhör, ohne dass sein Gesprächspartner es so recht merkte. Nicht mehr und nicht weniger.

»An dem Tag, bevor er verschwand. Wir haben gemeinsam zu Abend gegessen. Er, meine Mutter und ich. Wenn ich keine Vorlesungen habe, schlafe ich gern lange, und als ich morgens zum Frühstück kam, war er schon fort.«

»Hat er gesagt, wohin er wollte? Ein Termin, eine Verabredung?«

»Ich nehme an, er wollte in die Firma. Ob er eine Verabredung hatte, weiß ich nicht. Er hat uns nicht jedes Mal auf die Nase gebunden, wohin er fuhr.«

»Hugh Dermot hatte auch eine Verabredung«, gab Fin zu bedenken, »wahrscheinlich mit seinem Mörder.«

Peter wurde blass. »Sie glauben ... Sie glauben, dass derjenige, der Hugh erschossen hat, dass ... Sie glauben, dass mein Vater tot ist?«

Fin wand sich innerlich. Nein, er glaubte es nicht – er wusste es sogar. »Naja, nicht zwangsläufig. Noch ist gar nicht raus, ob ...« Was sollte er sagen? Jedes weitere Wort war gelogen.

Peter starrte ihn mit offenem Mund an. Sein Selbstvertrauen schien mit einem Mal wie weggeblasen. Etwas in seinem Blick sagte Fin, dass auch er im Grunde seines Herzens mit dem Schlimmsten rechnete, es aber nicht wahrhaben wollte. Dass trotz allem irgendwo noch ein Funken Hoffnung überlebt hatte.

Fin konnte ihm nicht länger in die Augen sehen. Er stand auf, nahm seinen Becher Tee und ging zum Fenster. Suchte sich einen Punkt draußen auf dem Meer, an dem er sich festhalten konnte. Fast war er versucht, dem Jungen reinen Wein einzuschenken. Aber die Vernunft behielt die Oberhand. Manchmal musste man lügen, um die Wahrheit herauszufinden.

»Vielleicht ist er untergetaucht?«, versuchte er eine Alternative anzubieten, nur um von der Unausweichlichkeit des Todes abzulenken, »gab es Gläubiger, bei denen er Schulden hatte?«

»Er hätte uns nie im Stich gelassen«, Peters Stimme war kaum mehr als ein Krächzen, »er hätte mich eingeweiht. Er hat mit mir immer über alles geredet.«

Das bezweifelte Fin in aller Voreingenommenheit.

»Außerdem ... die Polizei hat seinen Wagen gefunden«, entgegnete Peter leise, »er ist ein sicherer Fahrer. Was ihm auch immer zugestoßen ist – ein Unfall ganz bestimmt nicht ...«

Er nahm die Whiskyflasche, zog mit zitternden Fingern den Korken ab und goss sich einen großzügigen Schluck in seine Tasse. Er trank hastig, verschluckte sich, hustete. »Nein, er ist nicht tot. Nicht mein Vater ...«

Aber der Klang seiner Stimme strafte seine Worte Lüge.

Während seiner Jahre als Polizist hatte Fin mehr als einmal die undankbare Aufgabe erhalten, den Hinterbliebenen die Nachricht vom Tod eines Familienangehörigen oder Freundes zu überbringen. Keiner hatte sich darum gerissen, auch er nicht. Und genau wie früher fielen ihm auch jetzt keine passenden Worte als Trost ein. Schlimmer noch, er wäre sich wie ein Heuchler vorgekommen. Also schwieg er.

»Warum sollte jemand meinen Vater töten? Er hat doch niemandem etwas getan!« Fin spürte den bohrenden Blick in seinem Rücken. Die Bestürzung in seiner Stimme. »Er ist ... ist doch ein Genie ... Warum ...«

Er war bestimmt kein einfacher Sohn. Fin tippte auf Einzelkind. Der Augapfel seiner Mutter, der Kronprinz seines Vaters. Von klein auf verwöhnt, war er gewohnt zu bekommen, was er sich wünschte. Genau wie sein Vater. Ein Leben lang hatte sich Peter vermutlich an ihm orientiert, wollte so werden wie er, geradeheraus, hart und kompromisslos. Aber es war Fassade geblieben, in Wahrheit war er wohl eher zartbesaitet.

»Möglicherweise gibt es für das Verschwinden Ihres Vaters

eine ganz einfache Erklärung«, versuchte Fin ihn aufzubauen. Auch so eine Floskel, die er von früher kannte.

»Er ist seit fünf Tagen verschwunden«, schniefte Peter, »meine Mutter hat seitdem keine Nacht geschlafen.«

»Hören Sie, Peter, ich war früher selber Polizist. Ich weiß, die Polizei tut alles Menschenmögliche, um Ihren Vater zu finden. Vielleicht sollten Sie besser nach Hause gehen. Ihre Mutter wird Sie jetzt brauchen.«

Fin hielt das nicht mehr lange durch. Er wollte ihn loswerden.

Aber Peter machte keinerlei Anstalten, aufzustehen und dem gutgemeinten Rat zu folgen.

Fin sah auf die Uhr. »Wenn Sie sich beeilen, kommen Sie noch über den Damm, ehe die Flut einsetzt.«

Peter sah ihn an. »Glauben Sie, dass er noch lebt?«

Was sollte er darauf antworten?

»Ihr Vater hat sich in seinem Leben eine Menge Feinde gemacht ...«, wich er aus. Die Schlussfolgerung wollte er lieber Peter überlassen.

»Finden Sie ihn für mich!«

»Was?«

Fin drehte sich um und sah ihn überrascht an.

»Ich bezahle Sie. Nennen Sie mir einen Preis, egal, ich bezahle ihn.«

»Ich bin kein Privatdetektiv«, wehrte Fin ab.

»Aber Sie sagten doch, Sie waren selber Polizist«, Peter blieb hartnäckig, »Sie wissen doch, wie man Leute findet.«

»Peter, Sie vergessen, dass Inspector Costello mich in Verdacht hat, mit seinem Verschwinden etwas zu tun zu haben.« So langsam fiel ihm der Kerl auf den Wecker.

»Umso besser, dann ist es sozusagen in Ihrem eigenen Interesse, dass der Fall geklärt wird«, meinte Peter allen Ernstes.

Fin blickte in das erwartungsvolle Gesicht des jungen Mannes. Der Kummer schien wie weggeblasen, hatte einem Anflug von Hoffnung Platz gemacht. Aber Fin schüttelte den Kopf. »Ich glaube, Sie gehen jetzt besser.«

»Ist das ein ›Nein‹?«

»Erraten.«

Fin begleitete ihn zur Tür. »Ich hoffe, dass man Ihren Vater findet.« Er hatte ein schlechtes Gewissen, aber diesen Wunsch meinte er absolut ehrlich.

»Meine Pistole.« Peter hielt ihm die ausgestreckte Hand hin.

»Nein.«

»Aber sie gehört mir!«, blitzte der Junge ihn an.

»Die behalt' ich lieber, sonst stellen Sie noch irgendwelche Dummheiten damit an«, erwiderte Fin und öffnete die Tür.

Peter zögerte, schien noch etwas sagen zu wollen, aber er schluckte seinen Ärger hinunter. Als er schon fast zur Tür hinaus war, drehte er sich noch einmal um.

»Sollte ich rauskriegen, dass Sie was mit dem Verschwinden meines Vaters zu tun haben, dann gnade Ihnen Gott!«

Fin nahm die Drohung gelassen entgegen.

»Wollen Sie nicht den Hund mitnehmen?«

»Ich hasse dieses Vieh!«

Er knallte die Tür zu.

Nein, Peter MacAllister war es nicht gewohnt, dass man ihm etwas abschlug. In dieser Hinsicht war er wohl auf dem besten Weg, so zu werden wie sein Vater. Mit allen Konsequenzen.

Pebbles winselte kläglich, schaute zwischen Fin und der geschlossenen Tür hin und her und verstand die Welt nicht mehr.

Fin ging hinauf ins Wohnzimmer, trat ans Fenster und verfolgte die schmale, blondgelockte Gestalt, die sich mit schnellen, entschlossenen Schritten entfernte. Er erinnerte Fin ein wenig an Hamlet, den dänischen Prinzen, der den Mörder seines Vaters suchte. Aber wer hatte den König gemeuchelt? Wer war der böse Onkel?

Er trank seinen Tee aus und beäugte die Whiskyflasche, die offen und einladend auf dem Tisch stand. Nein, besser nicht.

Es war eine hirnverbrannte Idee gewesen, hier unterzutauchen. Das Versteck war eine Falle, jeder Idiot würde ihn hier finden. Nun erst recht, nachdem Peter MacAllister wusste, wo er war; wahrscheinlich würde es in ein paar Stunden hier nur so von Polizisten wimmeln.

Es reichte nicht, dass dieser Costello ihm was anhängen wollte, jetzt hatte er auch noch einen rachsüchtigen Sohn am Hals, der sich selbst nicht unter Kontrolle hatte. Es herrschte akuter Handlungsbedarf.

In einem Punkt hatte Peter MacAllister recht – es lag in der Tat in seinem eigenen Interesse, dass dieser Albtraum endete. Er konnte nicht tatenlos rumsitzen und warten, dass die Polizei den oder die Täter fasste, das konnte Ewigkeiten dauern. Er musste den Mörder finden, ehe die Polizei ihn, Fin, fand. Er musste in die Offensive gehen, auch auf die Gefahr hin, den lieben Kollegen in die Hände zu fallen.

Vor allem aber reizte es ihn, dieser Caitlin da Silva zu zeigen, wie richtige Polizeiarbeit aussah.

13. Cruit Castle

Jede gute Ermittlungsarbeit fing am Tatort an. Diesen Grundsatz verlernte man nicht nach einem halben Jahr.

Fin machte den Leuchtturm dicht, packte seine Tasche und Pebbles ins Auto und fuhr los, auf die östliche Seite der Halbinsel. Eine halbe Stunde später rumpelte der Landrover über die zugewachsene Zufahrtsstraße von Cruit Castle. Schwungvoll nahm er die Auffahrt, die früher den hochherrschaftlichen Kutschen vorbehalten war, und hielt vor der einst imposanten Freitreppe.

Fin stieg aus.

Auch als Ruine war die Fassade noch immer eindrucksvoll. Hier ein Türmchen, dort ein Erker, die Simse mit Blattwerk und Figuren verziert, die auch nach Jahrzehnten des Verfalls noch gut zu erkennen waren. Spitzbögen und steinernes Maßwerk umrahmten die leeren Fensterhöhlen. Neogotik nannte man das wohl. Die Architekten hatten damals nicht viel zu melden gehabt, gebaut wurde, was dem Hausherrn gefiel oder gerade Mode war. Fin mochte diese willkürliche Mixtur aus Baustilen nicht, aber vor mehr als hundert Jahren hatte der damalige Besitzer von Cruit Castle damit zum Ausdruck gebracht, dass er genug Geld auf der hohen Kante hatte, um den alten Kasten ganz nach seinen Wünschen umzugestalten. Und wer Geld hatte, der musste nicht zwangsläufig auch Geschmack haben.

Er schaute sich um. Wonach suchte er eigentlich? Sein Blick fiel dorthin, wo das rote Cabrio gestanden hatte. Den Tatort selbst hatte er bereits beim ersten Mal sondiert, dort würde er nichts mehr finden. Vielleicht sollte er sich erstmal einen Eindruck von dem gesamten Anwesen verschaffen.

Wider Erwarten wollte Pebbles nicht im Wagen bleiben und folgte ihm neugierig auf dem Fuß.

Als er am Hauptportal vorbeiging, fielen ihm die Einschusslöcher im Mauerwerk auf. Die IRA hatte sich damals wohl nicht mit Bomben und Brandsätzen begnügt.

Der eingerüstete Seitentrakt lohnte vielleicht eher eine nähere Untersuchung. Jemand hatte sich die Mühe gemacht und die Fassade sandgestrahlt, um einen Eindruck zu vermitteln, wie es später einmal aussehen konnte. Aber seitdem war viel Zeit vergangen. Gras hatte sich bereits wieder auf den Simsen breitgemacht. Das Schild *Dermot & Hardcastle* hing kopfüber am durchgerosteten Bauzaun, schmieriger Staub klebte auf den neu gesetzten Fenstern. Auch hier Einschusslöcher, aber die waren zweifellos neueren Datums. Wahrscheinlich hatten irgendwelche Spaßvögel Schießübungen veranstaltet.

Um die Ecke überwucherte Unkraut eine halb demontierte Raupe.

Die Wirtschaftsgebäude hatten zwar den Brand überstanden, aber Jahrzehnte der Vernachlässigung hatten ihre Spuren hinterlassen. Eingesunkene Dächer, bröckelnder Putz, kaputte Fenster, durch die der Efeu rankte. Fin spähte durch ein angelehntes Tor. Ein ehemaliger Stall, irgendwann für den PS-starken Fuhrpark zur Garage umgebaut, aber genauso leer wie alles andere.

Zwischen Gräsern schimmerten Spuren von rotem Sand. Mittendrin zwei rostige Pfosten, die einst ein Netz gehalten hatten. Das letzte Tennismatch hatte unter englischer Besatzung stattgefunden.

Dahinter stand ein grauer Baucontainer, von violett blühenden Rhododendren malerisch umrahmt. Rostige Bierdosen lagen weniger malerisch im Gras verstreut, ein klappriger Campingstuhl mit Meerblick war ebenso zurückgelassen worden wie ein Paar dreckige Gummistiefel. Fußspuren im sandigen Untergrund verrieten Fin jedoch, dass noch vor gar nicht allzu langer Zeit jemand hiergewesen war.

Er rüttelte an der Tür des Containers. Sie war nicht abgeschlossen, klemmte aber und gab erst unter Flüchen und Androhung von Gewalt nach. Während Pebbles den Kasten lieber von außen inspizierte, warf Fin einen Blick hinein. Die Sonne schaffte es kaum durch das schmutzige Fenster ins Innere. Im trüben Licht lagen Berge von Papieren und Bauplänen unter einer dicken Staubschicht begraben. Neugierig trat er näher und pustete den Staub weg. Zeichnungen kamen zum Vorschein, durch das Licht teilweise verblichen, aber sie vermittelten immerhin einen Eindruck, wie sich der neue Eigentümer Cruit Castle einmal vorstellte. Ein kleiner Palast mit Las Vegas-reifen Treppen, über deren Stufen elegant gekleidete Damen in langen Roben herabschwebten, während die Herren an der Bar warteten und trockene Martinis schlürften. Verschnörkelte Balustraden, glitzernde Kronleuchter in den Hallen, Kübel mit meterhohen Palmen, teure Hölzer und spiegelnder Marmor. Die Fassade überladen mit Säulen und Zinnen, ein Erker hier, ein Türmchen dort. Es hatte in der Tat einen Hauch von Disneyland.

In der anderen Ecke ein Tisch mit zwei Stühlen. Eine aufgerissene Kekspackung, Brot in einer Plastiktüte, ein Sixpack Cola, ein Aschenbecher mit zwei Kippen. Auf einem Gaskocher ein Topf mit eingedickter Nudelsuppe.

Keine Frage, hier hatte sich jemand häuslich eingerichtet.

Ein Landstreicher?

Aber aßen Landstreicher Gänseleberpastete aus der Dose?

Besaßen Landstreicher neue chromglänzende Kaffeemaschinen?

Fin strich mit dem Finger über die halbvolle Kanne. Der Kaffee war lauwarm.

Die Frage war nicht, ob er jemanden gestört hatte – die Frage war, wen er gestört hatte.

Immerhin hatte diese Blechkiste sogar Strom. Er trat neben die Tür und betätigte den Lichtschalter. Eine fahle Neonröhre erwachte zuckend und brummend zum Leben.

Ein zusammengerollter Schlafsack lag auf dem Boden, robustes Material, kaum benutzt, fast neu. Er sah teuer aus.

Hatte Billy am Ende den Amerikaner hier einquartiert? War dies eine andere Form von Hausbesetzung? Aber selbst wenn sich der vermeintliche Schlosserbe keine standesgemäße Unterkunft leisten konnte, so würde er Billy doch etwas mehr Großzügigkeit zutrauen.

Fin fragte sich, was passieren würde, wenn Billy MacGann tatsächlich in die Sache verwickelt war, und er, Fin, ihn ans Messer lieferte. Auf wessen Seite würden Ciarán, Brian, Moira und all die anderen Einwohner von Foley stehen? Würden sie einen Mörder decken, nur weil er einer der ihren war? Würden sie verhindern, dass er Billy der Polizei auslieferte? Konnte ihm seine neue Heimat gefährlich werden?

Immerhin, er bezeichnete Foley schon als seine Heimat.

Über einem der Stühle hing eine Jacke.

Eine Jeansjacke.

Eine Jeansjacke mit Blutflecken.

Fin wurde unbehaglich. Er bereute, dass er Peters Pistole in seiner Tasche im Auto gelassen hatte.

Gehörte die Jacke dem Amerikaner? Dem Mörder? Oder doch eher dem Landstreicher, der unfreiwillig zum Tatzeugen geworden war und sich lieber versteckte, als den Täter zu verraten? Der ihn vielleicht sogar gerade in diesem Moment beobachtete? Jemand, der aus sehr persönlichen Gründen lieber nichts mit der Polizei zu tun haben wollte?

Fin durchsuchte die Jackentaschen vergebens nach verräterischen Hinweisen. Sollte er sie mitnehmen? Als Beweisstück sichern? Er war kein Polizist mehr, was sollte er also damit?

Er beließ alles an seinem Platz, knipste das Licht aus und trat wieder hinaus ans Tageslicht. Er blinzelte. Sonne und Wärme empfingen ihn, das Rauschen der See und das Keifen der Möwen, die sich heute friedlich zeigten. Nichts deutete darauf hin, dass außer ihm noch jemand auf dem Gelände war. Und doch hatte er dieses untrügliche Gefühl, nicht alleine zu sein.

Unschlüssig sah er hinüber zum Haupthaus, ließ seine Augen über die zerstörte Fassade schweifen. Es gab entschieden zu viele Möglichkeiten, sich zu verstecken.

Er fasste sich ein Herz, ignorierte das verrammelte Hauptportal, schwang sich über einen niedrigen Sims und stieg durch eines der zerbrochenen Fenster ein. Pebbles zierte sich etwas, sprang aber doch hinterher. Offenbar wollte sie an einem Ort wie diesem nicht allein zurückbleiben.

Die Eingangshalle war erstaunlich hell, was hauptsächlich am eingestürzten Dach lag, das die Sonne ungehindert einließ und dem Ganzen unfreiwillig den Charakter eines Atriums verlieh. Mittendrin hatte sich ein stattlicher Baum breitgemacht und streckte seine frischen Triebe dorthin, wo früher wahrscheinlich ein ausladender Kronleuchter seinen Platz hatte. Die Treppe ins nächste Stockwerk war zusammengebrochen, eine hölzerne Galerie ragte nutzlos ins Leere und öffnete Türen in verlassene Zimmer. Irgendwo im Gebälk gurrten Tauben.

Die wenigen intakten Fensterscheiben waren rußgeschwärzt, andere zerbrochen, das Glas in der Hitze des Feuers geschmolzen und in Blasen erstarrt.

Fin passte auf, wohin er trat. Herabgefallener Putz knirschte unter seinen Schuhen, überall lagen Bruchstücke von Schiefer und verkohlte Balken.

Wenn es nach MacAllisters Plänen ging, dann sollte hier eines Tages die Rezeption des Fünf-Sterne-Hotels einziehen. Marmorböden, zentimeterdicke Teppiche, die jedes störende Geräusch schluckten, Sitzgruppen mit bequemen Möbeln, ein gläserner Fahrstuhl, der die Stockwerke miteinander verband, vielleicht sogar ein livrierter Kofferträger, in dieser Kategorie konnte man das erwarten.

Fin fragte sich, ob das Projekt je realisiert werden würde. Beim Anblick dieser Ruine erschienen ihm fünfzig Millionen Pfund plötzlich lächerlich wenig.

Am hinteren Ende der Halle führte eine Treppe hinab in den Untergrund, wahrscheinlich in den berüchtigten Weinkeller oder das, was davon noch übrig war. Fin betrachtete die moosgrünen Stufen und verspürte wenig Lust, das finstere Loch zu erkunden.

Mit erheblicher Kraftanstrengung schob er einen Türflügel zu seiner Rechten auf. Eine Zimmerflucht öffnete sich, Marmorsäulen und Reste von Stuck an der Decke ließen ahnen, welche Pracht den Besucher einst empfangen hatte.

Er stand in der Bibliothek. Die Regale, die einmal bis zur Decke gereicht hatten, waren in sich zusammengefallen, die wenigen Bretter, die eine unsichtbare Kraft an ihrem Platz hielt, waren leer. Vielleicht hatte man bei dem Brand noch etwas retten können, der Rest lag verkohlt oder zu feuchten Klumpen zusammengebacken in den Trümmern verstreut. Fin hob einen dicken schimmligen Lederband auf, der Rücken war in goldenen Lettern geprägt. Der dritte Band eines geographischen Nachschlagewerks aus dem neunzehnten Jahrhundert. Eine Erstausgabe. Die Seiten zerfielen unter seinen Fingern.

Auch der Flügel war nicht mehr zu retten gewesen.

Fin versuchte sich vorzustellen, wie die Menschen damals auf Cruit Castle gelebt hatten. Trotz gelegentlicher Partys musste es einsam gewesen sein. Es hatte keine Zentralheizung gegeben, die kalten zugigen Räume waren im Sommer wohl nicht viel wärmer als im Winter, wenn offene Kamine für spärliche Wärme in den drei Meter hohen Zimmern sorgten. Die Wände blieben feucht, man konnte nichts ausrichten gegen den Schimmel oder den allgegenwärtigen Wind, der durch die undichten Fenster kroch. Die Wäsche trocknete nicht, die Laken rochen nach Salz und Tang. Irgendwann hatte es fließendes Wasser gegeben, wahrscheinlich auch Strom, aber in Fins Augen war es kein angenehmes Leben gewesen, weder für die Dienstboten noch für die Herrschaft. So luxuriös, wie das Leben auf alten Schwarzweißfotos aussah, war es wohl selten gewesen. Nein, auch wenn er gerade nur ein einziges Zimmer sein Eigen nannte, Fin beneidete die einstigen Bewohner von Cruit Castle nicht.

Irgendwo über seinem Kopf knarrte es. Ein einzelner Flügelschlag war zu hören.

Ob es hier tatsächlich spukte, wie Brenda gesagt hatte? Wandelten die Geister der Verstorbenen des Nachts durch die Räume und beklagten den Verlust? Oder waren es Nora Nichols' Kobolde, die hinter der brandgeschwärzten Eichenvertäfelung wisperten? Jene verschlagenen Wichte, die einst vertrieben worden waren und nun ihren angestammten Unterschlupf einforderten?

Ein kalter Schauer ließ ihn frösteln, als er vorsichtig weiterging. Selbst Pebbles schien die düstere Atmosphäre zu spüren. Sie blieb dicht bei ihm, schnüffelte hier und da, entfernte sich aber nie allzu weit von ihm.

Die Bibliothek ging in einen Salon über. Hohe Fenster reichten bis zum Boden und fluteten den Raum mit Licht, das Glas lange schon vergessen. Dazwischen schälten sich geblümte

Tapeten von den feuchten Wänden, fadenscheinige Fetzen zerschlissener Vorhänge schwebten sanft im Wind.

An der gegenüberliegenden Wand ein mächtiger dunkler Geschirrschrank, die Glasscheiben zerborsten, und doch hatten einzelne Teller und Tassen die Katastrophe unversehrt überlebt.

Mitten im Raum eine große Tafel. Die ehemals teure Damastdecke grau und brüchig, ein Kerzenleuchter mit Spinnweben verklebt, ein paar Teller und Besteck unter einer dicken Staubschicht begraben. Ein Gelage, das ein unerwartetes Ende gefunden hatte.

Fin wunderte sich, dass sich noch niemand das Tafelsilber unter den Nagel gerissen hatte. Vielleicht hatte sich niemand hierhergetraut. Nicht mal die Bauarbeiter. Vielleicht spukte es hier tatsächlich. Wenn er lange genug in die staubigen Gläser blickte, dann konnte er Nora Nichols' Kobolde sehen, die in klaren Vollmondnächten rauschende Feste feierten. Am Ende hatten sie doch ihren Willen bekommen und das Schloss übernommen.

Wieder knarrte das Gebälk über ihm und riss ihn in die Realität zurück. Misstrauisch linste er nach oben, fragte sich, wie weit er der rußgeschwärzten Decke trauen konnte. Durch Spalten zwischen den Balken schimmerte Tageslicht. Bewegte sich dort ein Schatten? Er wurde das Gefühl nicht los, nicht allein im Haus zu sein. Wahrscheinlich hielt eine ganze Kolonie von Mäusen den alten Kasten besetzt, aber das hier hörte sich eher nach einem einsachtzig großen Nager an, der aufrecht ging. Nur, wie sollte jemand in das obere Stockwerk gelangen, wenn es keine Treppe mehr gab?

Doch dann erinnerte er sich an alte Filme, die auf finsteren, verwinkelten Landsitzen spielten, an endlose Korridore mit Geheimtüren und enge dunkle Treppenhäuser, die dienstbaren Geistern vorbehalten waren, um der Herrschaft aufzuwarten, der allein es erlaubt war, die eindrucksvolle Haupttreppe zu benutzen.

Wahrscheinlich hatte auch Cruit Castle einen solchen Dienstbotentrakt.

Ein Stück Putz fiel von der Decke. Gerade handtellergroß.

Aber es war das laute Bellen des Hundes, das ihn zusammenfahren ließ. Er schaute auf. Über seinem Kopf flatterten aufgeregte Schatten, Federn stoben. Etwas Großes, Dunkles kam auf ihn zu. In letzter Sekunde warf er sich zur Seite. Der schwarzverkohlte Balken verfehlte ihn nur um Haaresbreite, krachte aufs morsche Parkett und ließ den ganzen Raum erbeben. Was Fin nicht sah, war der Aufsatz des Geschirrschranks, den der Balken mitgerissen hatte und der nun mit Scherben und Donnergetöse den Gesetzen der Schwerkraft folgend hinterdreinpolterte.

Fin schrie auf, als ihn das Möbelstück traf und zu Boden riss. Staub wirbelte hoch. Der scharfe Geruch von Taubenkot stieg ihm in die Nase. Er hustete. Irgendwo hörte er Pebbles hysterisch bellen.

Als sich die Staubwolke gelegt hatte, wusste Fin, dass er in der Klemme saß. Im wahrsten Sinne des Wortes.

Der Aufsatz des Geschirrschranks war auf seinen Beinen gelandet, hatte sich aber so verkantet, dass er nicht mit voller Wucht auf ihn niedergegangen war. Er hatte Glück gehabt. Nachdem der erste Schmerz abgeflaut war, wollte er den massiven Holzkasten wegschieben, ließ es aber auf der Stelle sein. Je mehr er sich bewegte, desto schwerer schien der Schrank zu werden. Zwar spürte er seine Füße noch, aber er saß fest. Über ihm hatte sich die Decke aufgetan, im einfallenden Licht flatterten ein paar orientierungslose Tauben durchs Gebälk.

»Mist, verdammter!« Er hustete trocken und japste.

Wieder bei Atem, versuchte er, das Möbelstück zu bewegen, aber so sehr er sich abrackerte, es bewegte sich keinen Zentimeter.

Er hörte ein aufgeregtes Winseln und Kratzen, als etwas über die Trümmer kletterte. Im nächsten Augenblick tauchte Pebbles über ihm auf. Sie legte den Kopf schief, als wollte sie ihn fragen, was er da unten machte.

»Hallo Pebbles ...« Wenigstens war dem Hund nichts passiert. Wäre Fin ein Schauspieler, dann würde sein treuer Begleiter umgehend lospreschen, um Hilfe zu holen. Aber Pebbles hieß nicht Lassie und hatte auch keinerlei Ähnlichkeit mit einem Collie, und die Wahrscheinlichkeit, dass die Hündin loslaufen und Hilfe holen würde, war gleich null.

Im Gegenteil.

»Pebbles, könntest du bitte von dem Schrank runtergehen, ja? Dann wär' das verfluchte Ding nicht ganz so schwer und ich hätt' vielleicht 'ne reelle Chance ...«

Aber Pebbles blieb, wo sie war, wedelte freundlich mit dem Schwanz und wartete erst einmal ab.

»Dämlicher Köter!«

Wieder stemmte er sich gegen das Gewicht des widerspenstigen Möbelstücks, aber außer einem müden Knarren tat sich nichts. Er versuchte es noch ein-, zweimal, dann gab er keuchend auf. Allmählich wurden seine Beine taub, der Schrank schien Tonnen zu wiegen.

Pebbles beobachtete ihn derweil interessiert, als warte sie auf ihren Einsatz bei diesem eigenartigen Spiel.

Fin seufzte frustriert. Ohne Hilfe würde er es nicht schaffen, den Schrank wegzuschieben und sich zu befreien, aber wie sollte er Hilfe holen? Mit einem Handy ohne Empfang ... Aber er hatte keine Wahl. Er quetschte seine Hand zwischen Holz und Jacke und durchforstete mit zwei Fingern seine Taschen.

»Wer hätte gedacht, dass ich Ihnen mal den Hintern rette, O'Malley.«

Fin hielt inne und blickte auf. Direkt in die dunklen Augen von Caitlin da Silva.

Es gab Momente im Leben, da wäre er am liebsten unsichtbar. Dies war so ein Moment.

»Wie haben Sie das fertiggebracht?«

»Fragen Sie lieber nicht …«

Sie schaute sich um und verschwand aus seinem Blickfeld. Er hörte ihre Schritte im Zimmer umhergehen, als suche sie etwas. Dann rumpelte es in einer Ecke, etwas Schweres wurde über den Boden geschleift, dann tauchte sie wieder auf, in der Hand etwas, das aussah wie das rostige Teil eines Heizungsrohrs. Sie ließ ein Ende zu ihm herab.

»Klemmen Sie das Rohr zwischen Balken und Schrank, vielleicht können wir's als Hebel benutzen und das Ding ein Stück anheben.« Egal, ob es um das Ausnehmen von Krebsen oder das Verrücken von Möbelstücken ging, diese Frau war unverkennbar praktisch veranlagt.

Fin tat, wie ihm geheißen.

Sie scheuchte den Hund aus den Füßen und lehnte sich mit aller Kraft auf das Eisen, während Fin von unten drückte. Er hatte wenig Hoffnung, dass es funktionierte. Caitlin da Silva war eher ein Fliegengewicht, aber sie warf alles in die Waagschale. Das Holz ächzte und knarzte zum Steinerweichen und bewegte sich am Ende tatsächlich. Sobald er spürte, dass seine Beine genug Spielraum hatten, zog er sie an und rollte sich in Sicherheit.

»Okay!«, rief er.

Sie ließ das Eisen los, der Schrank krachte polternd zurück und machte auch den letzten intakten Tellern und Tassen endgültig den Garaus.

Fin stellte sich langsam auf seine wackeligen Beine. »Danke«, keuchte er.

»Sie scheinen ein seltenes Talent zu haben.« Sie klopfte sich Staub und Rost von den Händen.

»Talent? Wofür?«, stieß er mit zusammengebissenen Zähnen hervor, während er sich das linke Knie rieb. Seine Jeans war zerrissen und blutverschmiert, aber es war nur ein Kratzer. Er hatte mehr Glück als Verstand gehabt.

»Sich in Schwierigkeiten zu bringen.«

Fin klaubte die klebrigen Spinnweben aus seinen Haaren und meinte mit einem Blick zur Decke. »Der Balken ... Der ist nicht von alleine da runter gekommen ...«

Caitlin da Silva sah ihn argwöhnisch an.

»Jede Wette, da hat jemand nachgeholfen ...«

»Bei so 'nem alten Gemäuer kann immer mal was passieren.«

»Nee, das war kein Unfall. Das war Absicht.«

»Irgendeine Idee, wer –«

Draußen knallte eine Tür ins Schloss. Metall auf Metall. Der Baucontainer.

Caitlin zog ihre Waffe aus dem Schulterholster, entsicherte sie, kletterte ohne zu zögern über die Trümmer zu einem der kaputten Fenster und spähte nach draußen.

»Wollen Sie nicht Verstärkung ...?«

»Sie bleiben, wo Sie sind!«, zischte sie über ihre Schulter und war schon verschwunden.

Selbst wenn er gewollt hätte, Fin sah sich überhaupt nicht in der Lage, irgendwohin zu gehen, geschweige denn, einen Verdächtigen zu verfolgen. Seine Beine kribbelten, langsam kehrte das Gefühl zurück. Mit zitternden Knien tappte er zum Fenster, als er in der Ferne einen Motor aufheulen hörte. Ein Wagen, der sich mit Vollgas entfernte. Drüben, auf der anderen Seite von Cruit Castle. Dann war alles still. Fin hörte nur noch das Meer, die Möwen, den Wind im Gras und seinen eigenen rasselnden Atem.

Keine Minute später kam Caitlin wieder angetrabt. »Er ist entwischt. Keine Chance«, meldete sie sichtlich enttäuscht, »hab' nur noch 'nen schwarzen Wagen gesehen. Auf und davon.«

»Ein Porsche?«

Sie atmete durch und musterte ihn misstrauisch. »Wieso Porsche?«

14. Derrinport

»Bin ich jetzt verhaftet?«

»Wie kommen Sie darauf?«

Sie saßen in Caitlins Wagen, jeder hatte eine Tüte Fish & Chips vor sich und schaute aufs Meer hinaus. Auf der Windschutzscheibe sammelten sich die Regentropfen. Soviel zum irischen Frühling.

Sie waren eine Weile schweigend gefahren. Bis nach Derrinport, einem kleinen verschlafenen Küstenort jenseits von Day's Foreland. Caitlin hatte auf einem Parkplatz oberhalb des Strands geparkt, direkt neben einer Imbissbude. Außerhalb der Feriensaison war nicht viel los hier. Das Meer, zum Baden noch zu kalt, lag ruhig und türkisblau unter einem schweren dunkelgrauen Himmel, während die Wellen sanft auf einen breiten Sandstrand aufliefen. Eine Gruppe Erstklässler erkundete unter Anleitung der Lehrerin mit Eimern und Schaufeln bewaffnet das Leben im Sand, zwei ältere Damen in Nordic-Walking-Ausrüstung perforierten den Strand mit ihren Stöcken. Auf der Promenade führte ein Mann einen winzigen Hund spazieren.

Fin merkte, wie hungrig er war. Er hatte kein Frühstück gehabt. Während er den heißen Fisch verschlang, beobachtete er Pebbles, die über den Strand stromerte und hin und wieder einen prüfenden Blick zurückwarf, um sicherzugehen, dass niemand aufbrach und sie zurückließ.

War Caitlin da Silva bis hierhergefahren, weil sie glaubte, er sei gesprächiger, je weiter er von Foley entfernt war?

»Beschatten Sie mich?«

»Vielleicht.«

Er rutschte auf dem Beifahrersitz herum auf der Suche nach einer bequemeren Position für seine lädierten Knochen, zog eine leere CD-Hülle unter seinem Hintern hervor und warf sie zu dem anderen Krempel, der im Fußraum verstreut lag. Eine halbvolle Wasserflasche, ein Brillenetui, eine Haarbürste, ein angebrochener Karton Einmal-Handschuhe, ein Kugelschreiber, einzelne Münzen, Papiertaschentücher. Glaubte man den selbsternannten Experten, dann sah es genau so in den Handtaschen vieler Frauen aus. Er musterte seine Begleiterin verstohlen von der Seite. Abgetragene Parkajacke, verwaschene Bluejeans, verstrubbelte Haare und nicht die Spur von Schminke im Gesicht. Sie machte nicht den Eindruck, als ob sie so unnötigen Ballast wie eine Handtasche mit sich herumschleppte. Das Auto war ihre Handtasche.

»Ich dachte, das wäre eher 'n Job fürs Fußvolk.« Kannte auch sie diese öden Observierungseinheiten aus eigener leidvoller Erfahrung?

»Personalengpass.«

Fin bemerkte einen Riss in der Windschutzscheibe, ein Regentropfen sickerte langsam durch das Loch. Er wusste, dass sie log. »Was wollten Sie bei der Ruine?«

Caitlin hielt mit dem Kauen inne und sah ihn an, als müsse sie gut überlegen, welche Informationen sie preisgab und welche nicht. Immerhin war er ein Verdächtiger und normalerweise war sie es, die die Fragen stellte.

»MacAllister hat drei Baustellen in Donegal«, sagte sie schließlich, »eine in Letterkenny, eine bei Dunfanaghy und eine draußen auf Day's Foreland. Cruit Castle. Von dort kam das letzte Handysignal. Da dachte ich mir, heute wär' doch ein schöner Tag für einen Ausflug.«

Er hatte den silberfarbenen Toyota gar nicht bemerkt. Vermutlich hatte sie unten am Strand geparkt. Interessiert betrachtete er den Handy-Tracker im Armaturenbrett und wunderte sich, dass die Garda in der Provinz so gut ausgestattet war. In seinem Dienstwagen in Dublin hatte er so was nicht gehabt. Den lose baumelnden Kabeln nach zu urteilen hatte sie ihn vielleicht sogar selber eingebaut. »Irgendwas gefunden?«

Sie griff in den Fußraum des Wagens und hob mit fettigen Fingern eine Plastiktüte hoch, in der ein Smartphone lag.

»Und Sie glauben, das gehört MacAllister?«

Sie nickte kauend.

»Und wen hat er als letztes angerufen?«

Sie legte die Tüte wieder zurück. »Das geht Sie nichts an, O'Malley.«

Womit sie zweifellos recht hatte. Aber er kam eben nicht so leicht aus seiner alten Haut.

»Wir haben rausgefunden, dass MacAllister als letztes seinen Anwalt in Derry angerufen hat.« Er fragte sich, warum sie es ihm trotzdem erzählte.

»Und?«

»Es kam kein Gespräch zustande. Als sich der Anwalt meldete, hat MacAllister aufgelegt.«

»Der Empfang dort draußen ist nicht besonders gut.«

»Etwas hat die Verbindung unterbrochen. Oder jemand.« Ihre Augen folgten einem Windsurfer draußen auf dem Meer, der vergeblich versuchte, Fahrt zu machen. Der Wind war zu schwach. »Das Handy lag in den Dünen. Weitab von jedem Weg. Ich glaube nicht, dass MacAllister es verloren hat. Ich glaube eher, jemand hat es weggeworfen.« Der Surfer platschte ins Wasser. »Ganz in der Nähe hab' ich Reifenspuren gefunden. Aber ehe ich sie näher untersuchen konnte, fällt hinter mir das halbe Schloss in sich zusammen.« Sie sah ihn an, ihr Blick forderte eine Erklärung. »Und Sie sind aufgetaucht.«

»Sie denken, der Täter kehrt zum Tatort zurück?«

»Ist es denn ein Tatort?«

Als Verbrecher wäre er völlig ungeeignet, er lieferte eine Steilvorlage nach der anderen.

»Sie glauben immer noch, dass ich was mit der Sache zu tun habe, oder?«

Sie zog es vor, nicht zu antworten, stippte stattdessen den letzten Kartoffelschnitz ins Ketchup und schob ihn in den Mund.

»Und wer hatte es in der Ruine auf mich abgesehen?«

»Schön, eins zu null für Sie, O'Malley«, räumte sie ein und zerknüllte ihre Tüte zu einem festen Papierbällchen. »Inspector Costello fragt sich allerdings, wie Ihre Fingerabdrücke in MacAllisters Wagen kommen.«

Fin schaute aus dem Seitenfenster und tat, als hätte er ihre letzte Bemerkung nicht gehört. War das bloß ein Schuss ins Blaue oder sagte sie die Wahrheit?

»Costello hatte ein paar Fragen an Sie, aber als er heute Morgen nach Foley kam, waren Sie ausgeflogen. Keiner wusste, wo Sie steckten. Oder wollte es wissen. 'ne ziemlich bescheuerte Idee, sich aus dem Staub zu machen.«

»Ich hab' mich nicht aus dem Staub gemacht!«, protestierte Fin vielleicht ein wenig zu heftig, vor allem wenn er bedachte, dass es voll und ganz der Wahrheit entsprach. »Ich ermittele!«

Caitlin seufzte hörbar. »Mr. O'Malley«, sie betrachtete einen Moment scheinbar interessiert das Papierknäuel zwischen ihren Fingern, ehe sie es achtlos auf die Rückbank schnippte, »ich mag es nicht, wenn Engländer in Irland verschwinden oder, schlimmer noch, ermordet werden. Das bringt nichts als Ärger. Ich mag es auch nicht, wenn mir die Jungs von drüben in meine Arbeit reinreden wollen. Aber am Allerwenigsten mag ich es, wenn sich Leute in meine Ermittlungen einmischen, die selbst verdächtig sind –«

»Aber –«

»Zum Donnerwetter, O'Malley!« Sie hieb ungehalten mit der flachen Hand aufs Lenkrad. »Sie sind kein Polizist mehr! Überlassen Sie die Arbeit bitte mir!«

»Oh, liebend gern«, maulte Fin zurück, »ermitteln Sie eigentlich noch in eine andere Richtung oder haben Sie sich auf mich als einzigen Verdächtigen eingeschossen?«

»Das geht Sie nichts an.«

»Und ob mich das etwas angeht! Schließlich geht's um meinen Kopf!«, reagierte er verärgert. »Was ist zum Beispiel mit Hardcastle? Der hat jetzt freie Bahn, die ganze Firma hört auf sein Kommando. Wenn das kein Motiv ist!«

Sie antwortete nicht.

»Oder MacAllisters alte Kumpels von den Ulster Volunteers?«, bot Fin an. »Oder all die Leute, deren Kohle er versenkt hat?«

Caitlin wich einer Antwort aus, griff hinter den Sitz und holte zwei Dosen Cola hervor. Eine gab sie Fin. »Warum waren Sie draußen bei Cruit Castle?«

Achselzucken. »Zufall.«

»Es gibt keine Zufälle.«

Pebbles hatte einen Spielgefährten gefunden. Zusammen mit einem dunklen Labrador jagte sie über den Strand und planschte durch die Wellen. Fin verzog das Gesicht. Es ging doch nichts über einen nassen Hund im Auto.

»Ich hatte Besuch von Peter.«

»Peter?«

»Peter MacAllister. Sein Sohn.«

Caitlin sah ihn überrascht an. »Was wollte er?«

»Er suchte seinen Vater.« Das Detail mit der Pistole erwähnte er nicht. »Verzogener Bengel.«

»Was bringt Sie zu diesem Urteil?«

»Ich kenn' die Sorte«, er schnaubte abfällig, »verwöhnte Sprösslinge reicher Familien. Glauben, sie könnten sich alles rausnehmen.«

Ein Leben lang hatten die Eltern ihren Lieblingen jeden Stein aus dem Weg geräumt. Und dann kam der Tag, an dem die lieben Kleinen gegen eine Mauer aus genau jenen Steinen knallten, und das hatte schon für so manches böse Erwachen gesorgt. Fin hatte einige von ihnen erwischt, beim Koksen oder illegalen Wettrennen in gestohlenen Autos. Meist hatten sie eine große Klappe, reagierten angepisst, wenn die Polizei ihnen den Spaß verdarb. Spätestens wenn sie eine Nacht in einer Zelle verbracht hatten, war ihnen das Lachen vergangen. Auch Peter MacAllister gehörte zu dieser Sorte. »Und wir haben die empörten Eltern am Hals, die absolut nicht verstehen können, was denn so schlimm daran ist, wenn das Söhnchen mal einen kleinen Joint raucht.«

»Sie scheinen den Knaben ja gut zu kennen.«

Fin sah sie fragend an. »Sie haben ihn überprüft?«

»Reine Routine«, erwiderte Caitlin, »ein paar kleinere Drogenvergehen, ein bisschen Joyriding. Das Übliche, muss man leider schon sagen. Wenn da nicht diese Geschichte in London gewesen wäre.«

»London?«

Caitlin versuchte zu rekapitulieren, was sie in einer der zahllosen Polizeiakten zum Fall MacAllister gelesen hatte. »Peter MacAllister scheint ein Musikgenie zu sein, jedenfalls hat er es bis an die renommierte Londoner Royal Academy geschafft. Klavier, glaube ich. Ein hoffnungsvolles Talent, bis eines Nachts eine Kommilitonin aus dem Fenster des Studentenwohnheims stürzte. Die näheren Umstände wurden nie ganz aufgeklärt, wahrscheinlich Selbstmord, aber die Obduktion ergab, dass sie schwanger war und anschließende DNA-Tests ergaben, dass Peter MacAllister zweifelsfrei der Vater des Kindes war. Kurze Zeit später kursierten Gerüchte, dass MacAllister seine Mitstudenten mit Drogen versorgte. Keine großen Deals, mal ein Joint hier, mal ein paar bunte Pillen dort. Auch wenn es nie Beweise dafür gab, wurde ihm nahegelegt, die Schule zu verlassen.«

Fin rief sich das Bild des jungen Mannes vom Leuchtturm ins Gedächtnis. Ja, er konnte sich gut vorstellen, dass an den Vorwürfen etwas dran war. Er war ein Blender, ein gutaussehender Bursche, dem es leichtfiel, andere zu verführen, und der nur deshalb kein schlechtes Gewissen dabei hatte, weil er es nie benutzte.

»Aber warum ist Peter MacAllister ausgerechnet bei Ihnen aufgetaucht?«, riss Caitlin ihn aus seinen Gedanken. »Woher weiß er von Ihnen?«

»Er glaubt, ich habe was mit dem Verschwinden seines Vaters zu tun. Ich nehme an, Ihr Freund Costello hat ihn auf diese Idee gebracht.«

»Warum sollte er?«

Wieder Achselzucken. Man sagte ja gerne, dass eine Krähe der anderen kein Auge aushackte, aber unter Polizisten schien das nicht immer zu gelten. Ermittelte Costello vielleicht so hartnäckig gegen den Ex-Polizisten Fin, weil er das eigene Nest sauber halten wollte? Oder lag es einfach nur daran, dass Fin Ire war und aus Sicht eines nordirischen Ermittlers schon allein deshalb als Täter wie gerufen kam? Bisher waren ihm solche Vorurteile egal gewesen. Jetzt nicht mehr.

»Costello glaubt ja allen Ernstes, ich hätte MacAllister umgebracht aus Rache für meinen ermordeten Onkel.«

»Schwachsinn.«

Nein, Caitlin da Silva mochte Costello nicht.

»Vielleicht gibt's ja noch einen anderen Grund, weshalb Costello so scharf auf meinen Kopf ist.«

»Der wäre?«

Fin ließ sich Zeit mit seiner Antwort. Konnte er Inspector da Silva trauen? Er beschloss es zu riskieren. »Er steht auf der Gehaltsliste von Derek Hardcastle?«

Caitlin zog die Augenbrauen hoch. »Costello? Käuflich?«

»Wenn Hardcastle seinen Boss beseitigt hat, käme ich ihm als Bauernopfer gar nicht ungelegen.« Der Stein war ins Rollen gebracht, es gab kein Zurück. »Vielleicht schuldet Costello ihm noch einen Gefallen, wer weiß …«

Caitlin erwiderte nichts. Sie sah auf den Strand hinaus, ihre Augen folgten den beiden Hunden, jedoch ohne sie wirklich wahrzunehmen. Sie nahm einen langen Zug aus ihrer Coladose. Sie war schwer zu lesen, aber egal, ob sie Fins Gedankengänge nun absurd oder legitim fand, sie war klug genug, eine Antwort für sich zu behalten. »Jim Costello ist nicht der Einzige, der Sie verdächtigt, O'Malley.«

Das war offensichtlich. Und brachte Fin allmählich ans Ende seiner Geduld. »Angenommen, ich hätte mit MacAllisters Verschwinden tatsächlich etwas zu tun, welches Motiv hätte ich denn, zum Donnerwetter?«

»Da ist immer noch der Kleinkrieg, den die Leute aus Foley schon vor Jahren mit MacAllister angezettelt haben. Für MacAllister stehen erhebliche Summen auf dem Spiel. Warum sonst waren Sie in Derry und haben Hardcastle dieses Ammenmärchen erzählt, Sie seien an irgendwelchen Bauprojekten interessiert?«

»Ich sagte doch schon, ich wollte bloß wissen, was er mit dieser Ruine vorhat. Mehr nicht.«

»Dazu dieses ganze Theater?«

Fin strich sich über die Narbe unter seinem Auge. Sie tat immer noch weh. Etwas weniger Körpereinsatz wäre auch ihm lieber gewesen.

Sie nahm einen Schluck Cola und beobachtete Pebbles, die sich mit dem fremden Hund über den Strand balgte.

»Woher haben Sie MacAllisters Hund?«

»Zugelaufen.«

Caitlin leerte ihre Coladose und warf sie nach hinten auf die

Rückbank. »Wissen Sie, O'Malley, eigentlich habe ich nichts gegen Sie.«

»Na, da bin ich aber beruhigt«, reagierte Fin säuerlich.

»Aber diese ganze Show bringt doch nichts. Erzählen Sie mir doch einfach, was Sie wissen.«

Ihre Stimme klang wie die einer verständnisvollen Mutter, die von ihrem bockigen Sprössling nicht hören wollte, *dass* er den Goldfisch in der Toilette versenkt hatte, sondern *warum* er es getan hatte.

»Es gibt nichts zu erzählen«, entgegnete Fin stur und starrte geradeaus aufs Meer.

Es war eine Situation, die ihm selbst nur allzu vertraut war. Der Polizist und der starrköpfige Verdächtige im Verhör. Nur waren dieses Mal die Rollen vertauscht.

»O'Malley?«

Fin schwieg. Betrachtete interessiert das Etikett der Getränkedose.

»Sie reiten sich bloß tiefer in die Scheiße rein.«

Damit hatte sie vermutlich vollkommen recht.

Die Schulklasse hatte in geordnetem Gänsemarsch den Strand verlassen und Platz gemacht für eine Horde Halbwüchsiger, die Fußball spielten. Der Surfer hatte für heute aufgegeben.

»Finbar?«

»Fin.«

»Schön. Fin.«

Sie hatte Sommersprossen. Nicht viele, nur ein paar. Das war ihm bisher gar nicht aufgefallen. Er war ihr auch noch nie so nahe gekommen wie jetzt. Durch ihren dunklen Teint fielen sie kaum auf. Das war keine Sonnenbräune, zumindest keine, für die ein irischer Sommer verantwortlich war. Fin hatte sich schon bei ihrer ersten Begegnung gefragt, woher der Name da Silva stammte. Klang irgendwie südländisch. Aber wie passte Caitlin dazu?

»MacAllister ist tot.«

Caitlin da Silva tat erst gar nicht so, als sei sie sonderlich überrascht.

»Aber mit seinem Tod hab' ich nichts zu tun«, setzte er gleich hinzu, »ich weiß nicht, wer ihn auf dem Gewissen hat. Ich hab' bloß die Leiche gefunden.«

Caitlin blieb geduldig. »Und wo ist die Leiche jetzt?«

Fin beichtete die ganze Geschichte. Und irgendwie fühlte er sich danach besser. Er hatte sowieso nicht das Zeug zum Lügen. Dazu war er eben doch zu lange Polizist gewesen.

»Sie wissen, dass Sie sich völlig idiotisch verhalten haben, O'Malley?«, bemerkte Caitlin, als er fertig war.

Fin zog eine Grimasse. »Ich wollte halt keinen Ärger haben ...«

»Mensch, O'Malley, Sie sollten es wirklich besser wissen!«

Er hatte einen Tatort ruiniert und sie machte keinen Hehl aus ihrem Ärger. Ihr war vollkommen klar, dass es nutzlos war, nach fast einer Woche die Spurensicherung nach Cruit Castle zu schicken. Was vielleicht an Spuren vorhanden gewesen war, war längst Wind und Wetter zum Opfer gefallen. »Und MacGann hat Ihnen nicht verraten, wo er die Leiche hingeschafft hat?«

Fin schüttelte den Kopf. Aber offenbar glaubte sie ihm seine Geschichte.

»Sie trauen ihm zu, dass er was mit dem Mord zu tun hat?«

Würde Billy ihn aus dem Weg räumen wollen? Warum nicht?

»In einer Hinsicht kann ich Sie beruhigen. Das Auto, mit dem der Schütze geflüchtet ist, war kein Porsche«, erklärte Caitlin.

Das sollte gar nichts heißen. »Cruit Castle ist nicht allein Billys Projekt. Da stecken noch andere dahinter. Allen voran dieser Amerikaner, dieser John Fitzwilliam«, erwiderte Fin.

Er wusste, dass sie den Namen im Geiste notierte. Sie brauchte keinen Notizblock. Zurück in Letterkenny würde sie als erstes den Namen durch den Computer jagen.

»Ihr Verdacht ist gar nicht mal so abwegig«, erklärte sie, »vor zwei Monaten, kurz nachdem MacAllister die Bauarbeiten an Cruit Castle wieder aufgenommen hatte, ist auf seine Arbeiter geschossen worden. Es wurde niemand verletzt, aber der oder die Schützen hatten ihr Ziel erreicht. Die Arbeiter, ein paar polnische Hilfskräfte, waren so eingeschüchtert, dass sie sich weigerten, nochmal auf die Baustelle zurückzugehen.«

»Die IRA?« Warum hatte er davon nichts in MacAllisters Akte gelesen?

»Das zumindest hat die lokale Garda vermutet«, erwiderte Caitlin, »es wird nicht gern gesehen, wenn jemand ausländische Arbeiter den einheimischen vorzieht.«

Oder Schlosserben um ihren Besitz bringt, ergänzte Fin im Stillen.

»Vielleicht sollte sich Costello mal mit ihrem Freund MacGann unterhalten, aber wir können getrost davon ausgehen, dass er alles abstreiten wird «, meinte Caitlin ernüchternd. »Da MacGann drüben im Norden lebt, ist er sowieso Sache der PSNI.«

»Ich dachte immer, die IRA sei ein gesamtirisches Problem.«

»Überschätzen Sie nicht den Einfluss der IRA.«

»Wieso? Sie glauben doch nicht im Ernst, dass das Karfreitagsabkommen alle Probleme gelöst hat? In den Zeitungen ist das Thema nur von Seite eins nach hinten auf Seite sieben gerutscht.«

»Wachen Sie auf, O'Malley, Europa ist auch im Norden Irlands angekommen. Es geht schon lange nicht mehr um die IRA. Oder um Religion. Oder um Bürgerrechte. Es geht um«, sie zählte es an ihren Fingern ab, »Macht, Geld, Drogen, Prostitution ...« Der kleine Finger blieb ungetauft. »Was weiß ich.«

Fin war nicht überzeugt.

»Selbst wenn du ein einbeiniger farbiger Buddhist mit russischem Pass und einer chinesischen Mutter bist, scheißegal, wenn du das nötige Kleingeld hast, darfst du in jede Pokerrunde einsteigen.«

»Aber doch nicht in Donegal …«, zweifelte Fin.

»Zugegeben, früher war's einfacher. Protestanten gegen Katholiken, UVF gegen IRA, Engländer gegen Iren …« sie sah ihn an. »Ihnen sind die einfachen Lösungen lieber, oder?«

Da hatte sie nicht ganz unrecht. Noch vor einem Jahr wäre er sofort darauf angesprungen. Die einfachste aller Lösungen.

Er fuhr zusammen, als es am Seitenfenster rumpelte und ein Schatten auftauchte. Pebbles stemmte ihre Pfoten gegen die Tür und hechelte ihn durch die Scheibe an, abgekämpft, die Zunge auf Halbmast.

Er ignorierte sie. »Was werden Sie jetzt tun?«

Caitlin holte tief Luft und stieß einen theatralischen Seufzer aus. »Sie lassen eine Leiche verschwinden, vernichten Spuren, lügen die Polizei an, behindern die Ermittlungen – eigentlich sollte ich Sie verhaften.« Sie sah ihn an. »Aber was hab' ich davon?«

Fin hatte keine Antwort darauf.

»Vielleicht sollte ich mir diesen Container mal anschauen, aber der ist wahrscheinlich mittlerweile leergeräumt. Dank Ihrer Hilfe ist der Mörder jetzt gewarnt.«

Fin machte einen angemessen zerknirschten Gesichtsausdruck.

»Und dann sollte ich vielleicht Hardcastle warnen. Wer auch immer seinen Boss und seinen Kompagnon Dermot auf dem Gewissen hat, hat vielleicht auch ihn auf seiner Liste.«

»Wenn er nicht selber der Täter ist«, warf Fin ein, um wenigstens einen winzigen konstruktiven Beitrag zu leisten.

»Sie haben recht, da ist was dran«, gab sie zu.

Sie drehte den Schlüssel im Zündschloss, während Fin die Hintertür öffnete, einen einstmals weißen, nun eher schmuddelig beigen, nach Salzwasser und fauligen Algen müffelnden

Hund einsammelte und wieder einstieg. Sie fuhr nicht sofort los. Etwas arbeitete in ihr.

»Gestern Nacht ist jemand in den Computer der Polizei eingedrungen.«

Sie beugte sich vor und versuchte, seinen Blick aufzufangen.

Fin wich aus, aber ihm war klar, es würde nichts nützen. Er probierte es mit einem treuherzigen Hundeblick.

»Echt?«

Sie wusste nicht, ob sie lachen oder weinen sollte, und legte den Gang ein. »O'Malley, die Landluft hier oben bekommt Ihnen überhaupt nicht. Sie entwickeln entschieden zuviel kriminelle Energie.«

»Weiß gar nicht, wovon Sie reden ...«

Sie fuhr los. »Haben die Ihnen was ins Essen getan?«

»Bitte?«

»Ich frage mich, was die in Foley mit Ihnen gemacht haben. 'ner Gehirnwäsche unterzogen?«

»Quatsch«, schnaubte Fin.

»Warum Foley?«

»Ich wollte meine Ruhe haben.«

»Na, da haben Sie sich ja den richtigen Ort ausgesucht«, kommentierte sie trocken, »warum haben Sie überhaupt den Dienst quittiert?«

»Mir hat meine Arbeit keinen Spaß mehr gemacht.«

»Seltsam, davon merke ich gerade gar nichts ...«

15. Fitzwilliam

Sie fuhren nach Cruit Castle zurück.

Der Baucontainer war verschlossen, aber damit hatten sie rechnen müssen. Der unbekannte Bewohner war zurückgekehrt, hatte seine Spuren beseitigt und die Tür für alle Fälle mit einem Vorhängeschloss gesichert. Caitlin da Silva hütete sich davor, es anzutasten.

»Ich werd' die Spurensicherung herschicken«, meinte sie mit einem resignierten Unterton, »vielleicht finden die ja trotzdem noch irgendwas Brauchbares.«

Ein Blick durch die staubige Scheibe des Containers hatte Fin genügt, um ihren Pessimismus zu teilen. Das Innere war leergeräumt bis auf die Möbel und die alten Bauzeichnungen, und er ging jede Wette ein, dass die Spurensicherung keinen einzigen verwertbaren Fingerabdruck finden würde.

Fin verfrachtete Pebbles in den Landrover und machte sich auf den Heimweg. Caitlin hatte ihn gnädigerweise ziehen lassen, wenn auch mit der strikten Anweisung, sich nicht vom Fleck zu rühren.

»Und versuchen Sie, nicht noch mehr Mist zu bauen, O'Malley«, hatte sie ihm noch mit auf den Weg gegeben.

Natürlich kränkte ihn diese Bemerkung. Widerstrebend musste er aber zugeben, dass sie recht hatte. Wäre er an ihrer Stelle, er hätte genauso reagiert.

Foley lag friedlich im sanften Dämmerlicht eines milden Frühlingsabends. Die Straßen waren leergefegt, die meisten Fenster dunkel. Wahrscheinlich war das halbe Dorf bereits im *Fisherman* und belagerte die Theke.

Pebbles hatte es sich auf der Rückbank des Landrovers bequem gemacht und kommentierte den ereignisreichen Tag mit unüberhörbarem Schnarchen. Fin ließ die Hündin im Wagen; Brenda würde ihn lynchen, wenn er das völlig verdreckte Tier durch ihre Küche ins Haus schleuste.

Er stahl sich durch die Hintertür, brachte seine Tasche nach oben in sein Zimmer, packte alles wieder aus – und hatte plötzlich Peters Pistole in der Hand.

Als er noch im Dienst gewesen war, hatte er es stets vermieden, seine Waffe mit nach Hause zu bringen. Der Gedanke, diese Pistole nun unter einem Dach mit seiner Tochter zu wissen, gefiel ihm überhaupt nicht. Irgendwo dort draußen lief jemand herum und schoss auf Menschen. Lily konnte unmöglich hierbleiben. Er wollte sich gar nicht ausmalen, was passiert wäre, hätte sie ihn heute zufällig begleitet. Nein, er hatte sie schon viel zu tief in diese Geschichte hineingezogen. Das musste aufhören und zwar auf der Stelle. Gleich morgen würde er sie nach Dublin zurückschicken. Er ahnte, dass ihr das überhaupt nicht gefallen würde.

Er suchte nach einem passenden Versteck für die Waffe und öffnete die Kommode. Zusammen mit dem verräterischen Pullover stopfte er sie in die unterste Schublade ganz weit nach hinten.

Auch wenn Caitlin da Silva nun Bescheid wusste, ließ er den schrillen Fetzen trotzdem lieber verschwinden. Am besten heimlich verbrennen. Oder zog er damit den Zorn der Kobolde auf sich?

Rasch wechselte er seine zerrissene Jeans, wusch sein Gesicht und ging nach unten.

Es war Samstagabend und das Pub gerammelt voll. Im Radio versuchte eine irische Hillbilly-Combo, den Wilden Westen einzufangen, während glasige Augenpaare die Neun-Uhr-Nachrichten im Fernsehen verfolgten. Nora Nichols saß wie jeden Abend auf ihrem angestammten Platz an der Theke, einen großen Krug *Fisherman's Fellow* vor der Nase. Aus der Küche wehte der unverwechselbare Duft von Frittierfett und Fish & Chips und mischte sich mit dem Zigarettenqualm aus der Kneipe. Das landesweite Rauchverbot stieß nach wie vor auf wenig Gegenliebe.

Fin mogelte sich hinter den Tresen, schnappte sich ein Glas und tat so, als hätte er den ganzen Abend nichts anderes getan als Bier gezapft.

»Wo hast du gesteckt, O'Malley?«

Ganz so einfach machten es einem die Leute aus Foley nun auch wieder nicht.

»Heut' Morgen is' 'n Bulle hier gewesen. Hat nach dir gefragt.« Sean lehnte an der Theke und hielt sich an einem Pint fest. Es war eindeutig nicht sein erstes.

»Was du nicht sagst.« Fin schob ein volles Glas in seine Richtung und gab sich betont gleichgültig. Schließlich lebte er in Foley, da war der Besuch der Garda nichts Außergewöhnliches. »Und was wollte er?«

»Hat blöde Fragen gestellt, was sonst. Wollte wissen, was wir mit MacAllister zu schaffen haben. Ich glaub', der war sogar aus'm Norden. Dass so einer sich hierher traut.« Sean schüttelte den Kopf über soviel Dreistigkeit. »Ich sage dir, der kommt wieder.«

Das allerdings befürchtete Fin auch.

»Haben die irgendwas gegen dich in der Hand, Fin?« Moira hatte den Wortwechsel verfolgt.

»Nee, nicht wirklich«, entgegnete Fin und kippte ein paar schmutzige Gläser ins Spülwasser. Was Costellos lächerliche

Anschuldigung betraf, konnte er getrost gelassen bleiben. »Schätze, da will sich einer wichtig machen.«

Er entdeckte Lily an einem der Tische neben dem Kamin. Neben ihr hockte Diarmuid, den blauen Haarvorhang vors Gesicht gezogen, und stierte mit gesenktem Kopf in sein Glas. Der Grund für seine offenkundig schlechte Laune saß ihm direkt gegenüber.

Peter MacAllister.

Was, zum Teufel, hatte der hier zu suchen?

Fin goß sich einen Whisky ein und beobachtete die drei. Peter sah nicht aus wie jemand, dem man gerade eröffnet hatte, sein Vater sei ermordet worden. Ganz im Gegenteil, er schien bester Laune zu sein, nippte an seinem Bier und flirtete ganz ungeniert mit Lily. Er hatte sein Punker-Outfit gegen ein frischgebügeltes weißes Hemd getauscht, das die Spanienbräune vom letzten Urlaub gut zur Geltung brachte. Im direkten Vergleich zu Diarmuid war Peter der Traum eines jeden Schwiegervaters. Lily schien derselben Meinung zu sein, denn sie ließ sich die Aufmerksamkeit des blondgelockten, jungen Mannes nur zu gern gefallen, was im Gegenzug Diarmuids Laune in den Keller schickte. Peter saß für seinen Geschmack entschieden zu nah bei Lily, das Wort *Eifersucht* stand förmlich auf seine Stirn tätowiert. Nein, Peter war ahnungslos, Lily und Diarmuid hatten dichtgehalten.

Ob die Dorfbewohner ahnten, wer sich hier unter ihrem Dach breitgemacht hatte?

Fin füllte sein Glas nach und bahnte sich einen Weg durch seine Gäste.

»Hallo Dad, wo warst du den ganzen Tag?«, empfing ihn Lily und ohne eine Antwort abzuwarten: »Das hier ist übrigens Peter MacAllister.«

Peter stand artig auf und streckte ihm höflich die Hand entgegen. Fin schüttelte sie ebenso höflich. »Wir kennen uns bereits.«

»Echt?«

»Aus Derry«, ergänzte Peter, ohne mit der Wimper zu zucken.

Fin erwiderte den Blick mit unverhohlenem Misstrauen. »Gibt es einen besonderen Grund, dass Sie hierher –«

»Peter sucht seinen Vater«, antwortete Lily an seiner Stelle.

»Hier in Foley?«

»Ich hab' Peter gesagt, du könntest ihn finden. Schließlich bist du Polizist.«

»Ex-Polizist.«

»Egal, aber du könntest es doch, oder?«

Fin war der Ansicht, dass sie das Spiel ein klein wenig übertrieb. Ein Spiel, genau das schien es für Lily zu sein. Sie spielte eine Rolle, die ahnungslose Unschuld, wenn auch nicht überzeugend. Ihre Zuversicht wirkte aufgesetzt.

Es war höchste Zeit, dass er sie nach Dublin zurückschickte.

»Die Polizei in Letterkenny hat sein Handy geortet.« Soviel konnte er wohl preisgeben, ohne dass er sich festlegen musste. »Sie wird Ihren Vater bestimmt bald finden.«

»Und wo hat sie das Handy gefunden?«

Fin zögerte. »Irgendwo … an der Küste. Mehr wollte sie nicht sagen.«

»Kann man ein Handy wirklich so genau orten?«, wollte Peter wissen.

»Keine Ahnung«, wich Fin aus, »schon möglich.«

»Aber warum sagt uns die Polizei nicht, wenn sie eine Spur …«

»Mein Gott, du wirst es erfahren, wenn sie deinen Alten gefunden haben«, blaffte Diarmuid schroff und warf seinem Konkurrenten einen feindseligen Blick zu.

»Mann, Diarmuid, Peter macht sich Sorgen um seinen Vater«, ergriff Lily Partei, »wenn dein Vater verschwunden wäre, würd's dir genauso gehen.«

»Nee, mein Vater is' nicht so blöd und lässt –«

»Diarmuid!«

Peter blickte von oben herab auf seinen Widersacher. »Mein Vater ist nicht blöd! Wer gibt dir verdammt nochmal das Recht –«

»Was machen Sie eigentlich sonst so, Peter, wenn Sie nicht gerade auf der Suche nach Ihrem Vater sind?«, wechselte Fin das Thema, ehe sich die beiden Jungs am Ende duellierten, um Lily zu imponieren.

Peter sah ihn an. »Ich studiere. In Belfast.«

»Peter studiert Musik«, ergänzte Lily offenbar schwer beeindruckt, »er kennt sogar *Snow Patrol.*«

»*Snow Patrol*, soso ...«

»Die machen Musik, Dad. Das ist 'ne ganz berühmte –«

»Lily, ich weiß, wer Snow Patrol ist. Ich leb' nicht hinterm Mond.«

»Ich kann dich ja mal zu einem Konzert mitnehmen«, schlug Peter vor, worauf Lily ihn anstrahlte und sich sichtlich geschmeichelt fühlte.

Diarmuids Gesichtsausdruck wurde immer finsterer.

Fin fand, dass dies der geeignete Augenblick war, seiner Tochter zu eröffnen, dass sie auf gar keinen Fall mit Peter nach Belfast, geschweige denn sonst wo hinfahren würde, sondern schnurstracks zurück nach Dublin. Zu frisch war die Erinnerung an das, was Caitlin da Silva ihm noch vor wenigen Stunden über Peter MacAllister eröffnet hatte, und wenn Fin eines in dieser Sekunde klar war, dann die Tatsache, dass Peter trotz seines charmanten Auftretens keinesfalls der Mann war, den er auch nur im Dunstkreis seiner Tochter sehen wollte.

»Lily, du packst heut' Abend noch deine Sachen.«

»Was?« Sie sah ihn verständnislos an.

»Du fährst morgen zurück nach Dublin. Ich ruf Grandma an und sag Bescheid, dass du kommst.«

Lily sprang auf. »Ich hör' wohl nicht recht! Wieso das denn?«

»Du hast vollkommen richtig gehört. Ich bringe dich morgen Nachmittag zum Bus.«

Diarmuid erlaubte sich ein verschämtes Grinsen. Für ihn spielte es keine Rolle, dass Lily Foley verließ – solange dieser Schnösel Peter MacAllister das Nachsehen hatte.

»Eh Mann, das is' jetzt nicht dein Ernst, oder? Ich denke ja gar nicht dran!«

»Keine Widerrede«, Fin blieb hart, »ich hab' meine Gründe.«

»Einen Scheißdreck hast du!«, giftete Lily und warf ihre langen Haare mit einer theatralischen Geste in den Nacken. »Du bist so was von unfair!«

»Lily!«

»Du hast mir gar nichts zu sagen!«

Fin seufzte. Einer von Lilys Lieblingssätzen, den wahlweise er oder Susan zu hören bekamen, je nachdem, wer von beiden gerade die Rolle des Erziehungsberechtigten am Hals hatte. Er wollte sich nicht mit ihr streiten. »Komm schon, Lily, jetzt mach nicht so 'n Gesicht ...«

»Ich mach kein Gesicht!«, fauchte sie und gab ihrem Stuhl einen Tritt, dass er gegen die Wand knallte. »Wenn ich Gesichter machen könnte, hätt'st du schon längst 'n anderes!«

Erbost rauschte sie von dannen, erhobenen Hauptes und überzeugt, dass ihr Abgang wenigstens Peter MacAllister beeindruckt hatte.

Fin sah ihr nach und sinnierte zum wiederholten Male über eine mögliche mangelnde väterliche Autorität, als plötzlich die Gespräche im Raum erstarben. Alle sahen zur Tür. Er fühlte sich in einen Saloon im Wilden Westen versetzt, wo alle, Säufer und Barmädchen einschließlich des Klavierspielers, gebannt und mucksmäuschenstill innehielten, wenn der aufrechte Sheriff James Stewart eintrat, um einen gesuchten Revolverhelden zu stellen. Nur ein einsames Banjo aus dem Radio schwebte durch die Stille und verdarb ein klein wenig den großen Auftritt.

Aber es war nicht James Stewart, der das *Fisherman* betrat, es war Billy MacGann in Begleitung eines Fremden.

»John Fitzwilliam«, stellte Billy ohne Umschweife vor.

Er hatte ein Faible für theatralische Inszenierungen und war sich der Wirkung dieses Auftritts bewusst. Sein Hauptdarsteller indes fühlte sich nicht ganz so wohl dabei, ihm hätte ein kleinerer Rahmen für diese Aufführung genügt. Zumal das Publikum äußerst kritisch schien.

»Du bist also ein Allingham?« Nora Nichols machte keinen Hehl aus ihrem Misstrauen. Sogar von ihrem Barhocker aus musste sie zu ihm aufschauen.

Der Mann war lang und dünn, vielleicht Mitte fünfzig, die ergrauten Strähnen zu einem Pferdeschwanz gebunden. Die Falten in seinem glattrasierten Gesicht ließen ihn älter aussehen als er vermutlich war, die silberfarbene Nickelbrille, die weit vorne auf seiner Nasenspitze saß, verlieh ihm einen intellektuellen Anstrich. In Jeans und braunem Tweedjackett sah er eher aus wie ein in die Jahre gekommener Hochschulprofessor als ein adliger Nachfahre eines irischen Großgrundbesitzers.

»Mein Urgroßvater war Milo Gallagher, der Sohn von Rosie Gallagher und Ambrose Allingham«, erklärte Fitzwilliam ein wenig schüchtern. Der amerikanische Akzent war nicht zu überhören.

»Aber du heißt nicht Allingham«, stellte Nora sachlich fest.

»Nein, natürlich nicht. Rosie und Ambrose waren ja nie verheiratet«, erklärte Billy überflüssigerweise.

»Erst nachdem Rosie in die USA ausgewandert war, hat sie geheiratet. Einen Samuel Carter. Eigentlich heiße ich mit richtigem Namen John Fitzwilliam Carter«, ergänzte sein Begleiter, »für den ›Fitzwilliam‹ ist mein Vater selig verantwortlich, er hat mit der ganzen Ahnenforschung überhaupt erst angefangen. Und da er selber William hieß, war er der Meinung, dass sein Sohn nach irischer Sitte eben ›Sohn des William‹, also Fitzwilliam heißen sollte.«

Fin mochte John Fitzwilliam nicht. Er konnte nicht mal auf Anhieb sagen, was ihn störte. Vielleicht war es diese alberne Intellektuellenbrille, vielleicht waren es aber auch die Augen dahinter, die ständig auf Wanderschaft waren, nie lange bei einer Person blieben, die hin und her flogen, als folgten sie einem Tennismatch, das nur er alleine sehen konnte. Als er noch Polizist gewesen war, hatte Fin in einem Seminar über die Psychologie der Zeugenbefragung gelernt, dass hinter solchen Augen nicht selten ein Lügner steckte. Jemand, der ständig blinzelte, war nervös und hatte etwas zu verbergen. Was, das würde er herausfinden.

Fin hatte sich zur Theke zurückgepirscht, um einen besseren Blick auf Billy und den Wunderknaben zu haben, und füllte sein Glas zum dritten Mal. Aber der Whisky verfehlte seine Wirkung. Die Wut auf Billy MacGann ließ sich nicht so einfach runterspülen.

»Dass du dich hierhertraust!«

Alle Augen richteten sich auf Fin. Bereitwillig öffnete sich eine schweigsame Gasse, um den Kontrahenten freie Sicht aufeinander zu ermöglichen.

Billy wusste, dass er gemeint war. »Halt du dich raus, O'Malley!«

»Würd' ich ja gerne«, Fin lehnte sich gegen den Tresen, stützte die Ellbogen auf und sah sein Gegenüber herausfordernd an, »aber dank deiner tatkräftigen Hilfe hab' ich jetzt die Polizei am Hals!«

»Konnt' ich denn ahnen, dass die Jungs von der Küstenwache ausgerechnet in Greencastle ihre Schwimmübungen machen?«, erwiderte Billy von oben herab und grinste. Wahrscheinlich gefiel ihm die Vorstellung, Fin in Handschellen zu sehen.

»Und ich dachte, du wärst ein Profi.«

»Ähm, könnte mir vielleicht jemand erklären, worum es geht?« John Fitzwilliam schien wohl nicht über jedes Detail dieser Mission auf dem Laufenden zu sein.

»Das ist eine Sache zwischen ihm und mir.« Billy ließ Fin nicht aus den Augen.

»Immer mit der Ruhe, wir können doch über alles reden.« Ciarán wollte eine Neuauflage des Streits zwischen Billy und Fin verhindern, doch sein Beschwichtigungsversuch stieß auf taube Ohren.

»Du hast es mit Absicht getan, oder? Du willst mich loswerden.« Fin leerte sein Glas. Nicht, dass er sich Mut antrinken müsste.

»Warum sollte er so was tun?«, trat plötzlich Diarmuid dazwischen, wie immer, wenn er das Gefühl hatte, dass jemand Billy unfair behandelte.

»Misch dich nicht ein, Diarmuid«, schnauzte Billy, ohne ihn anzusehen.

»Aber Dad, wenn er doch –«

»Und nenn mich nicht Dad!«

»Hast du den Balken runtergestoßen? Oder war er's?« Fin wies mit dem Kopf auf Fitzwilliam, der verwirrt von einem zum anderen schaute.

»Balken? Ich? Wovon redest du?« Wenn Billy den Ahnungslosen spielte, dann machte er seine Sache ziemlich gut.

»Draußen bei der Ruine. Heut' Morgen.«

»Blödsinn!«

»Was für ein Spiel spielst du, Billy?«

»Also ich hab' ganz bestimmt keinen Balken …«, wagte Fitzwilliam einen zaghaften Einwurf.

Billy ignorierte ihn. »Wenn ich einen Balken auf dich geworfen hätte, O'Malley, würdest du jetzt nicht hier stehen.«

Da war etwas Wahres dran, das musste sogar Fin zugeben.

»Wenn du es nicht warst, wer dann?«
»Der Mörder vielleicht?«
»Welcher Mörder?« Fitzwilliam wurde die Sache allmählich unheimlich.
»Hat Ihr Freund Billy Sie etwa nicht aufgeklärt?«, fragte Fin mit gespieltem Erstaunen.
Fitzwilliam sah Billy an. Offenbar nicht.
»MacAllister.«
»Was ist mit MacAllister?«
»Er ist tot.«
»Ich hatte ja keine Ahnung ...«
Fin war sich nicht sicher, ob Fitzwilliams Betroffenheit echt war. Die Augen hinter den Brillengläsern sprachen eine andere Sprache. Andererseits hatte Fitzwilliam keinen Grund, Anteilnahme zu heucheln. Schließlich war MacAllister der Mann, der ihn um sein Erbe betrogen hatte. Grund genug, ihm die Pest an den Hals zu wünschen. Oder Schlimmeres.
»Er wurde erschossen.« Fin wartete auf eine Reaktion des Amerikaners, aber er blieb gleichgültig. Daran konnte auch sein »Tut mir leid« nichts ändern.
»Sie kannten MacAllister?«
»Kennen wäre übertrieben. Wir waren letzte Woche in Derry. Billy und ich. Wegen Cruit Castle«, antwortete Fitzwilliam.
»Er wusste also, weshalb Sie hergekommen sind?« Fin verfiel schon wieder in sein vertrautes Polizistenschema. Die umstehenden Dorfbewohner schienen sich an dem Verhör nicht zu stören, im Gegenteil, sie hörten neugierig zu.
»Natürlich. Cruit Castle gehört schließlich meiner Familie, aber davon wollte er nichts wissen. Aber ich habe Beweise, dass –«
»Tot?«
Ein einziges Wort. Leise, fast gehaucht. Und doch genügte es, dass jeder verstummte.

Peter.

Fin hatte ihn völlig vergessen.

Er stand neben Diarmuid. Das Gesicht aschfahl. Er starrte Fin an. Mit offenem Mund. Fassungslos. »Sie haben es die ganze Zeit gewusst?«

Niemand antwortete. Keiner fühlte sich angesprochen. Fin ahnte, dass es irgendwie an ihm hängenbleiben würde. »Nun ja …«

»Was ist passiert? Wo ist er?«

Fin riskierte einen hilfesuchenden Blick in Billys Richtung. Billy stand da, die Hände lässig in den Hosentaschen, und musterte den jungen Mann. Er schien nichts zu kapieren. »Keine Ahnung. Irgendwo bei den Fischen, nehme ich an.«

Aus dem Radio tönte Willie Nelson, in der Küche klapperte ein Topfdeckel, aber Fin hörte nichts von alldem. Er sah nur die Augen von Peter MacAllister, diesen Schmerz des Begreifens, der plötzlich von einer Sekunde auf die andere in Zorn umschlug. Die Stimme war kaum mehr als ein Flüstern. »Das … werdet ihr …«

Er brachte den Satz nicht zu Ende, aber jeder wusste, was gemeint war. Mit einer ungestümen Bewegung rempelte er die Umstehenden zur Seite und stürmte zu Tür hinaus.

Alle sahen ihm nach.

»Wer war das?«, fragte Billy mit einer an Ignoranz grenzenden Unbekümmertheit.

»Peter MacAllister«, erwiderte Fin düster. Irgendwie war er froh, dass er ihm im Leuchtturm die Pistole weggenommen hatte. Auch wenn er fürchtete, dass er sich wo auch immer eine neue besorgen würde.

»MacAllister?«

»Sein Sohn.«

»Na bravo«, schnaubte Ciarán, »der rennt doch jetzt schnurstracks zu den Bullen!«

»Das ist jetzt auch egal«, meinte Fin und goss sich einen neuen Whisky ein, »die wissen eh Bescheid.«

»Was?«

Fin berichtete im Telegrammstil, was in den letzten vierundzwanzig Stunden passiert war.

»Ich sag's ja, einmal Bulle, immer Bulle«, kommentierte Billy trocken, »hetzt uns bei der erstbesten Gelegenheit die Garda auf den Hals.« Ihm war klar, dass er in Kürze Besuch erhalten würde, der sich brennend dafür interessierte, was er mit der Leiche gemacht hatte.

»Und dieser Costello glaubt allen Ernstes, dass du deinen Onkel gerächt hast?«, fragte Moira ungläubig.

Fin zuckte mit den Achseln, nahm einen Schluck Whisky und starrte in die klare, goldfarbene Flüssigkeit. Mittlerweile war ihm egal, was Costello glaubte.

»Und das alles nur wegen dieses dämlichen Steinhaufens«, kommentierte Ciarán.

»Wir sprechen hier immerhin vom Familiensitz meiner Vorfahren.« Der Tod seines Widersachers schien John Fitzwilliam nicht sonderlich zu erschüttern.

»Wo waren Sie eigentlich am vergangenen Montagmorgen?« Fin konnte es einfach nicht lassen.

»Hör mal, O'Malley, wenn du jetzt glaubst –«

»Nein, lass ihn, Billy«, unterbrach Fitzwilliam, »ich hab' nichts zu verbergen.«

Dankend nahm er das frischgezapfte Bier entgegen, das Brian ihm über den Tresen reichte, und gönnte sich einen tiefen Zug. Eine perfekt getimte Pause, dachte Fin insgeheim, um sich eine nette Story zurechtzulegen.

»Ich war in Derry, weil ich mir einen Anwalt suchen wollte.«

»Sind Sie fündig geworden?«

»Irgendwie werde ich das Gefühl nicht los, dass sich niemand mit MacAllister anlegen will.«

»Nun, dieses Problem haben Sie nun ja nicht mehr …«

»Sie haben eben gesagt, Sie hätten Beweise«, erinnerte sich Vater Keelan. »Beweise wofür?«

»Beweise, dass Cruit Castle mir gehört.« Fitzwilliam zog ein Bündel Papiere aus seinem Jackett, sauber zusammengeheftete Niederschriften dieser Erkenntnis. »Ich war im Nationalarchiv in Dublin. Ich musste noch nicht mal lange suchen. Der Archivar konnte sich gut an den Vorgang erinnern und wusste gleich, welche Unterlagen mich interessierten. Vor zwei Monaten war nämlich schon mal jemand dort und hat exakt dieselben Fragen gestellt.«

Fin glaubte die Papiere zu erkennen. Billy hatte sie an sich genommen, als sie die Leiche gefunden hatten. »MacAllister.«

Fitzwilliam schüttelte den Kopf.

»Derek Hardcastle.«

Also doch. Ein Gangster, der seine Mitstreiter auszubooten versuchte, war nichts Neues. Hatte Hardcastle auf Eigeninitiative hin in den verstaubten Akten geblättert und MacAllister war ihm draufgekommen?

Oder war es ein Ablenkungsmanöver von Fitzwilliam? Waren die Papiere echt?

»Schon mal drüber nachgedacht, was Sie mit Cruit Castle anfangen wollen?«

Fitzwilliam leerte sein Glas. »Es ist ein hübsches Stück Land. Mit dem nötigen Kleingeld könnte man das Schloss wieder aufbauen.«

»Da werden Sie aber 'ne Menge Kleingeld brauchen.«

»Naja, die Idee mit dem Hotel ist im Grunde nicht übel«, meinte Fitzwilliam, »natürlich ein paar Nummern kleiner, versteht sich.«

Mit Genugtuung registrierte Fin den irritierten Gesichtsausdruck von Billy MacGann. Hier gab es offenbar noch jemanden, der sich nicht gern in die Karten schauen ließ.

»Hotel?«

»Warum nicht? Wenn ich Geld investiere, dann möchte ich logischerweise –«

»Ich dachte, wir hätten das geklärt«, entgegnete Billy verärgert, »sollte Cruit Castle wieder aufgebaut werden, dann wird es ein Museum.«

»Naja, wir könnten ja irgendwo an der Fassade eine Gedenktafel –«

»Gedenktafel?«

Fin nippte an seinem Whisky und verfolgte amüsiert den Schlagabtausch. John Fitzwilliam schien keine Ahnung zu haben, mit wem er sich da anlegte.

»Moment mal, es ist immerhin mein Schloss«, Fitzwilliam tippte sich trotzig an die Brust, »und ich kann damit machen, was ich will!«

»Noch gehört es dir nicht!«, fuhr Billy ihn an.

Fitzwilliams höfliche Zurückhaltung schien wie weggeblasen. Der Hauptdarsteller war bereit für den großen Monolog. Seine erhobene Hand wedelte mit den Papieren.

»Doch. Tut es. Steht alles hier drin. Damit kann ich jederzeit beweisen, dass –«

»Ohne meine Hilfe kannst du dir damit bestenfalls den Hintern abwischen!«, stieß Billy wütend hervor.

»Kinder, wenn ihr euch prügeln wollt, dann geht raus auf die Straße.« Brenda kam aus der Küche und stellte zwei Portionen Fish & Chips auf den Tresen.

»Du bist nie im Leben ein Allingham!«, warf Nora Nichols auf ihre unnachahmlich charmante Art dazwischen.

»Und ob ich das bin! Wollt ihr meine Geburtsurkunde sehen?«

»Du bist ein Betrüger!«

Die Alte bleckte angriffslustig ihre Zähne, die trotz fortgeschrittenen Alters schneeweiß und in bemerkenswert gutem

Zustand waren, was aber nicht darüber hinwegtäuschen konnte, dass die Zähne und ihre Besitzerin schon seit einigen Jahren getrennt schliefen.

»Nora!«

»Will noch jemand Fish & Chips?«

»Wir hatten vereinbart, dass wir aus Cruit Castle ein Heritage-Center machen, hast du das schon vergessen?«, schnauzte Billy. »Ich bin schließlich derjenige, der für die Finanzierung geradesteht.«

»Vielleicht hab' ich ja selber Geld genug!«, gab Fitzwilliam bockig zurück.

Fin angelte sich die Whiskyflasche vom Tresen und schenkte sich großzügig ein. Irgendwie war ihm plötzlich seltsam zum Lachen zumute. Er versuchte, sich die anderen Kaufinteressenten für Cruit Castle ins Gedächtnis zu rufen. War da nicht auch ein texanischer Ölmulti im Rennen gewesen? Fungierte John Fitzwilliam Carter am Ende nur als Strohmann? Jetzt fehlte eigentlich nur noch, dass auch die englische Hotelkette einen Maulwurf schickte …

»Ich finde ein Heritage-Center wichtiger als ein Hotel!«

»Halt dich raus, Diarmuid!«

Ciarán tauchte neben Fin auf und winkte Brian auf der anderen Seite der Theke mit seinem leeren Glas.

»Und ich finde, es ist höchste Zeit, dass wir uns dieses Problem endgültig vom Hals schaffen«, raunte er und kraulte nachdenklich seinen üppigen Bart.

»Denkst du an ein spezielles Problem?«

»Am besten alle Probleme. Mit einem Schlag. Allen voran Greed Castle.«

»Wie willst du das anstellen?«

»Das lass mal meine Sorge sein.«

»Die Kobolde werden dir schon in die Suppe spucken, verlass dich drauf!«

»Nora, halt die Klappe!«

»Ein Heritage-Center!«

»Ein Hotel!«

»Fin, sag doch auch mal was!«

Ach, jetzt auf einmal sollte er sich einmischen? Sie fragten ihn doch sonst nicht mal nach der Uhrzeit.

Fin nahm die Whiskyflasche, brachte sich vorsichtshalber aus der Schusslinie und steuerte einen leeren Tisch in der hintersten Ecke des Pub an.

»Wisst ihr was«, meinte er zu niemand Bestimmtem, »macht euren Scheiß doch alleine!«

16. Blackhawk

Er ließ nach.

Er hatte es nicht mal fertiggebracht, eine halbe Flasche Whisky zu leeren. Das war das Erste, das ihm in den Sinn kam, als er die Augen aufschlug und den zwei Finger breiten Rest in der Flasche vor seiner Nase entdeckte.

Kein gutes Zeichen.

Er hockte an demselben Tisch, an dem er irgendwann im Lauf des gestrigen Abends eingeschlafen war, den Kopf auf die Arme gebettet, eine verflucht unbequeme Art, die Nacht zu verbringen.

Er hatte gar nicht mitbekommen, wie die anderen gegangen waren. Sie hatten das Licht ausgemacht und ihn schlafen lassen, und Brenda, die gute Seele, hatte abgeschlossen.

Vorsichtig hob er den Kopf. Auf dem Tresen stand ein ganzes Bataillon schmutziger Gläser neben überquellenden Aschenbechern. Es roch nach kaltem Rauch und abgestandenem Frittierfett. Fahles Licht fiel durch die vergilbten Gardinen. Die Sonne war schon aufgegangen, hatte es gerade so über die Hügelkuppe oberhalb des Dorfes geschafft.

Sonntage in Foley waren gewöhnlich eine geruhsame Angelegenheit. Auf das Läuten der Kirchenglocken wartete man hier vergebens. Die wenigen Gottesfürchtigen, die sich zur Messe versammelten, kamen auch ohne ausdrückliche Einladung.

Draußen zeterte lautstark eine aufgeschreckte Amsel.

Doch das Geräusch, das ihn geweckt hatte, war ein anderes.

Jemand hämmerte gegen die Tür.

Ungeduldig. Ärgerlich.

Fin seufzte. Er sollte es nicht zur Gewohnheit werden lassen, im Pub zu übernachten. Schwerfällig raffte er sich auf, faltete Arme und Beine auseinander und streckte sich. Ein stechender Schmerz in seinen Knien erinnerte ihn an den gestrigen Zusammenstoß mit einem Geschirrschrank. Ohne Eile schlurfte er zur Tür, drehte den Schlüssel und öffnete.

»Guten Morgen.«

»Es ist halb zwei.« Caitlin da Silva rauschte an ihm vorbei.

»Na und?« Er warf die Tür hinter ihr zu und sah ihr fragend nach, wie sie in Richtung Toiletten verschwand.

»He, auch wenn 's pressiert – *Damen* ist links!«

Er rieb sich die Augen, um den Nebel zu vertreiben und wach zu werden, und humpelte hinterher. Er fand Caitlin in der Herrentoilette über den Spülkasten gebeugt. Sie hatte den Deckel abgenommen, fischte mit einer Hand im Wasser herum und förderte ein Päckchen ans Licht.

»Nicht besonders originell, das Versteck«, murmelte sie, schüttelte das Wasser ab und hielt Fin ihr Fundstück hin.

Ein Revolver. Sorgfältig in einer durchsichtigen Plastikfolie verschnürt.

Fin war mit einem Schlag hellwach. »Was? Aber wie? Ich versteh nicht ...«, stammelte er und starrte entgeistert auf die Waffe.

»Ein anonymer Anruf heute Morgen.«

Er blickte sich gehetzt um, in der bangen Erwartung, gleich von einem uniformierten Einsatzkommando überwältigt zu werden. »Und wo ist die Kavallerie?«

»Ich war es, die den Anruf entgegengenommen hat«, beruhigte sie ihn, »außer mir weiß niemand etwas davon. Noch nicht.«

»Hören Sie, Inspector, ich hab' nicht die leiseste Ahnung, wie dieses Ding hierherkommt«, verteidigte sich Fin leicht panisch.

Caitlin da Silva sah ihn misstrauisch an. »Wirklich nicht?«

»Sie glauben doch nicht im Ernst, dass ich so bescheuert bin und diesen Revolver bei mir zu Hause verstecke? Im Spülkasten der Toilette? Oder?«

Er versuchte, ihre Miene zu deuten, versuchte, herauszufinden, was sie dachte. Was sollte er sagen, um sie zu überzeugen? Was konnte er tun? Außer den Kopf schütteln und soviel Unschuld in diese eine Bewegung zu legen wie irgend möglich.

Aber sie ließ sich nicht deuten. Sie wandte sich ab und ging zurück in die Kneipe, holte ein Geschirrtuch und legte das tropfnasse Bündel vor sich auf den Tresen.

Fin folgte ihr abwartend.

»Blackhawk, Kaliber 44. Fast schon 'ne Antiquität«, kommentierte sie den Fund fachmännisch. Offenbar hatte sie in der Ausbildung besser aufgepasst als Fin, für den die Waffe, die da vor ihm lag, einfach irgendein Revolver war. »Dasselbe Kaliber, mit dem Hugh Dermot erschossen wurde.« Sie wartete auf seinen Kommentar.

Fin hob die Schultern und schnitt eine Grimasse der Hilflosigkeit. »Ich sagte doch schon, ich hab' keine Ahnung, wie dieses verdammte Ding in meine Toilette kommt«, wiederholte er und wusste im selben Moment, wie unglaubwürdig er sich anhörte. Wie oft hatte er selbst in der Vergangenheit einen ähnlichen Satz von einem Verdächtigen zu hören bekommen: ›Tut mir leid, Sergeant, ich hab' echt keinen Schimmer, was diese Pistole im Rosenbeet meiner Mutter verloren hat ... ‹

Aber er wusste auch, dass seine Probleme mit dieser Entdeckung nicht kleiner wurden. Nicht genug damit, dass es Leute gab, die ausgesprochen viel Phantasie darauf verwandten, ihm ein Mordmotiv anzudichten, jetzt war er auch noch auf mysteriöse Weise in den Besitz der Tatwaffe gekommen. Und dass dies hier der Revolver war, mit dem zumindest Hugh Dermot und wahrscheinlich auch Bertrand MacAllister erschossen worden waren, war ihm ebenso klar wie der Gedanke, dass ihm irgendwer etwas anhängen wollte.

Caitlin da Silva schien seine Gedanken lesen zu können. »Wenn es Sie beruhigt, O'Malley, ich glaube nicht, dass Sie der Mörder sind.«

Fin seufzte hörbar.

»Ich halte Sie nicht für clever genug.«

»Oh, danke für die Blumen.« Er hätte nie gedacht, dass ihn diese Bemerkung, noch dazu aus dem Mund einer Frau, einmal freuen würde.

»Der Anruf, das Versteck, das ist mir alles 'ne Spur zu offensichtlich.« Sie musterte ihn mit ihren dunklen Koboldaugen, was Fin noch nervöser machte als er eh schon war. »Aber irgendjemand hat Sie offensichtlich als Sündenbock auserkoren.«

Diese Idee war ihm mittlerweile auch schon gekommen.

»Wer will Sie reinlegen, O'Malley?«

Da fielen ihm auf Anhieb eine ganze Menge Leute ein. Vielleicht sogar ein ganzes Dorf. Aber warum sollten die so was tun? Würden die Dorfbewohner es fertigbringen, ihn zu opfern, um möglicherweise Billy zu schützen?

Sein Kopf wurde mit einem Mal zentnerschwer, sein Mund war staubtrocken. Er ging hinter die Theke, holte sich ein sauberes Glas und griff nach einer Flasche Whisky, überlegte es sich aber anders.

»Kaffee?«

Caitlin nickte und rutschte auf einen der Barhocker.

Fin setzte die Kaffeemaschine in Gang und stellte zwei Tassen bereit. Seine plötzliche Betriebsamkeit musste in Caitlins Augen pure Zeitschinderei sein. Und genau das war es auch. Er wollte nachdenken. Es ging nicht nur darum, wer der liebenswerte Zeitgenosse war, der ihm etwas anhängen wollte, es ging auch um die Frage, warum, und vor allem, wer von den in Frage kommenden Leuten Gelegenheit gehabt hatte, in einem unbeobachteten Moment die Waffe im *Fisherman* zu deponieren.

»Kommen Sie, O'Malley, was wird hier gespielt?«, drängte Caitlin.

Fin ließ den Kaffee in die Tassen laufen und schob eine zu ihr hinüber, zusammen mit Milch und Zucker.

Als erstes kam ihm natürlich Billy MacGann in den Sinn, dem war er von Anfang an ein Dorn im Auge gewesen. Ihm traute er eigentlich fast alles zu. Billy hatte ein Motiv, MacAllister aus dem Weg zu räumen, und wenn er die Tat Fin in die Schuhe schieben konnte, umso besser.

»O'Malley …« Caitlin wurde langsam ungeduldig.

Fin rührte ausgiebig Zucker in seinen Kaffee und nahm einen Schluck. »Billy MacGann.«

Caitlin nahm seine Antwort zur Kenntnis und spielte im Geiste die sich daraus ergebenden Konsequenzen durch. »Nur ein Verdacht? Oder hätten Sie's auch 'n bisschen genauer?«

»Ich traue ihm nicht, aber ich traue ihm alles zu.« Er betrachtete intensiv seinen Kaffee und widerstand der Versuchung, sich einen kleinen Schuss Whisky hineinzukippen. »Haben Sie ihn überprüft?«

»Das ist Sache des PSNI.«

»Kommen Sie, Caitlin, Sie wissen Bescheid. Sie reden doch miteinander!«

»Ich sagte, das ist eine Polizeiangelegenheit. Und Sie sind kein Polizist mehr.« Sie blieb stur.

»Hardcastle?«

Sie zögerte. Sie schien zu spüren, dass es ihm ernst war. Dass er trotz allem, was in den letzten Tagen passiert war, den Polizisten nicht einfach abstreifen konnte wie einen nassen Regenmantel. »Hat ein Alibi für die Tatzeit.«

Hardcastle selbst hatte die Waffe bestimmt nicht im *Fisherman* versteckt. Für sowas hatte er schließlich Handlanger. Leute, die mal eben jemanden verprügelten. Die auch vielleicht vor Mord nicht zurückschreckten. Oder einfach nur den Strohmann spielten.

»Wie sieht's aus mit diesem Amerikaner?«

»John Fitzwilliam?«

»Er war gestern Abend hier. Zusammen mit Billy MacGann.«

Fitzwilliam war der große Unbekannte in diesem Spiel. Er hätte durchaus die Möglichkeit gehabt, den Revolver auf der Toilette zu platzieren, um Fin dann am Morgen die Polizei auf den Hals zu hetzen.

»Ich hab' 'ne Anfrage laufen, aber noch keine Antwort. Die Jungs in den Staaten schlafen noch.« Caitlin legte den Kopf schief und musterte ihn mit wachsendem Misstrauen. »O'Malley ... Fin ... Wenn Sie irgendetwas wissen, dann raus mit der Sprache.«

»Ist eigentlich nur so 'n Gefühl.«

»'n Gefühl. Soso.« Sie schnaubte verächtlich und nippte an ihrer Tasse. Sie nahm weder Milch noch Zucker. »Wie wird jemand wie Sie eigentlich Polizist?«

Fin sah sie an, erstaunt über den plötzlichen Themenwechsel. »Keine Ahnung.« Er zuckte mit den Achseln. »Vielleicht weil mein Vater einer war?«

Caitlin lehnte sich gegen die Theke und stützte den Kopf in die Hand. »Was war das eigentlich für eine Geschichte, die Costello da ausgegraben hat? Die mit Ihrem Onkel.«

»Ach, nichts von Bedeutung«, winkte Fin ab. Er kippte einen weiteren, völlig überflüssigen Löffel Zucker in seinen Kaffee.

»Hörte sich aber ziemlich dramatisch an, was Costello da erzählt hat.«

»Das ist lange her. Ich kann mich gar nicht mehr daran erinnern.« Fin sträubte sich. Nicht mal Susan hatte er davon erzählt. Natürlich hatte sie gewusst, dass seine Familie aus dem Norden stammte, aber mehr hatte sie nie interessiert. Es war nicht wichtig gewesen.

»Ihr Vater war also Polizist«, versuchte Caitlin, ihm den Einstieg zu erleichtern, »in Derry ...«

Warum, um alles in der Welt, wollte sie das ausgerechnet jetzt wissen? Warum wühlte sie in seiner Vergangenheit? Grub Geschichten aus, über die schon lange Gras gewachsen war. Das hatte nichts, aber rein gar nichts mit diesem Mordfall zu tun.

Oder glaubte sie am Ende Costellos Spinnerei?

Fin rührte weiter in seiner Tasse, wich ihrem Blick aus, der so beharrlich auf ihm ruhte wie auf einem Tatverdächtigen, den man nur mit unendlicher Geduld mürbe machen konnte, um ihm endlich ein Geständnis zu entlocken. Sie war verdammt gut darin.

»Er war nicht nur Polizist, er war auch Protestant.« Fin nahm seine Tasse und lehnte sich gegen die Anrichte. »Und er hat eine Katholikin geheiratet. Eine Verbindung, die immer schon für Zündstoff gesorgt hat. Aber zu jener Zeit ganz besonders.« Er wusste, Caitlin da Silva brauchte keinen Schnellkurs in Geschichte; jedes irische Kind wurde mit der irischen Geschichte konfrontiert, sobald es laufen konnte. »Meine Eltern saßen zwischen allen Stühlen, zu keiner Seite gehörend und doch mittendrin ... Vielleicht hat sich der Tod meines Onkels tatsächlich so abgespielt, wie Costello ihn geschildert hat. Ich weiß es nicht, ich war damals vier Jahre alt, ich kann mich nicht mehr an jene Nacht erinnern.«

Das stimmte nicht ganz. Er hatte sich nicht mehr daran erinnern wollen. An die Angst, die er ausgestanden hatte. An den Verrat, den seine Mutter in seinen Augen begangen hatte, als sie ihn in den Schrank gesteckt hatte. Sie hatte es getan, um ihn zu schützen, als die Steine durch die Fenster geflogen waren, aber er hatte es nicht begriffen. In den Augen des Kindes, das er damals gewesen war, hatte sie ihn den Monstern vorgeworfen.

»Ein paar Tage nach den Ereignissen sind wir aus Derry fortgezogen. Ob der Tod meines Onkels den Ausschlag gegeben hatte, weiß ich nicht. Im Nachhinein kann ich nur vermuten, dass mein Vater seine Familie in Sicherheit bringen wollte.« Er trank einen Schluck Kaffee. Er war viel zu süß. »Wir sind nach Dublin gegangen, genauer gesagt nach Bray, wo meine Mutter ursprünglich herstammt und ihre Familie immer noch lebte. Ein kleines verschlafenes Seebad südlich der Stadt, kein Vergleich zum chaotischen Norden. Dort hatten wir endlich unsere Ruhe.«

Das entsprach nur bedingt der Wahrheit. Fin erinnerte sich daran, dass er seinen Eltern das Leben zur Hölle gemacht hatte. Er hatte nicht allein bleiben können, hatte nächtelang geschrien, sobald das Licht gelöscht war, weil er sich im Dunkeln fürchtete. Auch dies hatte er nur zu gerne verdrängt.

»Der Polizeidienst kam für meinen Vater natürlich nicht mehr in Frage, schon gar nicht als Protestant. Er hat im Hafen Arbeit beim Zoll gefunden«, fuhr er fort. »Ich glaube nicht, dass er in seinem neuen Leben besonders glücklich war. Aber rückblickend betrachtet war es vermutlich das Beste, was er tun konnte.«

Das Erlebnis einer einzigen Nacht hatte den Vater geprägt. So hatte in Fins Leben Religion nie eine besondere Rolle gespielt. Susan war katholisch, Lily katholisch getauft, aber auch im Alltag seiner eigenen kleinen Familie hatte es Wichtigeres gegeben als Konfessionen. In einem Land wie Irland war es vielleicht eher die Ausnahme, auch wenn die folgenden Generationen sich mit diesem Thema schon leichter taten. Die Zeiten änderten sich auch hier. Aber nicht überall.

Caitlin hatte aufmerksam zugehört. »Haben Sie noch Kontakt zu Ihren Verwandten im Norden?«

Fin schüttelte den Kopf. »Nein. Michael O'Malley war in den Augen seiner Familie ein Verräter. Er hat sich bei Nacht und Nebel davongemacht«, antwortete er. »Ich bin zum letzten Mal vor fünfzehn Jahren mit meinen Eltern zur Beerdigung meiner Großmutter dort gewesen. Wir waren nicht sehr willkommen. Dabei war Michael der einzige Sohn, der ihr geblieben war. Meine Tanten und Onkel sind durch und durch Royalisten, die keine Parade auslassen und nichts mehr fürchten als den Gedanken, dass London sie eines Tages an die Republik verscherbelt ...« Er stellte seine leere Tasse ab. »Man kann nicht zu beiden Lagern gehören. Man muss sich für eine Seite entscheiden.«

»Haben Sie noch Geschwister?«

»Einen Bruder und eine Schwester, Sean und Deirdre«, Fin lächelte, »auch wenn wir protestantisch getauft sind – auf die irischen Namen hat unsere Mutter großen Wert gelegt.«

»Leben sie auch in Dublin?«

»Deirdre lebt noch immer in Bray. Unsere Mutter wohnt bei ihr, seit mein Vater tot ist. Und Sean ...«, Fin seufzte, »Ich weiß nicht, wo er steckt. Wahrscheinlich irgendwo in England. Ich hab' seit Jahren keinen Kontakt mehr zu ihm. Er war immer Vaters Liebling. Der Erstgeborene. Dass er mit zwanzig einfach abgehauen ist, hat meinen Vater tief getroffen.«

»Und Sie wollten ihn ersetzen?«

»Ich hab' es wohl versucht, aber es ist mir nie gelungen. Was Sean getan hat, war immer richtig. Was Sean gesagt hat, hat immer gestimmt. Dagegen konnte ich nichts ausrichten.«

»Und dann sind Sie Polizist geworden, um Ihrem Vater zu imponieren«, riet Caitlin.

»Schuldig im Sinne der Anklage«, räumte Fin etwas widerwillig ein.

»Hat's geklappt?«

»Nein. Nicht wirklich.« Er hatte sich ein halbes Leben abgestrampelt, um es einem Mann recht zu machen, dem er nichts recht machen konnte, und dabei völlig vergessen, sein eigenes Leben zu leben. Eine späte Einsicht. Aber vielleicht war es noch nicht zu spät.

Was wäre aus ihm geworden, wenn er nicht in die Fußstapfen seines Vaters getreten wäre? Hatte er jemals ernsthaft über eine Alternative nachgedacht? Einen anderen Beruf in Erwägung gezogen? Nein, hatte er nicht. Sonst würde ihm der Blick in seine Zukunft nicht derart Kopfschmerzen bereiten. Auch ohne Whisky.

»Und Sie? Womit haben Sie Ihren Vater beeindruckt?«

Caitlin drehte die leere Tasse in ihren Händen. »Wenn ich meinen Vater hätte beeindrucken wollen, dann hätte ich Fischer werden müssen. Er kam eines Tages mit einem großen Trawler übers Meer, ein glutäugiger Spanier, der meine Mutter im Sturm erobert hat,« sie grinste, »und mit demselben Trawler ist er zwei Jahre später wieder verschwunden. Er hat nur zwei Dinge hiergelassen: seinen Namen und mich.«

»Tja, die Globalisierung entlässt ihre Kinder …«

Ein Handy bimmelte.

Caitlin da Silva griff in ihre Parkajacke und meldete sich. »Ja … Wo? …« Sie wandte sich von Fin ab und ging ein paar Schritte zum Fenster. Es war eindeutig ein Dienstgespräch. »Schöne Scheiße … Weiß Costello Bescheid? … Hätt' ich mir denken können. Bin ich wenigstens nicht der Einzige, dem's das Wochenende versaut … Ich will aber auf jeden Fall … Was? … Sag ihm, er kann mich kreuzweise.«

Sie ließ das Handy zuschnappen und steckte es wieder ein. Sie sah Fin über den Raum hinweg an. »Sie haben MacAllisters Leiche gefunden.«

»Oh …« Es gab Tote, die wollte sogar der Atlantik nicht haben und spuckte sie wieder aus.

»Ein Fischer hatte ihn heute Nacht in seinem Netz. Kein

schöner Anblick, 'n bisschen angeknabbert, aber ein Irrtum ist wohl ausgeschlossen«, erklärte sie und kam zur Theke zurück, »sie haben die Leiche nach Derry gebracht, aber der Gerichtsmediziner wird sie sich wohl erst am Montagmorgen vornehmen können.« Sie betrachtete den verschnürten Revolver, der zwischen ihnen auf dem Tresen lag. »Hören Sie, O'Malley, auch wenn ich Sie nicht für den Täter halte …«

Fin ahnte bereits, was jetzt kommen würde, wunderte sich aber trotzdem, dass Caitlin da Silva sich offensichtlich schwertat.

»… bin ich wohl die Einzige, die so denkt.« Sie nahm den Revolver und sah Fin an. »Ich kann diesen Fund nicht einfach ignorieren. Costello wird früher oder später davon erfahren, und ich komme in Teufels Küche, wenn –«

»Das heißt, ich bin verhaftet«, stellte Fin trocken fest.

»Ich bin sicher, es wird sich alles aufklären.« Sie klang so, als ob sie glaubte, was sie sagte.

Fin streckte ihr die Hände entgegen in Erwartung der Handschellen.

»Machen Sie sich nicht lächerlich, O'Malley.«

17. Kenny

»John Fitzwilliam ...«

»... Carter.«

»John Fitzwilliam Carter ...«

Er saß im selben Büro wie zwei Tage zuvor, in derselben Unordnung, auf demselben Stuhl, nur saß dieses Mal nicht Jim Costello auf der anderen Seite des Schreibtisches. Caitlin da Silva hockte reglos vor ihrem Computer, nur ihre Augen flogen geschäftig über den Monitor. Ihre Lippen glitten lautlos über die Buchstaben, ohne eine Silbe von der Nachricht preiszugeben, die sie gerade las. Abgesehen von ein paar Belanglosigkeiten.

»... aus Chipewa Falls, Wisconsin?«

»Aus Chipewa Falls, Wisconsin«, bestätigte Fin.

Es war ruhiger als beim letzten Mal. Kein Wunder, es war Sonntag. Auch in Donegal verbrachten die Polizisten ihre Wochenenden lieber daheim bei ihren Familien. Fin wollte gar nicht daran denken, wie oft er selbst Samstag und Sonntag geopfert hatte, nur weil er zu blöde gewesen war, wie alle anderen einfach mal »Nein« zu sagen.

Der Duft von Curry zog über den Flur, irgendjemand hatte sich ein Take-away vom Inder an der Ecke besorgt. Fins Magen rebellierte hörbar und erinnerte ihn daran, dass er heute noch nichts gegessen hatte.

»John Fitzwilliam Carter«, verkündete Caitlin und sah ihn

über den Rand des Computerbildschirms an, »ist im März 2012 bei einem Verkehrsunfall ums Leben gekommen.«

Fin war nicht wirklich überrascht. Nora Nichols hatte recht gehabt, der Kerl war ein Betrüger. Aber woher hatte sie es gewusst?

Koboldgeflüster?

»Was wissen Sie über ihn?«, fragte Caitlin.

»Nicht mehr als Sie«, antwortete Fin wahrheitsgemäß, »Billy MacGann hat ihn angeschleppt.«

»Ob MacGann weiß, dass sein Kumpel falsch spielt?«

Fin zuckte mit den Achseln. Würde Billy das ganze Dorf zum Narren halten? Einschließlich seiner Tante?

»Wenn er sich für den Erben ausgibt, geht es ihm vielleicht wirklich um den Grundbesitz«, vermutete Caitlin, »aber was will er mit dieser Bruchbude?«

»Eine hübsche Immobilie in traumhafter Lage«, entgegnete Fin und dachte an die diversen Kaufinteressenten, »wenn es denn tatsächlich um Cruit Castle geht.«

»Worum sonst?«

Selbst die lukrativste Immobilie war in diesen wirtschaftlich unsicheren Zeiten ein Klotz am Bein, wenn man Millionen investieren musste, die man nicht hatte. Aber vielleicht gab es ja noch mehr zu erben als diese Ruine. Fin selbst hatte noch nie etwas von Ambrose Allingham gehört, aber wenn er ein bekannter Dichter war, waren die Rechte an seinen Werken bestimmt mehr wert als Cruit Castle.

Aber dafür gleich einen Mord begehen?

»Nein, ich denke, derjenige, der Bertrand MacAllister umgebracht hat, muss ihn gehasst haben«, schloss Fin, »da ging es um mehr als um irgendwelchen Papierkram.«

»Vielleicht hat MacAllister rausgekriegt, dass dieser Fitzwilliam – oder wie immer er wirklich heißt – ein Gauner ist und wollte ihn auffliegen lassen«, warf Caitlin als Gedanken in die

Runde, »es sind schon Leute für weniger ermordet worden. Wer weiß, was dieser Kerl sonst noch so auf dem Kerbholz hat.«

Sollte es so einfach sein?

»Und was ist mit Hugh Dermot?«

»Ihnen gefällt der Gedanke, dass Hardcastle seine Finger im Spiel hat, stimmt's?« Caitlin lächelte. »Immer noch sauer wegen der Prügel?«

»Quatsch«, tat Fin es ab, auch wenn Caitlin recht hatte. Er war durchaus nachtragend. »Aber Sie müssen zugeben, dass Hardcastle vom plötzlichen Ableben der beiden am meisten profitiert.«

»Nun, irgendjemand wird MacAllisters Geschäfte sicher weiterführen.« Ein Signalton zeigte den Eingang einer neuen E-Mail an und lenkte Caitlins Aufmerksamkeit zurück auf den Computer. »Wahrscheinlich seine Frau. Kommt aufs Testament an.«

Nichts ergab einen Sinn. Wenn Fitzwilliam und Hardcastle gemeinsame Sache gemacht hatten, wieso lenkte Fitzwilliam den Verdacht auf seinen Auftraggeber, indem er behauptete, Hardcastle habe schon Wochen vorher dieselben Dokumente im Dubliner Archiv eingesehen? Waren sie in Streit geraten? Oder war am Ende MacAllister beiden auf die Schliche gekommen?

»Schöne Grüße von Jim Costello«, unterbrach Caitlin seine Gedankengänge, »der Ballistikbericht aus Derry ist da. Ich hoffe, Sie sitzen bequem, O'Malley.«

»Sollte ich?«

»Die Kugel, die Hugh Dermot getötet hat, stammt aus demselben Revolver, mit dem 1972 Ihr Onkel erschossen wurde.«

»Wie bitte?«

»Tja, Ironie des Schicksals.« Caitlin druckte die Mail aus. »Und ich bin mir ziemlich sicher, dass auch MacAllister mit diesem Revolver erschossen wurde. Mit dem Revolver, den wir heute bei Ihnen gefunden haben.«

»Dann kann ich's ja schlecht gewesen sein.«

»Erzählen Sie das mal Costello.«

»Moment mal«, empörte sich Fin, »wenn Costello glaubt, dass ich der Mörder bin, dann hat er auch bestimmt 'ne Erklärung dafür, wie ich in den Besitz der Waffe gekommen bin.«

»Nein, davon schreibt er nichts«, Caitlin grinste, »aber jede Wette, er arbeitet daran.«

»Für mich ist jedenfalls nur eins klar: Der Mörder muss aus MacAllisters Dunstkreis kommen«, stellte Fin mit Nachdruck fest und hatte auch schon eine Idee, »vielleicht doch ein Schatten aus seiner paramilitärischen Vergangenheit? Wie sonst hätte der Schütze in den Besitz genau dieses Revolvers kommen können?«

»Oder MacAllister ist nicht der Mörder Ihres Onkels.«

Ein zaghaftes Klopfen ließ beide zur Tür schauen. Ein junger uniformierter Beamter trat nervös von einem Fuß auf den anderen und wirkte sichtlich verstört.

»Da sind ... ähm, da sind zwei ... zwei Damen, die ... die möchten gerne eine Aussage machen.«

»Eine Aussage?« Caitlin blickte ihn fragend an.

»Ja, zum ... äh, zum Fall MacAllister.«

Die zwei Damen hatten bereits hinter seinem Rücken Aufstellung genommen.

Nora Nichols und Brenda O'Shea.

Fin hatte keinen Schimmer, welche Aussage ausgerechnet diese beiden machen wollten, jedenfalls hatten sie den jungen Polizisten derart eingeschüchtert, dass er sie auf der Stelle vorgelassen hatte. Ohne eine Einladung abzuwarten, drängelte Brenda an dem Mann vorbei und baute sich mit erhobenem Haupt vor Caitlins Schreibtisch auf. Fin würdigte sie keines Blickes.

»Er war's nicht«, behauptete sie mit fester Stimme.

Brenda hatte sich richtig in Schale geworfen für diesen Auftritt, hatte ihre Schürze gegen ein dunkelblaues Kostüm eingetauscht, die cremefarbene Rüschenbluse sogar mit einer Perlenkette dekoriert und eine farblich passende Handtasche gewählt, die sie nun wie einen Schutzschild auf Brusthöhe hielt. Ganz im Gegensatz zu Nora, die hinterdreinzottelte wie die ungleiche Schwester, einen Kopf kleiner, die krumpeligen Jeans in ein Paar quietschrote Gummistiefel gestopft, eine abgewetzte Wetterjacke über einem selbstgestrickten Pullover, der für diesen milden Frühlingsabend eigentlich viel zu warm war. Aber was tat man nicht alles, um sich vor Kobolden zu schützen.

»Wollen Sie sich nicht erstmal setzen?«, fragte Caitlin die beiden Damen und winkte den jungen Beamten dankend ab.

Fin löste sich aus seiner Überraschung, sprang auf und schob Brenda seinen Stuhl hin. »Wie, zum Teufel, kommt ihr hierher?«

»Diarmuid hat uns gefahren.«

»Diarmuid?« Er zog einen weiteren Stuhl für Nora heran. »Der hat doch gar keinen Führerschein. Der ist doch gar nicht alt genug für –«

»Er kann fahren, das reicht doch wohl, oder?«, gab Brenda unfreundlich zurück, setzte sich kerzengerade hin, verschanzte sich hinter ihrer Handtasche und wandte sich umgehend wieder Caitlin zu, die das Wortgeplänkel amüsiert verfolgte. »Fin kann's nicht gewesen sein. Er hat ein Alibi für die Tatzeit.«

»Er war im Pub«, ergänzte Nora an ihrer Seite.

»Das kann ich bezeugen«, fügte Brenda hinzu.

Caitlin lehnte sich entspannt zurück. »Mit wem habe ich denn bitte das Vergnügen, wenn ich fragen darf?«

»Mrs. Brenda O'Shea, Mrs. Nora Nichols«, übernahm Fin, der sich zwar geschmeichelt fühlte, dass die beiden Ladies hergekommen waren, um für ihn auszusagen, aber überhaupt keine Ahnung hatte, worauf das Ganze hinauslief. »Aus Foley.«

»Aus Foley, das dachte ich mir fast«, meinte Caitlin lächelnd, »nun, Mrs. O'Shea, Mrs. Nichols, für welche Tatzeit hat Mr. O'Malley ein Alibi?«

»Na, für die Tatzeit eben.« Wahrscheinlich hatte Brenda in einem TV-Krimi gesehen, dass man immer ein Alibi brauchte, wollte man nicht als Tatverdächtiger dastehen.

»Für welche Tat?«

»Er war es nicht, basta.« Brenda war es nicht gewohnt, dass man ihre Worte anzweifelte oder gar ihre Autorität in Frage stellte. Oder ihre Kochkünste.

»Der *Gancanagh* war's!«

Der Einwurf kam von Nora.

»Der wer?«

»Der Kobold.«

Fin verdrehte die Augen und lehnte sich mit einem Stoßseufzer gegen einen Aktenschrank. Er sank im Geiste in sich zusammen. Das konnte heiter werden …

»Dieser Kerl, der sich als Allinghams Erbe ausgibt, ist ein Betrüger«, stellte Brenda klar.

»Soweit waren wir auch schon«, erwiderte Fin.

»Wie kommen Sie darauf?«, wollte Caitlin wissen.

»Weil sein Vater ein Kobold ist. Sagte ich doch schon«, beharrte die alte Nora, »ein Koboldprinz.«

»Ein Koboldprinz?«

Fin versenkte sein Gesicht in den Händen.

»Sie müssen sich seine Augen anschauen, dann wissen Sie sofort Bescheid«, erklärte Nora mit einer Selbstverständlichkeit, als würde jeder in Irland das Erkennen von Kobolden in der Schule lernen wie Lesen und Schreiben.

»Quatsch, der Kerl lügt einfach, sobald er den Mund aufmacht«, sagte Brenda nüchtern.

»Als er noch in der Wiege gelegen hat, hab' ich seiner Mutter schon gesagt, dass sie mit dem nichts als Scherereien haben wird«, entgegnete Nora mit todernster Miene, »aber das kommt halt davon, wenn man sich mit einem Gancanagh einlässt.«

»Das hat überhaupt nichts mit Kobolden zu tun«, widersprach Brenda unbeirrt, »das Lügen und Betrügen liegt den Gallaghers nun mal im Blut.«

Caitlins Augen wanderten von einer zur anderen. »Könnte mich vielleicht mal jemand aufklären?«

»Kenny Gallagher.«

»Ein blaues und ein braunes Auge. Ein Kobold eben.«

»Blödsinn!«, fuhr Brenda ihrer Begleiterin ruppig über den Mund. »Vater Gallagher, Großvater Gallagher, alle männlichen Gallaghers haben diese Eigenart. Ist wohl erblich.«

»Wenn sich eine Frau mit einem Kobold einlässt, kommt ein Koboldprinz raus. Erkennt man sofort an den Augen«, beharrte Nora standhaft.

»Kenny Gallagher?« Mit einem Mal wurde Fin klar, dass es nicht die Intellektuellenbrille war, die ihn an Fitzwilliam gestört hatte, sondern tatsächlich das, was dahinter war.

Caitlin setzte sich wieder an ihren Schreibtisch. »Wer, zum Teufel, ist Kenny Gallagher?«

»Kenneth Gallagher. Ich hab' ihn damals auf die Welt gebracht, ich war schließlich mal Hebamme, ich kenn alle meine Kinder«, klärte Brenda auf, »die Gallaghers waren 'ne regelrechte Landplage, logen und betrogen und klauten wie die Elstern. Und das will was heißen in Foley.«

»Du willst damit sagen, dieser Fitzwilliam stammt aus Foley?«, fragte Fin überrascht.

»Mehr oder weniger«, antwortete Brenda, »als er ein Jahr alt war, ist die ganze Gallagher-Sippschaft fortgezogen. Das letzte, was ich gehört habe, ist, dass sie nach West Cork gegangen sind. Gott sei Dank weit weg. Irgendein kleines Nest an der Küste. Crookhaven, glaub' ich.«

»Und was, bitteschön, hat dieser Kenneth Gallagher aus Crookhaven in West Cork mit John Fitzwilliam Carter aus Chipewa Falls in Wisconsin zu tun?« Caitlin da Silva hatte noch nicht ganz den gewünschten Überblick.

»Rosie Gallagher ...« Fin begann eins und eins zusammenzuzählen.

»Die Liebschaft von Ambrose Allingham, Mutter seines unehelichen Sohnes«, erzählte Brenda, »Rosie ist mit ihrem Sohn Milo nach Amerika ausgewandert, der Rest ihrer Familie ist hier in Donegal geblieben. Unter anderen ihr Bruder Brandon, der wiederum, lassen Sie mich kurz überlegen ... der Urur-großvater von Kenny ist.«

»Kenny ist also definitiv nicht mit Ambrose Allingham verwandt oder verschwägert?«, fragte Fin.

Brenda schüttelte den Kopf.

»Hat demzufolge auch keinen Anspruch auf irgendein Erbe, sei es ein Titel oder dieser Steinhaufen von Cruit Castle?«

»Nee.«

»Aber es macht Sinn«, Caitlin kapierte allmählich, wie der Hase lief, »wenn die Familien trotz der großen Distanz über all die Jahrzehnte Kontakt gehalten haben, dann wusste dieser Kenneth Gallagher natürlich von seinem amerikanischen Verwandten und von seiner Verbindung zu Ambrose Allingham. Und vielleicht hat der echte Fitzwilliam in der Tat vorgehabt, sein Erbe einzufordern. Gallagher wusste davon, aber ehe es dazu kam, verunglückte Fitzwilliam tödlich.«

»Und Kenny Gallagher nutzt die Gunst der Stunde, legt sich einen amerikanischen Pass und einen amerikanischen Akzent zu und tritt als Erbe auf«, schloss Fin.

Caitlins Finger klapperten über die Computertastatur. »Und weil jeder in Foley dem großen MacAllister Steine in den Weg legen will, sind sie alle nur zu gern bereit, ihm zu glauben.«

Fast alle.

»Da haben wir ihn ja … Kenneth Aaron Gallagher.« Caitlin studierte ihren Bildschirm. »Kein unbeschriebenes Blatt. Mehrfach vorbestraft und eingebuchtet wegen diverser Eigentumsdelikte, Urkundenfälschung, Unterschlagung …«

»Kobold eben«, kommentierte Nora trocken.

»Die Frage ist, ob Sie diesem Kobold auch einen Mord zutrauen«, wandte sich Caitlin an Brenda.

»Einem Gallagher traue ich alles zu.« Wobei die Betonung unmissverständlich auf *alles* lag.

Caitlin drehte den Bildschirm mit dem Foto aus der Polizeiakte in Fins Richtung. »Ist er das?«

Fin erkannte ihn sofort. »Das ist John Fitzwilliam Carter …«

»Na bitte, jetzt kommt doch endlich Schwung in die Geschichte«, stellte sie zufrieden fest, druckte ein paar Seiten aus und stand auf. »Dann sollten wir uns mal mit Mr. Gallagher unterhalten. Hat jemand von Ihnen eine Ahnung, wo er sich gerade aufhält?«

»Nee, nicht wirklich.«

»Billy müsste es wissen.«

Caitlin zog vielsagend eine Augenbraue hoch und verließ das Büro.

»Was macht sie jetzt?«

»'ne Fahndung rausgeben, nehme ich an«, antwortete Fin und wandte sich an Nora, »weiß Billy Bescheid?«

»Nee, glaub' ich nicht.«

Es schien ihr aber völlig gleichgültig zu sein.

Fin betrachtete das Polizeifoto nebst komplettem Satz an Fingerabdrücken auf dem Monitor und konnte der Versuchung nicht widerstehen. Er setzte sich an den Schreibtisch und ging die Einträge durch. Kenneth Aaron Gallagher hatte sich im Laufe seines Lebens ein ansehnliches Register an Vergehen zugelegt, angefangen von notorischem Schwarzfahren als Jugendlicher über den Verkauf von gepanschtem Whisky bis hin zum Versicherungsbetrug. Seit einem Vierteljahr war er wieder auf freiem Fuß. Viel Zeit hatte er sich nicht gelassen.

Neugierig klickte sich Fin durch die Akte und blieb schließlich an einem Foto hängen. »Das glaub' ich jetzt nicht …«

»Was glaubst du nicht?«

Er überhörte Brendas Frage, tippte einen Namen in ein Suchfeld und wartete auf das Ergebnis. Es dauerte nicht lange. »Sieh mal einer an, jetzt wird mir einiges klar …«

Caitlin da Silva kam ins Büro zurück. »Eh, O'Malley, das hab' ich aber gerade nicht gesehen.« Sie schoss einen warnenden Blick in seine Richtung.

Fin stand auf und trat zur Seite, damit Caitlin auf den Monitor schauen konnte.

»Wer ist das?« Sie betrachtete ein Polizeifoto. Eine sehr gutaussehende, sehr blonde und sehr blauäugige junge Frau.

»Nancy Sullivan.«

Drei Augenpaare starrten ihn verständnislos an. »Wer?«

»Die Rose of Tralee 1986.«

»Ja, und?«

»Nancy Sullivan wurde 1988 zusammen mit Kenny Gallagher bei einer Drogenrazzia verhaftet. Hatte 'n bisschen Marihuana dabei und kam mit Bewährung davon.«

»Ich verstehe immer noch nicht –«

»Nancy Sullivan ist Nancy MacAllister.« Fin grinste Caitlin triumphierend an. »Die trauernde Witwe.«

Caitlin setzte sich und überflog die Einträge in der Akte. »Sieh mal an. Am Ende hat die Ehefrau des Opfers mit dem Mörder gemeinsame Sache gemacht. Wär' ja nicht das erste Mal.«

»Das würde immerhin die Herkunft des Revolvers erklären«, erwiderte Fin mit Genugtuung, womit er selber nun wohl endgültig vom Haken war, »Nancy MacAllister wusste wahrscheinlich auch über die Bauprojekte ihres Mannes

Bescheid. Über Cruit Castle, zum Beispiel. Sie kannte natürlich auch Hugh Dermot. Und Derek Hardcastle. Vielleicht hat sie ja mit einem von beiden mehr verbunden als nur die Geschäfte des Gatten. Und vermutlich hat sie auch genug Geld, um einen Killer zu engagieren, der den Angetrauten aus dem Weg räumt.«

Es eröffneten sich plötzlich ganz neue Möglichkeiten.

»Und last but not least – alte Liebe rostet nicht. Auch wenn Kenny Gallagher einen Großteil seines Lebens im Knast gesessen hat, hatte Nancy vielleicht doch mehr für ihn übrig, als Bertie MacAllister lieb war.«

»MacAllister kommt den Turteltäubchen Nancy und Kenny auf die Schliche und sucht, ganz der gehörnte Ehemann, eine Aussprache mit Gallagher, um ihn dorthin zu schicken, wo der Pfeffer wächst. Leider ist das Gespräch nicht ganz so verlaufen, wie er es sich vorgestellt hat«, stimmte Caitlin da Silva zu, »schätze, all diese Fragen wird uns wohl nur eine Person beantworten können.«

»Ich finde, wir sollten uns mal mit Nancy MacAllister, geborene Sullivan, unterhalten.«

Sie musterte ihn von oben bis unten und konnte sich den spöttischen Tonfall nicht verkneifen. »Wir?«

18. Rose of Tralee

Sie nahm ihn trotzdem mit.

»Weiß Costello Bescheid?«, fragte er.

»Bescheid? Worüber?«

»Dass wir nach Derry fahren. Immerhin ist es sein Revier auf der anderen Seite der Grenze.«

Sie brummelte etwas Undeutliches.

»Wie?«

»Gefahr im Verzug«, übersetzte sie.

»Gefahr?«

»Ich verfolge einen Verdächtigen.«

»Einen Verdächtigen? Welchen Verdächtigen?«

»Sie.«

»Sehr witzig.«

Fin fand das überhaupt nicht komisch. Er starrte verdrossen aus dem Fenster. Draußen wurde es allmählich dunkel. In der Ferne flackerten Feuer durch die Dämmerung, der Ginster bäumte sich ein letztes Mal auf.

Er hätte nicht gedacht, dass Caitlin da Silva zu der Sorte Polizist gehörte, die Vorschriften bei Bedarf eher kreativ interpretierte als befolgte. Aber wenn sie es auf diese Weise bis zum Detective Inspector gebracht hatte, dann musste sie verdammt gut sein.

»Was denken Sie? Steckt Nancy MacAllister hinter der ganzen Sache?«

Caitlin behielt ihre Augen auf der Straße. »Laut Statistik kommt der Täter fast immer aus dem direkten Umfeld des Opfers. Familie, Verwandtschaft, Freundeskreis«, antwortete sie, »der große Unbekannte ist eher die Ausnahme.«

»Und? Vertrauen Sie der Statistik?«

»In meinem Job ist mir nichts Menschliches fremd.«

Als sie Derry erreichten, war es dunkel geworden. Caitlin hatte ihr Navigationsgerät programmiert und folgte ihm durch den Vorort Waterside, bis sie schließlich vor einer imposanten Villa anhielt. Zwei Etagen in exklusiver Hanglage, große Panoramafenster mit Blick auf den River Foyle und die Stadt auf der anderen Seite des Flusses. Aber auch wenn Bertrand MacAllister wahrscheinlich die besten Architekten des Landes bezahlt hatte, bei den Details hatte sich wohl eher Mrs. MacAllister durchgesetzt. Den Hauseingang umrahmten griechisch anmutende Säulen, ein liegender Löwe aus Bronze, dessen Vorbild den Londoner Times Square schmückte, bewachte die Tür. Hinter den gerafften Tüllgardinen brannte Licht.

Fin stieg aus und folgte Caitlin.

»Weiß sie es schon?«

»Dass Ihr Mann tot ist? Davon gehe ich aus.«

Sie schritt zielstrebig zur Tür und drückte den Klingelknopf.

Es dauerte eine Weile, bis drinnen Absätze über Steinfliesen klapperten und die Tür geöffnet wurde.

»Ja bitte?«

Eine blonde Frau mittleren Alters stand vor ihnen, in strassbesetzten Designerjeans, einem rosafarbenen Kaschmirpullover mit großzügigem Ausschnitt und farblich dazu passenden Highheels. Vielleicht hatte sie noch keine Zeit gehabt, ins angemessene Schwarz zu schlüpfen.

»Mrs. MacAllister? Detective Inspector da Silva, mein Kollege Sergeant O'Malley.« Caitlin hielt kurz ihren Ausweis hoch und ließ ihn ebenso schnell wieder verschwinden, ehe Mrs.

MacAllister genauer hinschauen konnte und dabei feststellte, dass Caitlin und ihr Begleiter auf dieser Seite der Grenze überhaupt keine Befugnisse hatten. »Mein aufrichtiges Beileid zum Tod ihres Mannes.«

Ihr Gegenüber wirkte gefasst und eher ein klein wenig gereizt als am Boden zerstört. Nur die leicht geröteten Augen ließen vermuten, dass der Tod des Gatten vielleicht doch etwas mehr als bloß Unruhe in den sonntäglichen Terminkalender gebracht hatte.

»Wissen Sie, wie spät es ist?«, entgegnete sie schroff und machte keinerlei Anstalten, sie ins Haus zu bitten.

»Mrs. MacAllister, es tut mir leid, Sie stören zu müssen, aber da sind noch ein paar Fragen …«

»Hören Sie, ich hab' den ganzen Nachmittag auf dem Polizeirevier verbracht und vor einer halben Stunde die Leiche meines Mannes identifizieren müssen«, reagierte sie ungehalten. »Finden Sie nicht, dass das genug ist für einen Tag?«

Caitlin hatte nicht den Eindruck, als ob Letzteres sie besonders mitgenommen hätte, und blieb hartnäckig. »Es ist wichtig, Mrs. MacAllister, sonst wären wir gewiss nicht hier.«

Nancy MacAllister stieß einen affektierten Seufzer aus, ließ die Tür los und tippelte voraus ins Wohnzimmer. Caitlin und Fin folgten ihr.

Das Eindrucksvollste war die ungehinderte Aussicht auf das abendliche Derry. Es war das einzig Positive, was Fin zu diesem Raum einfiel, denn auch hier hatte Mrs. MacAllister bei der Einrichtung den Ton angegeben. Vor dem stuckverzierten Kamin stand eine plüschige buntgeblümte Polstergarnitur, deren vergoldete Löwenfüße so gar nicht mit dem ultramodernen TV-Equipment in der anderen Ecke harmonieren wollten. In klobigen Glasvitrinen bettelte schriller Nippes aus aller Welt um Aufmerksamkeit, im Regal daneben drängelten sich dicht an dicht die bunten Rücken unzähliger DVDs. Zeugnis von zu viel Geld und zu viel Zeit, kurz, von gepflegter Langeweile. Das einzig Persönliche im Zimmer war ein lackierter chinesischer Hochzeitsschrank, wahrscheinlich sogar ein echter, dessen Ablage vollgestellt war mit gerahmten Familienfotos. Schwere dunkle Brokatvorhänge ließen den Raum fast wie eine Theaterbühne erscheinen, auf dessen Brettern sich Nancy MacAllister allerdings sichtlich wohlfühlte. Ihre pinkfarbenen Absätze klackerten über den kalten Marmorboden, sie griff sich einen Drink, den sie zuvor auf dem Kaminsims abgestellt hatte, und ließ sich auf ein Sofa plumpsen. Mit einer übertrieben huldvollen Handbewegung bot sie ihren Gästen das geblümte Pendant auf der anderen Seite des Glastisches an, vermied aber weitere Angebote wie Tee oder Kaffee.

Das gedämpfte Licht der indirekten Beleuchtung schmeichelte der verblühten Schönheitskönigin. Mit Ende vierzig sah sie noch immer fabelhaft aus, das Blond ihrer langen Haare schien echt zu sein, die blauen Augen umrahmten nur wenige Falten.

»Nun?«

Caitlin da Silva kam ohne Umschweife zur Sache. Sie zog ein Foto hervor und hielt es Mrs. MacAllister hin. »Kennen Sie diesen Mann?«

Nancy MacAllister beugte sich vor, um das Foto entgegenzunehmen. Der Ausschnitt ihres Pullovers rutschte ein Stockwerk tiefer. Fin registrierte, dass wenigstens die Farbe der Unterwäsche den Umständen angemessen war.

»Kenny?« Entweder war ihre Verblüffung echt oder sie war eine verdammt gute Schauspielerin. »Kenny Gallagher?«

»Kenneth Aaron Gallagher«, bestätigte Caitlin.

»Kenny Gallagher …«, wiederholte Nancy MacAllister fast andächtig und schüttelte kaum merklich den Kopf, als könne sie nicht glauben, was sie da in der Hand hielt.

»Wann haben Sie ihn zuletzt gesehen?«

Erst jetzt löste sich ihr Blick von dem Foto.

»Das muss mehr als zwanzig Jahre her sein«, antwortete sie und schien im Geiste die Jahre zu überschlagen, »wegen diesem Kerl bin ich damals beinahe in den Knast gegangen.«

»Er hat sich nicht in jüngster Zeit mal bei Ihnen gemeldet?« Da Caitlin ihn wohl der Einfachheit halber als Kollegen vorgestellt hatte, fühlte sich Fin durchaus berechtigt, auch etwas zur Befragung beizutragen.

Nancy MacAllister schüttelte vehement den Kopf. »Wir haben uns aus den Augen verloren, Gott sei Dank«, entgegnete sie, und die Erleichterung darüber schien echt, »als ich Bertrand kennengelernt habe, war Kenny schon Geschichte. Ich bin nach Derry gegangen, dann kam Peter auf die Welt …«

»Kannte Ihr Mann Kenneth Gallagher?«, fiel Caitlin ihr ins Wort.

»Nein, ich habe ihm nie von Kenny erzählt«, sie gab das Foto zurück, »hat er was mit Bertrands Tod zu tun?«

Die großen blauen Augen, der etwas ängstliche Blick, die leicht geöffneten Lippen, das alles weckte bei Männern sicherlich Beschützerinstinkte. An Caitlin perlte es ab, sie wollte die Katze noch nicht aus dem Sack lassen. »Wir haben da so eine Vermutung …«

»Kenny Gallagher ist vergangene Woche in der Firma Ihres Mannes aufgetaucht«, preschte Fin nach vorne und handelte sich einen ärgerlichen Seitenblick von Caitlin ein, »hat Ihnen niemand davon erzählt?«

»Nein, Bertrand hat zu Hause nie viel über seine Arbeit geredet.«

Wahrscheinlich weil ihm klar war, dass seine Frau eh nichts von dem kapierte, was er erzählte. Fin hatte kein Vorurteil gegenüber Blondinen, seine Ex-Frau war auch blond. Aber eben nicht Barbie-blond. »Und Ihr Sohn?«

»Peter?«

»Soviel ich weiß, arbeitet er neben seinem Studium hin und wieder in der Firma.«

»Das macht er nur seinem Vater zuliebe. Eigentlich interessiert er sich überhaupt nicht fürs Bauen und solche Dinge.«

Solche Dinge erlaubten dem Jungen immerhin ein vergleichsweise sorgenfreies Leben. Das würde sich nun möglicherweise ändern. »Nach dem Tod seines Vaters wird er sich notgedrungen damit beschäftigen müssen. Ich nehme an, er wird die Firma einmal übernehmen.«

»Peter?« Fast sah es aus, als müsse sie allen Umständen zum Trotz lachen. »Im Leben nicht!«

»Was ist daran so abwegig? Er ist Mitte zwanzig, mit einem guten Berater an seiner Seite …«

»Hören Sie, Sergeant, Peter hat keinen Geschäftssinn. Peter ist Musiker.« Es war eine glasklare Feststellung, die keinen Zweifel duldete. Sie stand auf, ging zum Schrank und nahm eines der gerahmten Fotos.

»Er hat sich nie für etwas anderes interessiert als für seine Musik.«

Sie hielt das Foto so, dass die beiden Polizisten es sehen konnten. Ein blondgelockter Halbwüchsiger in einem dunklen Anzug, der vor einem Flügel Aufstellung genommen hatte und mit unsicherem Blick in die Kamera eine Urkunde in der Hand hielt.

»Mit dreizehn Jahren hat er den *Ireland Fund Award* gewonnen. Ein Jahr später wurde er als jüngster Schüler an der Ulster Academy of Music aufgenommen.«

Nancy MacAllister war durchaus zu echten Gefühlsregungen imstande, in ihrer Stimme lagen mütterlicher Stolz und Liebe, aber gleichzeitig auch ein Hauch Wehmut. »Bertrand hat es allerdings nie verstanden. Er hatte nichts mit Musik am Hut. Er dachte, das geht irgendwann vorbei wie Masern, und dann wird aus dem Jungen das, was er für einen richtigen Kerl hielt.

Aber Peter hat sich nunmal nie für die Geschäfte seines Vaters begeistern können. Nur für seine Musik.«

Sie stellte das Foto zurück und nahm ein anderes zur Hand, das sie allein für sich betrachtete.

»Sie hatten in den letzten Jahren kein einfaches Verhältnis, die beiden«, sie sprach zu dem Bild, »Peter wollte seinen Vater gerne beeindrucken, aber eben auf seine Weise ...«

»Der Zwischenfall in London hat sicher nicht zu einem besseren Verhältnis beigetragen«, forschte Caitlin nach.

»Dieses Flittchen!«

»Bitte?«

»Diese kleine Nutte wollte Peter doch nur schaden!«, spuckte Nancy MacAllister aus. Für einen Moment schien es fast so, als würde sie die Contenance verlieren. »Wahrscheinlich hat sie ihn erpresst. War hinter seinem Geld her. Sie war überhaupt nicht schwanger.«

»Nun, der Obduktionsbericht –«

Sie wollte nicht hören, was im Obduktionsbericht stand. »Peter hat der Selbstmord dieses Mädchens sehr mitgenommen. Er musste sogar in psychologische Behandlung, so sehr hat er darunter gelitten. Er ist ein sehr sensibler Junge.«

Natürlich stellte sich die Mutter schützend vor ihren Sohn, Fin hatte nichts anderes erwartet. Wahrscheinlich war er zu Hause ein wahrer Engel.

»Peter wohnt noch bei Ihnen?«

»Nein, er studiert in Belfast, aber er ist sehr oft zu Hause. Natürlich hat er noch sein Zimmer bei uns«, antwortete sie, »das wird sich im Sommer allerdings ändern, dann wird er für ein Jahr zum Studium in die USA gehen. Nach Kalifornien.«

»Wie hat er den Tod seines Vaters aufgenommen?«

»Er war die Woche über hier in Derry. Er wollte mich in dieser Situation nicht alleine lassen«, erzählte sie, »aber als er heute Morgen von Bertrands Tod erfahren hat, ist er mit dem Wagen fort. So trauert wohl jeder auf seine eigene Art …«

In Sachen Trauerarbeit war Peter MacAllister seiner Mutter gegenüber eindeutig im Vorteil. Er hatte immerhin schon seit gestern Abend Gewissheit, dass sein Vater nicht mehr unter den Lebenden weilte. Hatte die Polizei ihr die schlechte Nachricht überbracht oder war der Sohn schneller gewesen?

»Mit Verlaub, Mrs. MacAllister, der Tod Ihres Mannes scheint Sie nicht sonderlich erschüttert zu haben«, bemerkte Fin und handelte sich prompt einen Rippenstoß ein.

Nancy MacAllister starrte ihn sprachlos an. Ihre Hände krampften sich um den Bilderrahmen, ehe sie ihn geräuschvoll zurückstellte. »Wie meinen Sie das?« Ihre Stimme war eisig.

Caitlin räusperte sich. »Mrs. MacAllister, es ist nunmal so, dass …«

Fin schob ihren Ansatz beiseite. »Da taucht Ihr alter Liebhaber nach mehr als zwanzig Jahren aus der Versenkung auf, kurz darauf ist Ihr Gatte tot, und das soll uns nicht zu denken geben?«

»Sergeant!«, zischte Caitlin.

»Wollen Sie mir etwa unterstellen, ich hätte etwas mit dem Tod meines Mannes zu tun?« Ihre Stimme kletterte in eine unangenehme Höhe.

»Niemand will Ihnen etwas unterstellen, Mrs. MacAllister«, versuchte Caitlin die heranrollende Woge abzufangen. Vergeblich.

»Nur weil ich nicht in Tränen aufgelöst am Boden liege?«

Dabei bemühte sie sich sichtlich, aber ihre Augen wurden nicht mal ansatzweise feucht. Der Lidstrich saß nahezu perfekt.

»Nach Hughs Tod habe ich das Schlimmste befürchtet, als Bertrand verschwand. Als ob ich geahnt hätte, dass ich ihn nicht wiedersehen würde.«

Geahnt? Oder gewusst? Fin bewunderte insgeheim ihren Hang zu Dramatik. »Übertreiben Sie da nicht ein klein wenig?«

Ehe Mrs. MacAllister etwas erwidern konnte, fuhr Caitlin mit einem Themenwechsel dazwischen. Nicht ohne Fin mit einem wütenden Blick zurechtzuweisen. »Was wissen Sie über die Geschäfte Ihres Mannes, Mrs. MacAllister?«

»Ich habe mich nie für die Geschäfte meines Mannes interessiert«, schnappte sie kurz angebunden und setzte sich wieder hin, den Rücken kerzengerade, bereit, weitere Anschuldigungen abzuwehren.

»Aber Sie kennen Derek Hardcastle?«

»Natürlich, er ist einer von Bertrands Geschäftspartnern.«

»Und Hugh Dermot?«

»Auch er …«, sie zögerte, »auch er war ein Geschäftspartner meines Mannes.«

»Wie gut kennen oder kannten Sie die beiden?«

»Ein Geschäftsessen hier und da, zu dem auch die Ehefrauen geladen waren. Aber ich sagte schon, ich habe mich nicht für Bertrands Firma interessiert.« Sie lehnte sich zurück, verschränkte die Arme über der Brust und schob schmollend die Unterlippe vor.

Fin war klar, dass Nancy MacAllister völlig egal war, woher die Kohle für ihre Shoppingtouren kam, aber das sollte sie nicht daran hindern, ab und an mal einen Blick in die Zeitung zu werfen.

»Wusste ihr Mann, dass die britische Finanzbehörde sich für ihn interessierte?«

»Er hat nie was davon erzählt. Glauben Sie, die haben etwas mit seinem Tod zu tun?« Ihre Frage war mehr als naiv.

»Nein, eher nicht«, erwiderte Fin, »aber es wird Ihnen vielleicht nicht entgangen sein, dass Ihr Mann sich bei seiner Arbeit auch Feinde gemacht hat.«

»Wenn jemand Erfolg hat, hat er auch viele Neider«, entgegnete die Dame des Hauses schnippisch.

»Kenneth Gallagher hat sich für Cruit Castle interessiert. Ein Projekt Ihres Mannes«, nahm Caitlin den Faden wieder auf.

»Cruit Castle ...«, Nancy MacAllister schien einen Augenblick nachdenken zu müssen, »das ist dieses Schloss drüben in Donegal, nicht wahr?«

»Ich dachte, Sie interessieren sich nicht für die Geschäfte Ihres Mannes«, schoss Fin dazwischen.

»Es war sein Lieblingsprojekt, aber er hatte ziemlich viel Ärger damit«, verteidigte sich Nancy MacAllister, »kein Mensch kann im Privatleben alles Berufliche komplett ausschalten.«

»Ärger?«, hakte Caitlin nach.

»Naja, erst hat ihn wohl der Besitzer beim Verkauf übers Ohr hauen wollen und dann gab es Probleme mit dem Investor«, erwiderte Nancy MacAllister bereitwillig, froh darüber, selber nicht mehr im Mittelpunkt der Fragen zu stehen, »außerdem hat Bertrand in Donegal mit einer ähnlichen Baustelle schon mal Schwierigkeiten gehabt. Die Leute dort mochten das Projekt wohl nicht.«

»Soweit wir wissen, gab es noch weitere Interessenten für Cruit Castle. Hat Ihr Mann mal etwas in dieser Richtung erwähnt?«

Sie schüttelte den Kopf.

»Mrs. MacAllister, wir vermuten, dass Cruit Castle der Tatort ist«, setzte Caitlin an, »was könnte Ihr Mann am vergangenen Montag dort gewollt haben? Hatte er vielleicht eine Verabredung?«

»Er hat nichts dergleichen erwähnt. Er ist kurz nach dem Frühstück los. Seitdem habe ich ihn nicht mehr gesehen.« Die Uhr auf dem Kaminsims schlug elf. Nancy MacAllister schaute auf ihre Armbanduhr, als suche sie Bestätigung dafür, dass es wirklich schon so spät war. Eine unverblümte Aufforderung an die beiden Beamten, sie endlich in Ruhe zu lassen.

»Aber das habe ich alles schon Ihren Kollegen erzählt«, entgegnete sie missmutig, »und zwar nicht einmal, sondern hundert Mal.«

»Hatte er eine andere Frau?«, fragte Fin unvermittelt.

»Wie bitte?«

»Bertrand MacAllister eilte ein gewisser Ruf voraus –«

»Sergeant O'Malley, bitte«, pfiff Caitlin ihn zurück.

»Muss ich mir das anhören?«, empörte sich Nancy MacAllister.

»Wir müssen in alle Richtungen ermitteln.« Es klang fast wie eine Entschuldigung. »Mrs. MacAllister, besaß Ihr Mann eine Waffe?«

»Auch das habe ich Ihren Kollegen schon erzählt.«

»Und?«

Sie rollte entnervt mit den Augen. »Ich weiß es nicht. Vielleicht ja, vielleicht nein.«

»Wir haben Grund zu der Annahme, dass die Waffe, mit der Hugh Dermot erschossen wurde, vor mehr als vierzig Jahren bei einem Verbrechen verwendet wurde, in das auch Bertrand MacAllister verwickelt war.«

»Vor vierzig Jahren, sagen Sie?«

»Die Indizien sind eindeutig.«

»Aber was sollte Hugh Dermot –«

»Vielleicht hat er etwas erfahren, was er besser nicht wissen sollte«, mutmaßte Fin und nahm einen neuen Anlauf. Schließlich hatte er nichts zu verlieren. »Vielleicht hat er von Ihnen und Ihrer alten Flamme Kenny Gallagher gewusst. Und ehe er zum großen Boss rennt und alles brühwarm ausplaudert, musste er zum Schweigen gebracht werden. Oder hat er Sie am Ende vielleicht sogar erpresst?«

»Das ist eine unglaubliche Unterstellung!«

Nancy MacAllister sprang auf und stemmte die Fäuste in die schmale Hüfte.

»Sergeant O'Malley.« Caitlins Stimme war erstaunlich ruhig,

als sie ihm den Autoschlüssel in den Schoß warf. »Würden Sie bitte draußen im Wagen warten?«

Fin sah sie an, wollte etwas erwidern, aber der Blick in Caitlins schwarze Koboldaugen ließ ihn jeden weiteren Gedanken auf der Stelle vergessen. Wortlos stand er auf und verließ den Raum.

Er ärgerte sich.

Vielleicht war er wirklich zu weit gegangen. Aber wie sollte man dieser blonden Schaufensterpuppe sonst beikommen, wenn nicht auf die harte Tour? Die hatte sich warm und behaglich eingerichtet in ihrem Puppenstubenheim, machte einen auf Unschuldsengel und glaubte, damit durchzukommen. Dabei steckte sie bis zum Hals in der Sache drin. Wollte ihnen im Ernst weismachen, dass es purer Zufall war, dass Kenny Gallagher ausgerechnet jetzt auf der Bildfläche aufgetaucht war.

Er war sicher, dass sie ganz kurz davor gewesen waren, die schöne Nancy zu knacken. Und Caitlin da Silva schmiss ihn einfach raus. Normalerweise funktionierte die Good Cop/Bad Cop-Methode ganz gut. Fin hatte sich oft genug die ungeliebte Rolle des bösen Polizisten aufhalsen lassen, während sein Partner im Verhör lieber den sicheren Hafen spielte, in den sich das arme Opfer nach Fins Attacken flüchten konnte. Aber dazu brauchte es ein eingespieltes Team. Und genau das waren er und Caitlin nicht. Sie waren kein Team, keine Partner, die den Einsatz vorher besprochen hatten.

Einsatz.

Es wurde Zeit, dass er endlich akzeptierte, dass er kein Polizist mehr war.

Er atmete die kühle Nachtluft ein und beruhigte sich langsam wieder. Von fern rauschte der Stadtverkehr, ein paar verspätete Vögel fiepten im Gebüsch nebenan. Eine ruhige Wohngegend. Fin sah sich um. Das Anwesen wirkte gepflegt, soweit er das in der Dunkelheit beurteilen konnte. Wahrscheinlich beschäftigten die MacAllisters einen Gärtner. Und eine Putzfrau. Und einen Chauffeur. Und einen, der den Pool saubermachte, dessen Wasserfläche dort hinten im Garten glitzerte.

Meldete sich da etwa der Sozialneid?

Fin schnaubte verächtlich. Wer viel Geld hatte, hatte auch viel Ärger. Und was hatte MacAllister der ganze Reichtum am Ende gebracht? Er war tot. Und das letzte Hemd hatte bekanntlich keine Taschen.

Er lehnte sich gegen den Toyota und wartete. Ließ den Autoschlüssel durch seine Finger gleiten. Wie lange würde Caitlin ihn wohl zappeln lassen?

Sein Blick fiel in die offenstehende Doppelgarage. Im gelben Licht einer Straßenlaterne glänzte ein nagelneuer SUV wie ein poliertes Goldstück. Daneben gähnte Leere. Vermutlich der angestammte Platz von MacAllisters Aston Martin.

Eine Frage allerdings plagte Fin, auf die hatte er bisher keine zufriedenstellende Antwort. Wie war Kenny Gallagher in den Besitz ausgerechnet dieser einen besonderen Waffe gekommen? Hatte Nancy sie ihm gegeben? Hatte Bertrand MacAllister sie all die Jahre in seinem Schreibtisch oder wo auch immer aufbewahrt? Vorausgesetzt, er hatte damals bei diesem feigen Mord wirklich seinen Finger am Abzug gehabt. Oder gab es Verbindungen zu anderen paramilitärischen Kreisen, von denen er, Fin, bis jetzt noch gar nichts ahnte? Hatte der Kleinganove Gallagher umgeschult und spielte mittlerweile in einer höheren Liga?

Und wo, verdammt nochmal, steckte er? Der Gedanke, dass dieser miese kleine Gangster möglicherweise gerade in Foley herumschlich, gefiel ihm gar nicht.

Lily!, schoss es ihm durch den Kopf. Er hatte sie heute noch gar nicht gesehen.

Sofort fiel ihm sein komplettes Sündenregister als Rabenvater ein. Schuldbewusst fummelte er sein Handy aus der Jackentasche und schaltete es ein. Wie erwartet hatte er kein Netz. Alles andere hätte ihn auch gewundert. Er sollte sich endlich ein neues Handy kaufen. Oder wenigstens den Anbieter wechseln. Er hielt das Handy in alle vier Himmelsrichtungen und beobachtete erwartungsvoll das Display.

Netzsuche …

Er ging ein paar Schritte Richtung Straße. Dann in Richtung Garten. Schließlich hinüber zur Garage. Kurz vor der Stoßstange des Blondinenpanzers endlich ein vertrautes Signal. Fin trat einen weiteren Schritt in die Garage hinein. Stolperte über etwas, verlor das Gleichgewicht und schlug der Länge nach hin. Das Handy schlitterte über den Betonboden und knallte irgendwo gegen eine Wand.

»Scheiße!« Er rieb sich den Kopf. Tastete im Dunkeln unter dem Wagen herum. Aber alles, was er fand, waren feuchte Ölflecken.

»Scheiße, verdammte!«

Fluchend rappelte er sich auf und suchte einen Lichtschalter. Das plötzlich aufflammende Neonlicht blendete ihn.

Er stutzte.

Er war über einen zusammengerollten Schlafsack gestolpert. Und über einen Rucksack. Und über eine chromglänzende Kaffeemaschine.

Was hatte eine Kaffeemaschine in einer Garage verloren?

Der ganze Kram kam ihm merkwürdig bekannt vor. Vor seinem geistigen Auge tauchte der Baucontainer von Cruit Castle auf. Offenbar hatte Kenny Gallagher seine Ausrüstung bei seiner Geliebten deponiert. Für diesen Fund würde er bei Caitlin da Silva Sonderpunkte einheimsen.

»Und ich hab' recht gehabt!«, gönnte sich Fin einen leisen Triumph.

Er bückte sich und öffnete neugierig den Rucksack. Zog ein zusammengeknülltes kariertes Flanellhemd hervor. Eine leere

Thermoskanne. Einen angebissenen Schokoriegel. Eine Jeansjacke mit eingetrockneten Blutflecken.

Sein Handy meldete sich. Irgendwo unter dem Geländewagen. Fin kroch auf allen Vieren durch die Garage und wurde fündig.

Das Display leuchtete. Drei unbeantwortete Anrufe. Alle von Lily. Und eine SMS. Auch von Lily. Abgeschickt am späten Nachmittag.

Bin unterwegs nach Letterkenny zum Bus. Nehme den letzten um 8. Melde mich wenn ich in D bin. LOL Lily

Stimmt, gestern hatte er Lily nach Dublin zurückgeschickt. Er erinnerte sich dunkel daran. Auch an den Aufstand, den sie inszeniert hatte. Woher der plötzliche Sinneswandel?

»Unterwegs?« Mit wem, zum Teufel? Etwa mit Diarmuid, der nicht mal einen Führerschein besaß? Zuzutrauen wäre es ihr.

Er hämmerte Lilys Nummer in die Tasten.

Es dauerte. Es dauerte verdammt lange. Zu lange. Dann hörte er die Ansage der Mailbox.

Sein Herz klopfte.

Wie hatte Diarmuid das geschafft? Erst kutschierte er die beiden alten Tanten durch die Gegend, dann ging er mit Lily auf die Piste. Es war unwahrscheinlich, dass Billy ihm den Porsche anvertraut hatte, aber das wollte nichts heißen. Vor seinem geistigen Auge sah er den schwarzen Sportwagen schon am nächsten Baum kleben, daran änderte auch die Tatsache nichts, dass es in Donegal nicht viele Bäume gab.

Fin sah auf die Uhr. Wenn Lily tatsächlich den Bus in Letterkenny genommen hatte, müsste sie inzwischen in Dublin angekommen sein.

Kurzentschlossen wählte er die Nummer seiner Schwester. Es dauerte eine Weile, bis er eine verschlafene Stimme vernahm.

»Deirdre, hier ist Fin … Ja, ich weiß, wie spät es ist. Ist Lily bei dir? ... Nein, natürlich nicht. Ich dachte nur ... Nein, alles in Ordnung. Mach dir keine Sorgen!«

Er beendete das Gespräch, ehe Deirdre auf dumme Gedanken kommen konnte. Nur gut, dass seine Schwester seine Ex-Frau nicht besonders mochte, so bestand keine Gefahr, dass sie Susan umgehend darüber in Kenntnis setzen würde, dass Fin als Vater mal wieder versagt hatte.

Wieder wählte er Lilys Nummer. Wieder erreichte er nur die Mailbox. Das Signal wurde schwächer.

Fin legte auf. Er rannte hinüber zum Wagen, sprang auf den Fahrersitz, startete den Motor und raste los.

An Caitlin dachte er keine Sekunde.

19. Pebbles

Er war versucht, das Blaulicht zu benutzen, das einsatzbereit auf der Konsole des Wagens hockte. Alte Polizeiroutine. Aber es gab nichts und niemanden, den er hätte von der Straße scheuchen können. Außer ihm schien kein Mensch unterwegs, er hatte die Landstraße ganz für sich allein.

Das Zentrum von Letterkenny wirkte wie ausgestorben. Eine Handvoll Autos war unterwegs, ein paar Nachtschwärmer. Schon von weitem sah Fin, dass das Gebäude des Busbahnhofs verlassen dalag. Hinter den Glasscheiben war es genauso dunkel wie davor. Er lenkte den Wagen auf den Parkplatz, stoppte und ließ den Motor laufen. Es war eine blödsinnige Idee gewesen, hierherzufahren. Um diese Zeit fuhr kein Bus mehr, weder nach Dublin noch sonstwohin. Er schaute auf die Uhr am Armaturenbrett. Kurz nach zwölf.

Er nahm sein Handy, rief die Auskunft an und ließ sich mit dem örtlichen Krankenhaus verbinden. Kurzerhand kehrte er den Polizeibeamten raus und war auf alles gefasst.

Erleichterung.

Nein, keine Autounfälle im Laufe des Tages. Keine übermütigen Teenager auf Abwegen. Ein ruhiges Wochenende.

Er rief Lilys Nachricht nochmal auf. Erst da bemerkte er eine zweite SMS, die er im Eifer seiner ersten Panik völlig übersehen hatte.

Bin in Cruit Castle. Habe eine Spur. Lily.

Fin starrte aufs Display. Versuchte herauszufinden, ob die Worte wirklich das sagten, was er zu lesen glaubte.

Eine Spur? Welche Spur?

Sollte das ein Scherz sein?

Wieder und wieder las er die kurze Nachricht. Abgeschickt vor nicht ganz drei Stunden.

Cruit Castle. Was wollte Lily bei der Ruine? Mitten in der Nacht?

War sie am Ende auf Mörderjagd? Hatte Diarmuid sie angestiftet? Nein, wie er seine Tochter kannte, war es eher ihre Idee.

Verdammt, Lily, da lief ein Mörder frei rum! Das war kein Computerspiel!

Zum wiederholten Male wählte er ihre Nummer. Wieder meldete sich nach kurzer Zeit die Mailbox. Das sah seiner Tochter gar nicht ähnlich. Sie gehörte zu der Generation *Immer-erreichbar*, getrieben von der ständigen Angst, irgendetwas unglaublich Wichtiges zu verpassen. Ein Funkloch war für sie eine ebenso große Katastrophe wie die Niederlage im *All-Ireland Final* für den Gaelic Football-Fan.

Ob sich das Handy orten ließ?

Fin betrachtete den Handy-Tracker am Armaturenbrett. Er war sicher, dass er eine Genehmigung brauchte, wollte er eine Nummer orten.

Scheiß drauf.

Er schaltete das Gerät ein. Spielte ein wenig mit den Knöpfen und versuchte, hinter die Funktionsweise zu kommen. Eine halbe Ewigkeit später forderte ihn das Display endlich auf, eine Nummer einzugeben. Mit zitternden Fingern tippte er, vertippte sich, fing noch mal von vorne an und fluchte.

Er hätte Lily viel früher zurückschicken müssen. Gleich nachdem er MacAllisters Leiche gefunden hatte.

Langsam entstand eine graphische Karte auf dem kleinen

Bildschirm, unterteilt in einzelne, scharf voneinander abgegrenzte Funkzellen. Eine von ihnen blinkte geradezu aufdringlich. Offenbar hatte das Gerät ein Signal gefunden. Er wählte den Bereich aus und vergrößerte den Ausschnitt. Eine Landkarte baute sich auf, eine vertraute Küstenlinie.

Eindeutig nicht Dublin.

Er erkannte die Küste von Donegal. Den unverwechselbaren Umriss von Day's Foreland.

War Lily am Ende noch in Foley?

Nein, der Ursprung des Signals lag nordwestlich vom Dorf.

Am Ende der Halbinsel.

Traban Bay.

Dort gab es nichts. Nichts außer einem alten verlassenen Gemäuer.

Fin legte den Gang ein und fuhr los.

Sowie er den Ort verlassen hatte, drückte er aufs Gaspedal. Je weiter er in die Einsamkeit Donegals eintauchte, desto schmaler wurden die Straßen. Nein, jetzt durfte ihn sein Orientierungssinn nicht im Stich lassen. Er sandte einen Zweizeiler zum lieben Gott und betete, dass ihm kein Kobold vor die Stoßstange sprang. Hin und wieder blitzte ein Augenpaar im Scheinwerferlicht auf. Einem Hasen konnte er gerade noch ausweichen. Platte, graubraune Flecken auf dem Asphalt verrieten ihm, dass andere Tiere zuvor weniger Glück gehabt hatten.

Er drückte die Wahlwiederholung und versuchte, Lily zu erreichen. Vergeblich. Hoffentlich hielt ihr Akku durch.

Kaum ein Auto begegnete ihm. Ein kleiner Ort, fünf Häuser, ein einsames beleuchtetes Pubschild, der Name des Ortes war vergessen in dem Moment, als er ihn verließ. Wieder öffnete sich stockfinstere Nacht, nur hier und da von einem einzelnen, gelben Fenster einer abgelegenen Farm durchbrochen.

Immer wieder kontrollierte er den Bildschirm des Handy-Trackers, aber das Signal blieb unverändert.

Er dachte an Caitlin. Sie hatte mit Sicherheit schon gemerkt, dass sie ohne Auto in Derry festsaß. Sie würde verdammt sauer sein. Nein, vermutlich überlegte sie gerade, ob sie ihn steinigen oder lieber vierteilen sollte. Auf jeden Fall würde er Ärger kriegen. Vorsichtig ausgedrückt.

Vielleicht konnte er den Schlag etwas abmildern. Er meldete sich über Polizeifunk bei der Garda Station in Letterkenny.

»Hallo, hier ist …« Er zögerte nur kurz. »… Detective Sergeant O'Malley.« Er hoffte, dass die Nachtschicht nicht jeden Beamten persönlich kannte.

»Was gibt's, Sergeant?«

»Könnten Sie bitte Detective Inspector da Silva kontaktieren? Sie ist gerade bei einem Einsatz in …« Er biss sich auf die Zunge. »Ähm, ich erreiche sie gerade nicht. Könnten Sie ihr sagen, dass ich …«

»Ja, Sergeant?«

»Dass ich auf dem Weg nach Cruit Castle bin und …«

»Und?«

»Und dass es mir leid täte.«

»Bitte?«

Er kam sich albern vor. »Hallo, Zentrale?«

»Ja?«

»Zentrale? Ich verstehe Sie ganz schlecht. Ich glaub', ich fahre gerade in ein Funkloch …« Schnell drückte er die Verbindung weg und atmete auf. Mehr konnte er im Augenblick nicht tun, aber er wusste, die Sache war nicht vom Tisch.

Unverdrossen wählte er wieder Lilys Nummer. Es passierte genau in dieser einen winzigen Sekunde, in der er nicht auf die Straße achtete. Dabei war er gar nicht mal schnell unterwegs. Mehr als achtzig Stundenkilometer auf einer irischen Landstraße bei Nacht waren akute Verkehrsgefährdung. Währenddessen mit einem Handy rumzuspielen, glatter Selbstmord.

Fin hatte keine Chance. Er nahm noch eine Bewegung im

Scheinwerferlicht wahr, trat geistesgegenwärtig auf die Bremse, aber es war zu spät. Der Wagen krachte in ein Hindernis, rutschte über die Straße und kam am Fahrbahnrand zum Stehen.

Fin stieß den angehaltenen Atem aus. »Mist …«

Er verharrte einige Minuten, die Hände ums Lenkrad geklammert, bis sich sein Pulsschlag wieder normalisierte. Seine Augen suchten noch fieberhaft in der Dunkelheit nach der Ursache, während sein Verstand schon längst wusste, was passiert war.

Nein, kein Kobold.

Langsam, wie in Zeitlupe, löste er sich aus seiner Starre, schaffte es, die Wagentür zu öffnen und auszusteigen. Glas knirschte unter seinen Schuhen. Er zitterte, musste sich an der Tür festhalten.

Im Licht des verbliebenen Scheinwerfers lag ein Schaf mitten auf der Straße. Keine fünf Schritte vor ihm. Wind kraulte das zottelige Fell. Sonst rührte sich nichts.

Fin schluckte trocken. Er hatte noch nie jemanden angefahren, geschweige denn überfahren, nicht mal eine Maus. Zumindest hatte er es nicht gemerkt.

Zögernd trat er näher. Fast erwartete er, dass das Schaf plötzlich aufsprang, seine verfilzte Wolle schüttelte und sich mit empörtem Blöken davonmachte.

Wunschdenken.

Blut glitzerte auf dem Asphalt. Der reglose Körper lag auf der Seite, ein Vorderlauf ragte gespenstisch starr in die Luft. Der gehörnte Kopf war unnatürlich verdreht, die Augen blickten starr und leer.

Fin wandte sich ab. Inspizierte den Kühler des Toyota. Außer dem kaputten Scheinwerfer konnte er keinen Schaden feststellen.

Verdammt, er musste doch zu Lily!

Warum lungerten diese blöden Viecher nachts auf der Straße rum?

Wieder fiel sein Blick auf das tote Schaf. Er konnte das Tier nicht so da liegen lassen. Irgendwie musste es von der Straße runter.

Er atmete tief durch, packte das Schaf bei den Hörnern und versuchte, es hinüber aufs Gras zu ziehen. Er spürte die Wärme des Körpers, wollte fast glauben, dass noch Leben darin war. Nie hätte er gedacht, dass ein Schaf so schwer sein konnte.

Endlich hatte er es geschafft, wischte die Hände an seiner Jeans ab, als er plötzlich innehielt.

Ein leises Geräusch geisterte durch die stockfinstere Nacht. Ein dünnes, zaghaftes Stimmchen, das sich in der Weite der Moorlandschaft verlor. Er traute seinen Ohren nicht, traute seinen Augen nicht. In der Dunkelheit bewegte sich etwas auf der anderen Straßenseite. Etwas Kleines. Etwas ganz Kleines.

Das hatte ihm gerade noch gefehlt!

Ein winziges wolliges Lämmchen hüpfte aus dem Gras hervor, stakte unsicher auf wackeligen Beinen ins Scheinwerferlicht und blökte kläglich.

Fin seufzte. Schloss die Augen. Machte sie wieder auf. Nein, das Lamm war noch da. Mitten auf der Straße. Chefankläger in einem Mordprozess.

Er hatte seine Mutter über den Haufen gefahren. Er konnte es unmöglich zurücklassen.

Behutsam machte er einen Schritt auf das Tierchen zu. Dem Lamm war der riesige Zweibeiner nicht geheuer, laut meckernd hopste es davon, ehe Fin auch nur in Reichweite kam.

»Halt, hiergeblieben!«, rief er in die Nacht. »Ich will dir doch nur helfen!«

Das kleine Schaf war anderer Ansicht, es schlug einen Haken nach dem anderen und entwischte ein ums andere Mal, bis es schließlich über seine viel zu langen dünnen Beinchen stolperte und Fin seine Chance sah. Er wunderte sich, wie viel Kraft in dem strampelnden Wollknäuel steckte, das sich gegen seine beherzt zupackenden Hände wehrte, es brüllte aus voller Kehle in einer Lautstärke, die dem Kleinen gar nicht zuzutrauen war.

Und jetzt? Ratlos hielt er das Lamm mit ausgestreckten Armen von sich wie ein Baby mit vollen Windeln. Im Auto würde es wahrscheinlich hin und her springen, das konnte er nicht riskieren. Er sah nur eine Möglichkeit. Kurzerhand klemmte er sich das zappelnde Bündel unter den Arm, öffnete mit der freien Hand den Kofferraum, setzte es vorsichtig hinein und knallte den Deckel zu, ehe es mögliche Fluchtgedanken in die Tat umsetzen konnte.

Schuldbewusst schaute er sich um. War er jetzt ein Viehdieb?

Egal, darüber konnte er sich später Gedanken machen.

Er sprang in den Wagen und fuhr los. Vorsichtig. Lauschte auf das jämmerliche Blöken in seinem Rücken. Versuchte, es zu ignorieren. In einer Kurve polterte etwas, dann war es still.

Fin atmete durch. Wenn er all seine anderen Probleme gelöst hatte, dann würde er auch das Problem mit dem Schaf lösen.

Nach einer gefühlten Ewigkeit kam ihm die Landschaft bekannt vor. Das Auto rumpelte über die kleine Brücke, die Day's Foreland mit dem Festland verband. Am östlichen Horizont zeigten sich erste helle Streifen am Himmel.

Fin fuhr auf direktem Weg nach Traban Bay hinaus, fand die Zufahrt zum Schloss und rollte langsam um die Ruine herum. Das Signal war deutlich.

Er lenkte den Wagen vor den Haupteingang, hielt an und stieg aus. Gespenstisch ragte der schwarze Kasten vor ihm in den grauen Morgenhimmel. Er schaute sich um. Keine Menschenseele weit und breit. Kein Auto. Nichts. Das Meer rauschte leise in der Ferne, verschlafen keiften ein paar Möwen. Alles war so, wie er es beim letzten Mal zurückgelassen hatte.

Bis auf eins.

Das Portal stand offen.

Geradezu einladend offen.

Fin erinnerte sich nur ungern an den morschen Balken, der ihn knapp verfehlt hatte.

»Lily?«

Er fuhr zusammen beim Klang seiner eigenen Stimme. Im taunassen Gras raschelte ein aufgescheuchtes Tier, das sich schleunigst davonmachte. Irgendwo antwortete ein Vogel.

Es war gerade hell genug, um Einzelheiten an der Fassade zu erkennen. Die leeren Fensterhöhlen, die grasbewachsenen Simse, ein Relief, dessen Konturen der stete Seewind bis zur Unkenntlichkeit weichgeschliffen hatte.

Und das offene Portal.

Vielleicht war Lily dort drin. Vielleicht auch nicht. Vielleicht war Diarmuid bei ihr. Vielleicht auch nicht. Vielleicht hatte Neugier die beiden getrieben, die Ruine zu erkunden. Wer konnte schon wissen, was in den Köpfen abenteuerlustiger Teenager vor sich ging. Vielleicht war sie verletzt. Er wusste aus eigener Erfahrung, wie schnell was passieren konnte.

Es gab tausend Gründe, dort hineinzugehen. Er hatte keine Wahl.

Vorsichtig suchte er den Weg über die efeubewachsene Treppe. Die beiden Türflügel standen sperrangelweit offen. Die Bretter, die den Eingang gesichert hatten, hingen zersplittert an verbogenen Nägeln. Jemand hatte sich mit roher Gewalt Zutritt verschafft.

Ganz bestimmt nicht seine Tochter. Das sah eher nach Diarmuid aus.

Fin trat in die Halle. Im Himmel über dem offenen Dachstuhl zeigten sich erste rosafarbene Schleier.

»Lily?«

Niemand antwortete. Sogar die Tauben schienen ausgeflogen.

»Diarmuid?«

Der Wind wehte durch die offenen Fensterhöhlen und spielte mit dem trockenen Laub aus dem Vorjahr, schob es in einer der unzähligen dunklen Ecken zusammen. Der einzige menschliche Laut war sein eigener Atem.

Nein.

Er hörte noch etwas anderes.

Ein leises Kratzen.

Er versuchte, es zu orten.

Die Bibliothek?

Nein.

»Lily!«

Da war es wieder. Kaum hörbar. Ganz weit weg. Es kam von dort drüben, von der Treppe, die in den Keller hinabführte.

Fin durchquerte die Halle, stakte über Brombeerranken und blieb vor den Stufen stehen. Auch wenn draußen der Morgen anbrach, änderte das nichts daran, dass diese Treppe in ein schwarzes Loch hinabführte.

Aber irgendetwas war dort unten. Ganz deutlich konnte er ein Geräusch hören. Ein geradezu penetrantes Scharren. Unterdrückte Laute. Jemand, der versuchte, auf sich aufmerksam zu machen.

Fin zögerte.

Er hatte sich noch nie mit Höhlen anfreunden können. Oder mit finsteren Kellern. Schon als Kind hatten ihm dunkle Ecken Angst eingejagt. Dort waren die Monster zu Hause.

Die Laute wurden eindringlicher. Flehender. Ein klagendes Greinen.

Fin gehörte nicht gerade zu der mutigen Sorte. Bei jeder Polizeiaktion hatte er nur zu gern den Rambos unter den Kollegen den Vortritt gelassen. Lieber hatte er hinterher für die ganze Mannschaft Kaffee und Donuts organisiert. Aber das half ihm hier nicht weiter.

Verdammt nochmal, Fin, du bist erwachsen! Reiß dich zusammen! Das hier ist kein Höllenschlund. Kein alter Kleiderschrank, in dem schuppige, mit scharfen Zähnen bewaffnete Monster hausten.

Es war gerade hell genug, dass er die ersten Stufen erkennen konnte. Vorsichtig tastete er sich am Mauerwerk entlang, feuchten, bröckelnden Putz unter den Fingern. Immer wieder blieb er stehen, lauschte auf das Scharren und Wimmern irgendwo tief dort unten in der Finsternis.

Was, um Himmels willen, hatten die beiden angestellt?

Die stickige Luft schnürte ihm immer weiter die Kehle zu, je tiefer er hinabkletterte. Bildete er sich das nur ein oder war es hier unten wärmer als oben? Sand klebte an seinen Fingern. Sein Atem ging kurz und stoßweise. Sein Körper gehorchte ihm nicht, war wie gelähmt, er musste sich zwingen, einen Fuß vor den anderen zu setzen. Verflucht, das war doch bloß ein alter Weinkeller!

»Lily?«

Seine Stimme war kaum mehr als ein Krächzen. Er schluckte, hustete und zwang sich zu gleichmäßigen Atemzügen.

»Lily, ich komme ...« Er wollte seine Tochter beruhigen, aber eigentlich musste er sich selbst beruhigen.

Er hatte das Ende der Treppe erreicht und stolperte fast in den Schutt aus Brettern und zerbrochenen Mauersteinen. Eher ahnte er das enge, gemauerte Gewölbe um sich herum, als dass er es sehen konnte. Mit winzigen Schritten arbeitete er sich durch die Dunkelheit. Scherben splitterten unter seinen Schuhen. Zerschlagene Weinflaschen. Die Decke war niedrig, staubige Spinnweben strichen über sein Gesicht. Vollkommen blind folgte er den Geräuschen und orientierte sich an der Wand. Dicke Wurzeln hatten das Mauerwerk gesprengt, hatten sich eingegraben und umklammerten es wie knochige Krallen. Suchend glitten seine Finger über feuchte Steine. Er schüttelte sich. Es fühlte sich an, als ob er in ein schleimiges Maul hineingriff.

Die Ungeheuer aus seiner Kindheit waren noch immer lebendig. Vielleicht sollte er lieber an Kobolde denken. Oder an den Geist von Ambrose Allingham, der durch die Gewölbe spukte. Nein, keine gute Idee. Ambrose Allingham war es schließlich zu verdanken, dass am Ende alles in Flammen aufgegangen war.

Das Wimmern wurde lauter. Sie musste verletzt sein.

Sand knirschte. Er spürte etwas ganz in seiner Nähe.

Seine Hand berührte etwas Hartes, Kaltes. Ein eisernes Rohr. Ein Seil, das daran festgebunden war. Ein Seil, straff gespannt, an dessen Ende sich etwas bewegte.

»Lily!«

Seine Hände fuhren am Seil entlang. Griffen in etwas Warmes. In lange, weiche Haare.

»Pebbles?«

Das Winseln wurde lauter, die Hündin zappelte wild unter seinen Händen.

»Pebbles! Verdammt!« Im Dunkeln bekam er ihren Kopf zu fassen und fühlte Plastik. Jemand hatte ihr mit Klebeband das Maul zugebunden.

Die Hündin fiepte zum Steinerweichen und wand sich unter seinen Versuchen, sie von dem Knebel zu befreien. »Halt still, Pebbles, sonst –« Es nützte nichts. Sie wuselte um ihn herum, war mal über ihm, mal unter ihm. Eine Pfote landete in seinem Gesicht. »Verdammt, Pebbles!«

Er griff nach dem Seil und versuchte, den Knoten zu lösen, während die Hündin in Panik zog und zerrte. In der nächsten Sekunde knallte ihm das Seilende um die Ohren, die Hündin riss ihn zu Boden und war auf und davon. Er hörte noch, wie sie die Treppe hinaufstürmte, dann war es ebenso plötzlich wieder still.

Ganz still.

»Lily?«, fragte er zaghaft ins Nichts.

Er hielt den Atem an.

Aber da war niemand. Er wartete noch einen Moment, aber er spürte, dass er allein war hier unten.

Am ganzen Körper zitternd rappelte er sich auf, kroch auf allen Vieren über den Schutt und folgte dem schwachen Schimmer Tageslicht, der über die Treppe in den Keller fiel. Er atmete auf, als er wieder in der Halle stand. Kämpfte mit seinen wackligen Knien um jeden einzelnen Schritt. Er fühlte sich wie ein Taucher, der aus der finsteren Tiefsee wieder an die Oberfläche gestoßen war, gerade noch rechtzeitig, bevor der Sauerstoff zu Ende ging. Gierig sog er die frische Luft ein.

Von draußen ertönte klägliches Jaulen. Pebbles wälzte sich im Gras, schubberte mit der Schnauze über den Boden und versuchte verzweifelt, das Klebeband mit den Pfoten abzustreifen.

Fin wurde wütend. Für eine Sekunde war Lily vergessen. Er fragte sich, wer sich diese Quälerei ausgedacht hatte.

»Lass mich mal, Pebbles.« Er versuchte, sie zu beruhigen, aber das war leichter gesagt als getan. Sie quiekte und winselte und war kaum zu halten. Es war heikel, das Klebeband zu lösen, ohne die empfindliche Schnauze zu verletzen. Hoffentlich wusste Pebbles, dass Fin derjenige war, der ihr helfen wollte, und nicht derjenige, dem sie diese Misshandlung zu verdanken hatte. Wenn er Pech hatte, biss sie zu, sobald sie den Knebel los war.

Aber seine Sorge war unbegründet. Kaum hatte er sie befreit, hüpfte die Hündin herum wie von einer Wespe gestochen, bellte ausgelassen, sprang an ihm hoch, warf ihn zu Boden und schleckte ihm freudig durchs Gesicht.

Fin wusste, weshalb er Katzen lieber mochte.

»Is' ja gut, Pebbles! Nein, Pebb– « Er wehrte sie ab, packte sie am Halsband und spürte im dichten Fell einen kleinen Gegenstand, der mit Klebeband am Halsband befestigt war.

Ein Handy.

Lilys Handy.

Das musste er jetzt nicht verstehen, oder?

Es gelang ihm, das Handy zu lösen und sich gleichzeitig den Hund vom Leib zu halten.

Hatte ihn jemand auf eine falsche Fährte locken wollen?

Verdammt, wo war Lily?

Er stand auf, trocknete sich mit dem Ärmel das Gesicht und rief die Mailbox auf. Jede Menge eingegangene Anrufe. Die meisten von Fin. Einige von Diarmuid. Er fragte sich gerade, was er von alledem halten sollte, als das Handy klingelte.

Eine aufgeregte Stimme. »Na endlich! Lily?«

»Nein, hier ist Fin.« Er erkannte die Stimme. »Diarmuid?«

»Wo ist Lily?«

»Das frag ich dich!« Fin begriff immer weniger.

»Sie ist mit diesem Lackaffen Peter los.«

»Peter? Peter MacAllister?«

»Ja, Mann, du weißt doch, wie die Frauen sind! Da kommt einer mit 'nem flotten Flitzer und schon bist du abgemeldet«, verteidigte sich Diarmuid gekränkt.

»Ich dachte, sie ist mit dir unterwegs?«

»Peter wollte sie nach Letterkenny zum Bus bringen. Klar, das hätt' ich genauso gut machen können, aber nein, sie –«

»Sie sind nicht nach Letterkenny gefahren.«

»Wenn ich diesen Scheißkerl erwische, hau ich ihm eine rein, dass ihm die Eckzähne zu den Ohren rausfliegen!«

Ausnahmsweise war Fin mit Diarmuid einer Meinung. »Hör zu, Diarmuid. Ich hab' keine Ahnung, was dieser Peter vorhat, aber er ist gefährlich. Trommel ein paar Leute im Dorf zusammen, wir müssen Lily suchen!«

»Mach ich.«

Fin beendete das Gespräch.

Peter MacAllister hatte Lily. Er war nach wie vor davon überzeugt, dass Fin seinen Vater getötet hatte. Er wollte Rache, und nun hielt er sich an seine Tochter …

Wo waren die beiden? Weshalb hatte Peter ihn hierhergelockt? Es war keine Frage, dass er es gewesen war, der Lilys Handy versteckt hatte. Das war unverkennbar die Handschrift von Peter MacAllister. Er hatte Pebbles nie leiden können, ihm war eine solche Tierquälerei durchaus zuzutrauen. Aber zu was war er sonst noch fähig?

Er musste Kenny Gallagher finden. Er musste Peter beweisen, dass er den Falschen im Visier hatte. Er musste ihn aufhalten, ehe er Lily etwas antun konnte. Er hatte keine Zeit zu verlieren.

»Komm Pebbles!« Er pfiff nach dem Hund. »Rein mit dir ins Auto!«

Hier konnte er nichts mehr ausrichten. Er könnte natürlich das gesamte Anwesen nach Lily durchkämmen, aber er war sicher, dass sie nicht hier war.

In dem Moment, als er sich auf das Auto zubewegte, fiel ein Schuss.

Fin tauchte ins nächste Gebüsch. Stachelige Äste piekston in sein Gesicht. Seine lädierte Rippe protestierte. Er hatte keinen Schimmer, aus welcher Richtung der Schuss gekommen war.

»Pebbles!«

Die Hündin stand neben dem Wagen und sah ihn mit gespitzten Ohren an, als wolle sie ihn fragen, was für eine Art Spiel das nun wieder sei.

Wieder knallte es. Sand spritzte auf. Pebbles zuckte zusammen, blickte ihn ratlos an, machte aber keinerlei Anstalten aus der Schusslinie zu gehen.

»Pebbles! Verzieh dich!«, zischte Fin.

Pebbles legte den Kopf schief, wedelte mit dem Schwanz und zeigte sich einmal mehr äußerst begriffsstutzig.

»Pebbles! Platz! Verdammt, oder geh in Deckung!«

Wieder ein Schuss. Eine Kugel hämmerte gegen den Kotflügel. Der Hund mit dem weißen Fell gab eine perfekte Zielscheibe ab. Aber Fin wollte nicht warten, bis der unbekannte Schütze sich warmgeschossen hatte. Er sprintete los, packte den verdutzten Hund am Halsband, zog ihn mit sich und ließ sich hinter das Auto fallen, begleitet von einer ganzen Salve von Schüssen.

»Scheiße, verdammte!«, fluchte er und wehrte Pebbles ab, die sein Gesicht abschlecken wollte. Wenigstens schien ihr dieses Spiel zu gefallen.

Er versuchte, die Schusslinie zu bestimmen. Nach seiner Einschätzung saß der Schütze irgendwo im Haus, hatte alles im Blick und ballerte los, sobald sich etwas rührte. Hinter dem Wagen war er im Augenblick in Sicherheit, hockte aber wie die Maus in der Falle.

Er war sich sicher, dass der Schütze Peter MacAllister war. Schließlich hatte er ihn hierhergelockt. Ob Lily bei ihm war?

»Peter! Hören Sie! Ich habe Ihren Vater nicht umgebracht!«, wagte er einen Vorstoß.

Die Antwort war eine weitere Kugel.

»Aber ich weiß, wer es getan hat!«

Er wartete.

Keine Reaktion.

»Peter! Lassen Sie Lily gehen! Sie hat nichts mit der Sache zu tun!«

Die nächste Kugel tauchte keine zwei Meter von ihm entfernt in den Sand.

Fin kannte sich mit Waffen nicht wirklich aus. Er schätzte, dass der Schütze wahrscheinlich einen Revolver hatte oder eine Pistole. Mit einem Gewehr wäre er auf die Distanz weitaus effektiver, weil er damit besser zielen konnte. Ein zugegeben schwacher Trost. Er hoffte, dass seine Vermutung richtig war, während er die Entfernung zur nächstmöglichen Deckung abschätzte. Der verwilderte Garten, der zum Meer hin terrassenartig abfiel, war vom Haus aus nur schlecht einsehbar mit seinen Mauern und Sträuchern.

Er atmete einmal tief durch, gab Pebbles einen aufmunternden Klaps und startete durch. Duckte sich unter den Schüssen weg, versuchte sich im Zickzack wie ein gejagter Hase und stürzte sich hinter die Reste eines Gewächshauses. Pebbles schien den Sinn des Spiels allmählich zu begreifen und folgte dichtauf.

Fin lehnte sich mit dem Rücken gegen das Fundament aus brüchigen Backsteinen und verschnaufte erstmal, während Pebbles ihn erwartungsvoll anschaute. Er musste irgendwie ins Haus hinein, ohne dass Peter ihn entdeckte. Vielleicht konnte er sich bis zum Strand durchschlagen und dann von hinten an die Ruine ranschleichen. Wenn er auf allen Vieren krabbelte, bot ihm die Mauer noch eine gute Strecke Schutz. Eine andere Wahl hatte er eh nicht.

Es war bereits das zweite Mal, dass er in Donegal Bekanntschaft mit einem Heckenschützen machte. Nein, er war wirklich nicht fürs Landleben geschaffen. Hier draußen war die Luft eindeutig bleihaltiger als in der Stadt.

Fin machte sich auf den Weg, kroch unterhalb der Mauerkante entlang, soweit es möglich war.

Wieder peitschten Schüsse und prallten von den Steinen ab. Der Schütze ballerte einfach ins Blaue. Sehen konnte er Fin nicht.

Unbeschadet erreichte er das Ende der Gartenanlage, warf sich über eine Begrenzungsmauer und landete im Graben neben der Zufahrtsstraße. Sekunden später ein Schatten über ihm. Pebbles landete weich auf seinem Bauch.

»Pebbles, du …« Er schnappte nach Luft. Wieder eine nasse Zunge in seinem Gesicht. »Lass das!«

Er spähte hinüber zum Strand. Dort könnte er in den Dünen untertauchen, das Gras würde ihm Deckung geben. Aber bis dorthin waren es bestimmt noch hundert Meter. Hundert Meter ohne Deckung. Hundert Meter freies Schussfeld bei bester Sicht.

Er saß fest.

Wenigstens war der Graben trocken. Die Sonne war mittlerweile aufgegangen und bereitete sich auf einen warmen Tag vor. Der Frühling gab sich dieses Jahr alle Mühe, und zu jedem anderen Zeitpunkt in seinem Leben hätte sich Fin darüber gefreut.

Die Vorstellung, Lily in den Händen dieses bewaffneten, neurotischen Bengels zu wissen, machte ihn wahnsinnig. Warum in Gottes Namen hatte er sich bloß in diese Sache reinziehen lassen? Warum hatte er nicht gleich die Polizei gerufen, wie es seine verdammte staatsbürgerliche Pflicht war? Warum hatte er sich auf Billy MacGann eingelassen?

Warum war er in dieses verfluchte Dorf gezogen?

Irgendetwas musste er tun! Er wollte nicht in einem einsamen Straßengraben versauern, während seine Tochter um ihr Leben fürchtete! Aber ohne Waffe?

Sein Handy fiel ihm ein. Er könnte versuchen, Hilfe zu holen. Entgeistert starrte er aufs Display.

Kein Netz.

Das musste er nicht wirklich verstehen.

Halt, er hatte ja noch Lilys Handy. Aber wen sollte er anrufen? Diarmuid? Besser als nichts. Er suchte die Nummer.

Plötzlich bremste ein Wagen neben ihm, Kies flog ihm um die Ohren. Er sah nur die blauweißgelben Farben der Garda und zog instinktiv den Kopf ein, als die Beifahrertür aufflog.

»Können Sie mir vielleicht verraten, was Sie da unten treiben, O'Malley?«

Fin konnte sich vorstellen, dass er eine ziemlich lächerliche Figur abgab, wie er da unten im Straßengraben lag, telefonierte und geistesabwesend den Hund kraulte. Aber Caitlin da Silva sah nicht aus, als ob sie zum Lachen aufgelegt war.

Sie kochte.

»Was ich hier mache?« Gegenfragen waren taktisch gut. Erstmal Zeit schinden. »Ich ... ähm, gehe in Deckung?«

»In Deckung?« Ihre Augen funkelten wütend. Die kleine Falte zwischen ihren Brauen war tiefer als der Graben zwischen Engländern und Iren.

»Vor den Schüssen ...«

»Schüsse? Welche Schüsse?«, schnappte sie.

Die Frage war zweifellos berechtigt.

Friedlich zogen schneeweiße Möwen ihre Bahnen über den blauen Himmel, das Meer rauschte sanft. Ein lauer Wind fächelte durchs Gestrüpp und brachte den Geruch von frischem Gras mit sich. Drüben über dem Festland plärrte ein Kuckuck, der erste, den Fin in diesem Frühling hörte. Eine dicke Hummel dröhnte geschäftig vorbei. Und nirgends das geringste Anzeichen, dass irgendwer Fin nach dem Leben trachtete. Die einzige gefährliche Schwingung, die die Luft spürbar auflud, ging von der Frau aus, die aus dem Polizeijeep kletterte und sich vor ihm aufbaute.

»O'Malley, wollen Sie mich verarschen?«

Fin rappelte sich aus dem Graben hoch und klopfte Grashalme und dürre Ästchen ab, die er bei seiner Flucht eingesammelt hatte. Er duckte sich eingeschüchtert. »Aber da war jemand, der hat –«

»Hier ist niemand!«, unterbrach sie ihn barsch, »Was soll also der Scheiß?«

Fin traute dem Frieden nicht wirklich und schaute sich

sicherheitshalber nach allen Seiten um, ehe er den schützenden Graben verließ. Pebbles schnüffelte neugierig an Caitlins Hosenbeinen, aber sie würdigte sie keines Blickes.

»Wer soll auf Sie geschossen haben? Derselbe, der Ihnen den Balken an den Kopf geworfen hat?«

Sie glaubte ihm nicht. Natürlich nicht. Wahrscheinlich hatte Peter den Jeep der Garda gesehen und schleunigst das Weite gesucht. Zwar hatte Fin sie auf die Spur von Kenny Gallagher und Nancy MacAllister gebracht, aber diesen möglichen Bonus durch seine letzte Aktion gnadenlos verspielt. »Aber damals war noch jemand im Haus gewesen. Sie waren doch selber dabei«, wagte er einen fast zaghaften Einwurf, »der schwarze Wagen …«

Caitlin seufzte und schüttelte den Kopf. »O'Malley, Sie machen mich wahnsinnig…« Sie wandte sich an den jungen Uniformierten, der hinterm Steuer saß und alles mit ausdrucksloser Miene verfolgt hatte. »Danke, Simon, Sie können zurückfahren, ich brauche Sie nicht mehr.« Und schlug die Tür zu. Der Polizist zögerte, seinen Blick konnte man trotz der dunklen Sonnenbrille ohne Mühe als skeptisch, wenn nicht sogar misstrauisch deuten. Erst als Caitlin nachdrücklich nickte, gab er schließlich Gas und fuhr los.

Caitlin machte sich auf den Weg zum Haus, wo sie ihren Wagen entdeckt hatte. »Warum sind Sie abgehauen?«, fragte sie über die Schulter Fin, der missmutig hinterdrein tappte.

»Wegen Lily.«

»Lily? Was hat Ihre Tochter damit zu tun?«

»Sie ist mit Peter MacAllister weg.«

»Peter MacAllister? Wo kommt der ins Spiel?«

Den genauen Zeitpunkt wusste Fin selber nicht so genau. Er konnte nur Vermutungen anstellen. »Ich hab' Ihnen doch erzählt, dass Peter mich verdächtigt, mit dem Verschwinden seines Vaters was zu tun zu haben.«

»Und das nicht ganz zu Unrecht.«

»Ich nehme an, er denkt immer noch, ich hätte MacAllister getötet. Und er versucht, über Lily an mich ranzukommen, um sich an mir zu rächen.«

»Verdammt weit hergeholt, finden Sie nicht, O'Malley?«

Fin zuckte mit den Achseln. »Ich weiß nicht, wo meine Tochter steckt. Ich weiß nur, dass die beiden zusammen unterwegs sind.« Er versuchte, ruhig zu bleiben. Er brauchte einen Verbündeten. Er musste Caitlin irgendwie überzeugen. »Wer sonst sollte auf mich schießen?«

Caitlin blieb stehen und sah ihn entgeistert an. »Peter MacAllister?«

Er nickte.

»Wie kommen Sie auf diese Schnapsidee?«

»Warum nicht? Nur weil er als Zwölfjähriger einen Klavierwettbewerb gewonnen hat, heißt das noch lange nicht, dass seine zarten Finger nicht in der Lage sind, eine Pistole abzufeuern.«

Sie schüttelte ungläubig den Kopf.

»Peter hat mich hierhergelockt und ich gehe jede Wette ein, dass er es war, der auf mich geschossen hat.«

Sie hatten Caitlins Wagen erreicht. Fin blieb demonstrativ neben dem Einschussloch am Kotflügel stehen. Sie konnte es gar nicht übersehen. »Ich habe mir die Schüsse nicht eingebildet ...«

Caitlin ging in die Hocke und besah sich den Schaden. Warf einen Blick auf den zersplitterten Scheinwerfer, den ganz offensichtlich eine weitere Kugel auf dem Gewissen hatte.

»In MacAllisters Garage in Derry ...«, begann Fin.

»Ja?«

»Der Kram aus dem Baucontainer bei Cruit Castle, Schlafsack, Klamotten und so weiter ...«

»Hatten Sie einen Durchsuchungsbeschluss?«

Fin überhörte ihren Einwand. »Gallagher hat seine ganzen Sachen bei Nancy versteckt. Wir sollten das Beweismaterial sichern, ehe sie's verschwinden lassen.«

Sie zögerte.

»Wir müssen Kenny Gallagher finden«, fügte er mit Nachdruck hinzu.

Sie blinzelte ihn von unten an, ihr Blick sprach Bände.

»Wir?«

»Ja, gut, *Sie* müssen Kenny Gallagher finden«, lenkte er ein, »vielleicht glaubt Peter dann endlich, dass ich mit den Morden nichts zu tun habe.«

Der Zündschlüssel steckte noch. »Hören Sie, O'Malley, wenn Peter MacAllister tatsächlich glaubt, dass Sie was mit dem Tod seines Vaters zu tun haben, dann haben Sie sich das selber zuzuschreiben. Sie haben schließlich –«

»Es geht nicht um mich, Inspector, es geht um meine Tochter«, unterbrach er sie ungeduldig.

»Das sind doch Hirngespinste! Nur weil Peter MacAllister vielleicht ein Auge auf Ihre Tochter geworfen hat und Ihre väterliche Eifersucht ...«

Fin hieb mit der flachen Hand auf die Motorhaube. »Herrgottnochmal, der Kerl hat mich schon mal mit 'ner Waffe bedroht!«, entfuhr es ihm. Irgendwo blökte ein Schaf.

»Davon haben Sie gar nichts erzählt ...« Sie musterte ihn skeptisch. Das Schaf überhörte sie.

»Ich dachte ... es sei, naja ...«

»... es sei nicht wichtig?« Auch Caitlin da Silva hatte in ihrer Karriere genug Zeugenaussagen gehört, um zu wissen, wie bescheuert er sich verhalten hatte. Sie baute sich vor ihm auf. »Mann, O'Malley, und Sie sind Polizist gewesen? Haben Sie noch mehr auf Lager, was Ihrer Ansicht nach nicht wichtig ist?«

Fin antwortete nicht. Er schielte nervös hinüber zu dem alten

Gemäuer. Vielleicht war Peter doch noch dort. Und beobachtete ihn. Mit Lily.

Caitlin erbarmte sich. Sie zog ihre Waffe und entsicherte sie. »Schön, durchsuchen wir den Kasten.«

Das Erdgeschoss war schnell durchkämmt. Keine knarrenden Dielen in der Bibliothek, kein Schatten, der sich im Salon davonstahl. Im renovierten Seitentrakt fanden sie eine intakte Treppe, die in die zweite Etage führte. Aber nur ein einziger Flügel des weitläufigen Baus war noch begehbar. Eine Handvoll Zimmer, die Dielenböden alles andere als vertrauenerweckend, mehr war vom oberen Stockwerk nicht übrig geblieben. In einem der vorderen Zimmer lag eine leere Munitionsschachtel unter einem Fenster. Von hier aus hatte der Schütze sein Ziel ins Visier genommen.

Fin suchte nach Spuren von Lily.

»Ist Ihnen schon mal der Gedanke gekommen, dass Bertrand MacAllister gar nicht der Vater von Peter ist?«, fragte Caitlin da Silva, während sie sich umschaute, vorsichtig, um nicht mit einem unbedachten Schritt eine Etage tiefer zu landen.

»Wie kommen Sie darauf?«

»Erinnern Sie sich, was Nancy MacAllister erzählt hat? Kurz nach der Liaison mit Kenny Gallagher hat sie MacAllister kennengelernt, sie ist nach Derry gegangen, dann kam Peter zur Welt –«

»Sie glauben, die schöne Nancy hat ihrem Bertrand ein Kuckuckskind untergeschoben?«

»Möglich wär's. Oder?«

War der Mörder des Mannes, den Peter sein Leben lang für seinen Vater gehalten hatte, in Wahrheit sein leiblicher Vater? Wusste Kenny Gallagher, dass er möglicherweise einen Sohn hatte? Ein Grund mehr, den Nebenbuhler aus dem Weg zu räumen?

Die Antworten auf diese Fragen mussten warten.

Peter MacAllister war fort, die Ruine leer und verlassen, wenn man von Tauben und Mäusen absah.

»Sind Sie nun zufrieden?« Sie steckte ihre Waffe wieder ein.

Nein, zufrieden war er erst, wenn er Lily in Sicherheit wusste.

Sie gingen zurück zum Wagen.

»Kann ich Sie irgendwo absetzen?« Wenigstens wollte sie ihn nicht sich selbst überlassen.

»Foley«, antwortete Fin und verfrachtete Pebbles auf die Rückbank. Wenn er Lily suchen wollte, brauchte er einen fahrbaren Untersatz.

Caitlin stieß den Wagen zurück und brauste los. Aus dem Hintergrund ertönte ein zartes Blöken. Sie sah irritiert in den Rückspiegel, konnte aber nirgends ein Schaf entdecken.

Fin schaute aus dem Fenster und tat, als hätte er nichts gehört.

Sie waren keine zehn Minuten auf der Straße, als ihnen ein Lieferwagen entgegen kam. Wenn Ciarán O'Connor auf dem Weg war, um Waren einzukaufen, fuhr er in die falsche Richtung. Dahinter der knallrote Abschleppwagen von Brian, gefolgt von Sean MacEvoys Van, in dem noch mindestens fünf weitere Personen saßen. Eine Minute später brauste der Pfarrer an ihnen vorbei, auf dem Beifahrersitz Nora Nichols. Keiner erkannte ihn in Caitlins Wagen.

»Gibt 's hier irgendwo was umsonst?«, fragte Caitlin neugierig.

»Nein. Die suchen alle nach Lily.« Fin war überwältigt von der spontanen Anteilnahme der Dorfgemeinschaft an der Suchaktion. Vielleicht gehörte er ja doch ein ganz klein wenig dazu.

20. HIGH NOON

Caitlin da Silva stoppte den Wagen auf der einzigen Kreuzung von Foley. Zum *Fisherman* waren es nur ein paar Schritte. Sie ließ den Motor laufen. Er hatte schon die Hand am Türgriff, aber er war noch nicht entlassen.

»Fin?«

Er sah sie an. Ungeduldig. Er hatte keine Zeit, er musste Lily suchen.

»Mein Chef macht mir ziemlichen Ärger wegen Derry.«

»Tut mir leid.« Er sagte es daher wie eine beliebige Floskel. »Sie hätten Costello informieren müssen.«

»Ich dachte, ich könnte Ihnen vertrauen«, erklärte sie ungewohnt offen, »stattdessen lassen Sie mich hängen. Warum sind Sie nicht zu mir gekommen? Wir hätten Letterkenny benachrichtigen können. Ein Einsatzwagen wäre schneller bei Cruit Castle gewesen.«

»Vielleicht.« Meinte sie das ehrlich oder war das ein Trick? Zu jedem anderen Zeitpunkt hätte er sich liebend gerne mit dem Papst über Glauben unterhalten, mit dem Dalai Lama über Glück und, wenn's sein musste, mit Caitlin da Silva auch über Vertrauen. Aber hier und jetzt konnte er nur einen einzigen klaren Gedanken fassen.

Caitlin spürte es. Sie seufzte. »Wir werden Kenny Gallagher finden.«

Fin erwiderte nichts, saß nur da wie ein Knallfrosch kurz

vorm Zünden, starrte geradeaus und wartete ungeduldig darauf, dass sie mit ihrer Ansprache fertig war.

»Vielleicht bringt er ja ein wenig Licht in die Sache.«

»Viel Glück.« Seine Finger trommelten auf dem Türgriff. Sie war fertig. Endlich.

Nicht ganz. »Hören Sie –«

»Ja?«

»Versprechen Sie mir eins.« Sie versuchte vergeblich, seinen Blick aufzufangen. »Keine Alleingänge mehr.«

Er setzte zu einer Antwort an, überlegte es sich aber anders. So musste er wenigstens nicht lügen. Was er nicht versprach, daran brauchte er sich auch nicht zu halten. Wenn es um seine Tochter ging, waren für ihn alle Regeln außer Kraft gesetzt.

Er sah ihr an, dass sie seine Gedankengänge erraten hatte.

»Passen Sie auf sich auf.«

Sie schien es ehrlich zu meinen.

Wortlos stieg er aus, holte Pebbles und warf die Tür zu.

Sie fuhr davon. Er sah dem Wagen hinterher und war für einen kurzen Augenblick versucht zu glauben, dass Caitlin da Silva sich möglicherweise Sorgen um ihn machte. Eine Vorstellung, für die er sich durchaus erwärmen konnte. Doch das Treiben auf der Dorfstraße holte ihn rasch und rücksichtslos zurück in eine unromantische Realität.

Es herrschte Aufbruchstimmung. Alle Einwohner von Foley waren auf den Beinen, ein Auto nach dem anderen verließ das Dorf. Wenigstens diese Menschen hatte er überzeugt. Seltsam war nur, dass keiner von ihm Notiz nahm.

Auf dem Weg zum Pub kam ihm Brenda entgegen. Sie hatte es eilig, rannte fast, so schnell sie ihre kurzen stämmigen Beine tragen konnten, in einer Hand eine Kühltasche, in der anderen einen bunten Klappstuhl.

»Brenda, was –«

»Keine Zeit, Fin.« Sie rauschte an ihm vorbei. »Im Kühlschrank ist noch ein Rest Stew von gestern Abend. Den kannst du dir aufwärmen, wenn du Hunger hast.« Sprach's, kletterte in ein wartendes Auto und war verschwunden.

Fin schaute ihr verwundert hinterher. Was wollte sie mit Kühltasche und Klappstuhl? Das war eine Suchaktion, kein Betriebsausflug! Und an Essen konnte er jetzt schon gar nicht denken!

Er schüttelte den Kopf und lief ins Pub. Die Autoschlüssel holen und dann los. Er hatte völlig vergessen, Caitlin da Silva von dem kleinen Schaf in ihrem Kofferraum zu erzählen. Darum würde er sich später kümmern.

Das Pub war leer bis auf Diarmuid, der betont lässig hinter der Theke lehnte und den Hausherrn markierte. In der übergroßen schwarzen Kapuzenjacke wirkte er noch länger und dünner als er eh schon war. Er war fast so groß wie sein Vater. Er fuhr auf, als Fin hereinkam, den Hund auf dem Fuß.

»Du hast Lily gefunden?«, platzte er heraus.

»Nein –«

»Aber Pebbles ... wieso ...«, er blickte ihn fragend an, »Lily hat sie doch mitgenommen, als sie –«

»Das ist 'ne komplizierte Geschichte«, wiegelte Fin ab und deutete vage hinter sich in Richtung Dorf, »kannst du mir sagen, was da draußen los ist?«

Diarmuid fuhr sich durch die blauen Strähnen und hob seine schmalen Schultern. »Keine Ahnung. Irgendwie hatten es alle eilig, keiner wollte was sagen, als ich gefragt habe.«

»Das heißt, die suchen gar nicht nach Lily?«

Diarmuid schüttelte den Kopf.

Soviel zu seiner wunderbaren Illusion einer fabelhaften Dorfgemeinschaft. Hier war wohl eher der Wunsch der Vater des Gedankens gewesen. Die bittere Wahrheit war, dass sich niemand für Fin interessierte. Oder für die Gefahr, in der Lily schwebte.

»Hast du Kenny Gallagher gesehen?«

»Wen?«

Fin hatte völlig vergessen, dass Gallagher unter falscher Flagge segelte. »Der Amerikaner. Der Typ, der Samstag mit deinem Dad hier war.«

»Gallagher? Wieso Gallagher? Hieß der nicht –«

»Hast du?« Fin wurde ungeduldig. Er hatte keine Zeit für lange Erklärungen.

»Nee.«

In der Küche schepperte es. Pebbles hatte ihre Futterschüssel gefunden und festgestellt, dass sie leer war. Lautstark machte sie ihrer Enttäuschung Luft.

»Und dein Dad?«

Diarmuid zuckte mit den Achseln. Was immer das heißen mochte.

»Wann sind Lily und Peter weg?«

»Er hat sie gegen vier abgeholt«, erzählte Diarmuid, »sie hatte erst gar nicht fahren wollen, aber dieser Peter hat ihr mit zuckersüßer Stimme klargemacht, dass du recht hättest, es wäre viel zu gefährlich hier. Hier würd' 'n Mörder frei rumlaufen, sie sollte doch lieber zurück nach Dublin fahren, blablabla ...« Er schnaubte verächtlich. »Er wollte sie nach Letterkenny zum Bus bringen. Der letzte geht gegen acht.« Er schnitt eine Grimasse und äffte Peters Stimme nach. »Wir können ja vorher noch zusammen 'nen Kaffee trinken oder so.«

Fin konnte sich die Charme-Offensive eines Peter MacAllister lebhaft vorstellen. Wahrscheinlich hatte er nicht lange gebraucht, um einen fünfzehnjährigen Teenager zu überzeugen, in seinen Wagen zu steigen.

Er fragte sich, wie Peter es schließlich geschafft hatte, Lily zur Ruine zu lotsen. Vielleicht hatte er ihr weisgemacht, er hätte eine Spur gefunden, und Lily, begierig darauf, ihren Vater von allen Verdächtigungen reinzuwaschen, war nur allzu gern darauf angesprungen. Ein bisschen Abenteuerlust hatte wahrscheinlich den Ausschlag gegeben. Dass seine Tochter die letzte SMS geschickt hatte, bezweifelte Fin. Die ging auf Peters Konto.

Peter würde Lily nichts tun. Er wollte ihn, Fin. Und solange er ihn nicht hatte, brauchte er Lily. Er würde ihr kein Haar krümmen. Fin glaubte fest daran. Wider Erwarten beruhigte es ihn nicht.

Aber wo steckten die beiden jetzt?

Und wo war Kenny Gallagher? War er in Foley? Kannte er sich gut genug aus, um sich hier zu verstecken?

Wieder schepperte es. Pebbles kam aus der Küche getrottet und schob ihre Futterschüssel mit der Schnauze vor sich her. Erwartungsvoll schaute sie von einem zum anderen.

Fin seufzte. »Diarmuid, könntest du bitte den Hund füttern?« Er musste nachdenken. »Brenda sagte, es wär noch Stew im Kühlschrank.«

Diarmuid zögerte einen Moment, schien zu überlegen, ob Lilys Vater ihm was zu sagen hätte, fügte sich aber.

Fin überlegte. Er hatte schon einmal die falsche Entscheidung getroffen. Und letztendlich Lily damit in Gefahr gebracht. »Wir müssen die Polizei rufen.«

Diarmuid kam mit einem großen Topf aus der Küche und füllte eine große Portion kalten Eintopf in den Futternapf. Pebbles wuselte ungeduldig um ihn herum.

»Wir brauchen hier keine Polizei«, kommentierte Diarmuid, ohne aufzuschauen, »wir regeln das auf unsre Art.«

Fin hatte die blöden Sprüche langsam satt.

»Diarmuid, Peter MacAllister hat Lily entführt, weil er glaubt, auf diese Weise an mich ranzukommen. Der wartet nur darauf, dass ich irgendeinen Fehler mache, damit er sich an mir rächen kann. Dieser Idiot glaubt, dass ich seinen Alten auf dem Gewissen habe«, versuchte Fin den Jungen zu überzeugen, »aber der wahre Mörder ist dieser Gallagher, der mit seinen Lügengeschichten sogar deinen Vater um den kleinen Finger gewickelt hat.«

»Glaub ich nicht.« Niemand konnte Billy »Blue Boy« MacGann hinters Licht führen.

Offenbar war nicht einmal Diarmuid bereit, sich auf seine Seite zu schlagen.

Die angelehnte Tür bewegte sich kaum merklich, die rote Katze glitt durch den Spalt und stolzierte mit majestätischen Schritten herein.

Pebbles erstarrte. Was sollte sie jetzt tun? Die Flucht ergreifen und das Futter dem Feind überlassen? Oder die Stellung halten und der roten Furie entgegentreten?

Sie versuchte es mit einem warnenden Grollen.

Die Katze blieb stehen, funkelte den Hund aus schmalen Augenschlitzen an und machte einen Buckel. Das genügte.

Pebbles verschwand in die Küche.

»Angsthase!«, rief Diarmuid ihr hinterher, »Du bist viel größer und stärker als sie!«

Die Katze war da anderer Meinung. In diesem Haus gab es nur einen Boss, und der trug roten Pelz und scharfe Krallen. Mit einem eleganten Satz landete sie auf dem Tresen und strich mit der Schwanzspitze über Fins Gesicht. Sie maunzte unmissverständlich, forderte ihren Anteil am Futter ein.

Aber sie stieß auf taube Ohren. »Ich muss diesen Gallagher finden, bevor Peter mich findet«, erklärte Fin und ging, um die Tür zu schließen, »bevor Peter Lily etwas antut.«

»Er wird ihr nichts tun, dafür werde ich schon sorgen«, behauptete Diarmuid selbstsicher, »wenn der Kerl hier auftaucht, kriegt er's mit mir zu tun.«

Fin sah durch das Fenster auf die Straße. Unten an der Kreuzung zum Hafen stand ein Wagen. Ein schwarzer BMW. Kenny Gallaghers Wagen? Fin war sich sicher, dass er eben noch nicht dagestanden hatte. Diesen Wagen hätte er garantiert nicht übersehen.

Diarmuid war seinem Blick gefolgt. »Das ist Peters Karre!«

Er drängte an Fin vorbei, wollte hinaus auf die Straße, aber Fin packte seine Kapuze und bremste ihn aus.

»Stopp! Du nicht!«

»Aber ...«

Er schubste den meuternden Jungen zurück in die Kneipe.

»Diarmuid, sei vernünftig, manche Dinge sollte man wirklich besser der Polizei überlassen«, sagte Fin, ohne den Wagen aus den Augen zu lassen. Vor allem dann, wenn man allein auf weiter Flur war.

»Du hast ja keinen Schimmer, wie vernünftig ich sein kann. Ich werd' diesem MacAllister schon zeigen, dass mit uns Leuten aus Foley nicht zu spaßen ist. Wenn's sein muss, hiermit!«

Etwas Hartes knallte auf den Tresen. Fin drehte sich um und blickte in Diarmuids triumphierendes Gesicht. Vor ihm lag eine Pistole.

»Wo hast du die her?«

»Gefunden.«

»Gefunden?« Die Waffe kam ihm bekannt vor.

»In deiner Kommode. Du hattest die Knarre ganz gut versteckt, aber nicht gut genug«, grinste Diarmuid und strich über den stählernen Lauf, als hätte er gerade den heißbegehrten ersten Preis in einer Tombola eingestrichen. »Als Lily ihre Sachen gepackt hat, hat sie deinen Pullover gesucht. Sie wollte das olle Teil, das Nora für dich gestrickt hat, unbedingt haben. Du wolltest ihn doch eh nicht ...«

Fin war mit drei Schritten an der Theke und riss die Waffe an sich, ehe Diarmuid reagieren konnte.

»Idiot!«

»He!«, protestierte Diarmuid. »Gib sie mir sofort zurück!«

»Ruf lieber die Polizei!«

Diarmuid baute sich vor ihm auf. »Hör zu, Alter, wenn du zu feige bist, um diesen MacAllister umzunieten, dann gib lieber mir das Teil«, meinte er selbstgefällig und hielt die Hand auf, »ich werd' mit dem Arschloch schon fertig.«

»Einen Dreck wirst du.« Allmählich ging ihm der Junge auf den Geist. Es steckte entschieden zuviel MacGann in ihm. »Du hängst dich jetzt auf der Stelle ans Telefon! Frag nach Detective Inspector da Silva. Sie ist noch unterwegs. Sie sollen sie anfunken. Und lass dich nicht abwimmeln!«

Fin überprüfte das Magazin. Es war voll. Waffen waren nie sein Ding gewesen und er hoffte, dass er die hier nicht brauchen würde. Vorsichtshalber entsicherte er sie trotzdem.

Nein, er würde nicht denselben Fehler zweimal machen. Vor allem würde er nicht anderen die Lösung seiner Probleme überlassen. Er warf einen kurzen Blick hinaus auf die Straße und wandte sich an Diarmuid, schnauzte ihn an, wie Billy es üblicherweise tat, in der Hoffnung, dass es etwas nützte. »Du bleibst hier drin, verstanden? Was auch passiert, du rührst dich nicht vom Fleck!«

Ehe der Junge widersprechen konnte, war Fin zur Tür hinaus.

Im Dorf war es ungewöhnlich still. Geradezu gespenstisch still. Fin ging die paar Meter bis zur Kreuzung und sah sich um. Keine Menschenseele war zu sehen, die Hauptstraße lag öde und verlassen in der milden Frühlingssonne. Selbst die Möwen zogen lautlos ihre Bahnen. Über den Hügeln bauschten sich ein paar friedliche weiße Wolken. Zwei Dohlen hockten auf dem Dachfirst von O'Connors Laden. Ein Schild hing in der Tür. *Heute geschlossen.*

Wohin waren mit einem Mal alle verschwunden? Wieso hatten sie es so eilig gehabt? Was hatten sie vor? Etwas Illegales? Würde er am Ende dankbar sein, dass sie ihn nicht eingeweiht hatten?

Tatsache war, er war allein und das fühlte sich überhaupt nicht gut an. Vielleicht sollte er doch lieber warten, bis die Polizei kam. Vor Diarmuid als Feigling dazustehen, damit konnte er leben.

Die Mittagssonne schien gleißend hell, er musste die Augen zusammenkneifen, wenn er etwas erkennen wollte. Drüben am Ende der Dorfstraße vor dem Cottage von Nora Nichols parkte ein Wagen am Straßenrand. Er blinzelte. Er glaubte, Billys schwarzen Porsche zu erkennen. Wieso war er nicht mit den anderen unterwegs? Fin wäre es lieber gewesen, er hätte gewusst, wo Billy MacGann sich rumtrieb. Ob Kenny Gallagher bei ihm war?

Nancy MacAllister und Kenny Gallagher waren ein Team, aber Fin war nach wie vor nicht klar, wie tief Billy in der Sache mit drin steckte. War er der Dritte im Bunde oder arbeitete er auf eigene Rechnung? Gut möglich, dass Fin es mit zwei Gegnern zu tun hatte. Wenn er Pech hatte, lief er direkt in einen Hinterhalt.

Unwillkürlich packte er die Pistole fester. Eigentlich sollte ihm die Waffe Sicherheit geben. Aber das Gegenteil war der Fall. Ein kalter Fremdkörper in seiner feuchten Hand.

Oder war auch Billy auf der Suche nach dem Gauner? Hatte Billy nach dem Streit im Pub seinen Geschäftspartner durchschaut? Hatte die alte Nora ihrem Neffen mittlerweile gesteckt, wer der angebliche Amerikaner in Wirklichkeit war?

Fin hoffte, dass er Gallagher fand, bevor Billy ihn fand. Der Ex-IRA-Mann hatte einen ausgesprochen nachtragenden Charakter.

Oder wusste Kenny Gallagher bereits, dass sein schöner Plan aufgeflogen war? Hatte er sich längst über alle Berge Donegals davongemacht?

Fin ging hinüber zu dem geparkten BMW. Ein sportlicher Zweisitzer, MacAllisters Erbe zeigte sich standesbewusst. Der

Wagen war erwartungsgemäß leer, keine Spur von Peter oder Lily. Wo steckten die zwei? Weit konnten sie nicht sein, das Dorf war überschaubar. Fin ließ den Blick über den Hafen schweifen, über die Mole, die aufgestapelten, ausrangierten Hummerkörbe, die beiden vergammelten Kutter, die schon seit Jahren vor sich hinrotteten. Eine Möwe hockte auf einem zusammengerollten Tau und erwiderte seinen Blick. Selbst das Meer übte sich in vornehmer Zurückhaltung, die Wellen murmelten leise. Wie ein wohlerzogenes Publikum, das darauf wartete, dass sich der Vorhang zum ersten Akt hob.

»Dad!«

Fin fuhr herum.

»Schön, Sie wiederzusehen …« Fast wollte man meinen, Peter MacAllister glaubte, was er sagte, aber das hochmütige Lächeln in seinen Augen strafte seine Worte Lügen. Sein Mund lächelte nicht.

Fin fragte sich, zwischen welchen Mauern er sich versteckt hatte, um seinen großen Auftritt abzuwarten. Da stand er jetzt mitten auf der Straße, keine zwanzig Meter von ihm entfernt. Selbstsicher, breitbeinig, das makellos weiße Hemd leger über den Bluejeans. Der Wind zauste die blonden Locken. Er hätte an einem Model-Shooting teilnehmen können, nur der Revolver, der lässig in seiner Rechten pendelte, passte nicht so recht ins Bild.

Mit der anderen Hand hielt er Lilys Arm fest. Sie wehrte sich nur halbherzig gegen den Griff, sie hatte die unfreiwillige Gesellschaft schon lange genug ertragen, um zu wissen, wie weit sie gehen konnte. Sie wirkte müde. Hatte Peter sie über Nacht in der Ruine festgehalten? Äußerlich schien sie unversehrt, sie wich dem Blick ihres Vaters aus, wollte keine Schwäche zeigen. Sie blickte trotzig wie ein bockiges Kind, fast schon finster, als warte sie auf eine Gelegenheit, ihren Begleiter dorthin zu treten, wo es richtig weh tat.

Hoffentlich machte sie keinen Blödsinn.

»Lily, bist du okay?«

Sie schnaubte nur verächtlich und versuchte eher reflexartig, sich der Hand an ihrem Arm zu entwinden, aber vergeblich. Fin fragte sich, ob seiner Tochter der Ernst der Lage bewusst war. Ob ihr klar war, dass dies kein Spiel war. Dass die Waffe in Peters Hand echt war. Der orangefarbene Pullover leuchtete grell in der Sonne, er schützte vielleicht vor Kobolden und Geistern, aber seine Wirkung auf Menschen musste er erst noch unter Beweis stellen.

»Kenny Gallagher ist der Mörder Ihres Vaters«, platzte Fin heraus. Er wollte es so schnell wie möglich hinter sich bringen. Er konnte es kaum erwarten, diesen Spuk zu beenden.

»Wer?«

»Der Amerikaner«, half Fin nach, »der Typ, der am Samstag mit Billy MacGann im *Fisherman* war. Derselbe, der in der Firma Ihres Vaters aufgetaucht ist und ihm die Ruine streitig machen wollte.«

»Ich erinnere mich ...«

»Nur dass er kein Amerikaner ist, sondern ein Betrüger«, Fin beobachtete sein Gegenüber genau, »und der Ex-Freund Ihrer Mutter.«

»Wie bitte?« Peter MacAllister schien für einen Moment aus dem Konzept gebracht. »Meine Mutter? Was hat meine Mutter damit zu tun?« Er starrte ihn erstaunt an und fing plötzlich an zu lachen. »Meine Mutter, die blickt doch überhaupt nix. Für sie zählt doch nur, dass ihre Kreditkarte gedeckt ist und ihr Friseur nicht ausgerechnet dann Urlaub macht, wenn sie zu einer Party muss. Ich glaube, sie ist wohl eher froh, dass sie meinen Vater los ist. Für ihren Geschmack hätte sein Abgang allerdings etwas einfacher sein dürfen. Sie ist sauer, weil Schwarz ihr nicht steht.«

Die Erkenntnis, dass seine eigene Mutter möglicherweise in den Tod des Vaters verwickelt sein könnte, war bestimmt ein Schock für ihn. Er glaubte ihm keine Silbe.

Fin musste Zeit gewinnen. Hoffentlich hatte Diarmuid wirklich die Polizei angerufen. Er bezweifelte es.

»Hören Sie, Peter, lassen Sie uns dieses alberne Spiel hier beenden.« Er versuchte ruhig und gelassen zu klingen. »Jeder wird Verständnis für Ihre Reaktion haben. Den Vater durch ein grausames Verbrechen zu verlieren, ist schwer zu ertragen. Aber machen Sie es nicht noch schlimmer als es ist.«

Er versuchte, sein Gegenüber zu beschwichtigen, hielt ihm fast schon entschuldigend die offenen Hände hin, um seine friedlichen Absichten zu demonstrieren, ungeachtet der Tatsache, dass auch in seiner Rechten eine Waffe lag.

»Geben Sie mir den Revolver und lassen Sie Lily gehen.«

Peter schüttelte langsam und bedächtig den Kopf. »Nein, da habe ich andere Pläne ...«

»Pläne?«

»Ich werde das tun, was ich schon die ganze Zeit vorhatte!«

Fin ahnte, worauf er anspielte. »Der Balken in der Ruine, das waren Sie, oder?«

Peter zuckte fast schon entschuldigend mit den Achseln. »Schlecht gezielt. Nochmal wird mir das nicht passieren.«

»Ich bin beeindruckt. Kannst du mich jetzt endlich loslassen?«, motzte Lily übertrieben genervt.

»Halt die Schnauze, das ist eine Sache zwischen Erwachsenen!«, fuhr Peter sie unvermittelt an und packte fester zu.

Lily zuckte zurück. Fin fing für eine Sekunde ihren Blick auf. Doch, sie hatte Angst, aber sie wollte ihm zeigen, dass sie kein kleines Kind mehr war. Und sie vertraute darauf, dass ihr Vater sie da rausholte.

»Lassen Sie Lily gehen. Sie hat nichts damit zu tun.«

Peter schien anderer Meinung zu sein und schüttelte langsam

den Kopf. Es war sein Spiel und er war es, der die Spielregeln aufstellte.

Fin atmete durch und umklammerte seine Pistole fester. »Peter, Sie wollten mich, hier bin ich, also brauchen Sie Lily nicht mehr. Aber … Sie haben den Falschen in Verdacht …«

Sein Gegenüber ließ sich nicht beirren. »Sie haben meinen Vater ermordet.« Seine Stimme klang ruhig, fast sachlich. Wie ein Richter, der die Anklage verlas. Vielleicht ein wenig verärgert, weil sein Plan, den er sich so sorgfältig zurechtgelegt hatte, nun wohl erst im vierten Anlauf klappen wollte. »Ich stelle Sie zur Rede, Sie ziehen eine Waffe, ich wehre mich und erschieße Sie. Klarer Fall von Notwehr.«

»So 'n Schwachsinn!«, entfuhr es Lily neben ihm.

»Das ist nicht Ihr Ernst, oder?«

»Dachte mir schon, dass Ihnen das nicht gefällt«, erwiderte Peter spöttisch.

»Damit kommst du nie durch!«, spuckte Lily fast schon mitleidig aus.

»Warum nicht?«

»Weil die Polizei Ihnen Ihre Story nicht glauben wird.« Fin versuchte, sich an ähnliche Situationen in seiner Polizistenlaufbahn zu erinnern. Deeskalation. Ruhig bleiben. Sicher auftreten. Wie jemand, der die Situation im Griff hat. Bloß nicht provozieren.

»Die Bullen sind doch eh schon hinter Ihnen her. Sie haben schließlich ein Motiv.«

»Ein Motiv?«

Peter MacAllister verdrehte die Augen gen Himmel und lächelte nachsichtig wie ein gütiger Pfarrer, dessen Schäfchen mal wieder in der Sonntagspredigt eingeschlafen waren.

»Cruit Castle.«

»Diese Bruchbude? Ein Mordmotiv?«

»Ganz Foley ist gegen das Projekt. Dieses verfluchte Dorf hat schließlich nicht zum ersten Mal versucht, die Pläne meines Vaters zu durchkreuzen«, erklärte er nüchtern, »aber damit ist jetzt Schluss. Ich werd' mir nicht von euch Bauern auf der Nase rumtanzen lassen, wenn ich die Firma übernehme. Natürlich schmeckt Ihnen das nicht und Sie wollen mich beseitigen. Genau wie meinen Vater.«

»Ich dachte, Sie interessieren sich nur für Musik?«

»Zugegeben, ein netter Zeitvertreib. Meine Mutter hat's gefreut und ich musste all diese blödsinnigen Dinge nicht machen, die mein Alter von mir erwartet hat. Football, Boxen ...«, Peter lächelte, »er meinte schon, ich sei gar kein richtiger MacAllister.«

»Vielleicht hatte er ja recht, vielleicht war er ja gar nicht Ihr Vater«, startete Fin einen Versuchsballon, »vielleicht ist Kenneth Gallagher Ihr Vater?«

»Quatsch! Hören Sie auf mit diesem Gallagher! Ich kenne den Kerl nicht«, Peter schüttelte mit Nachdruck den Kopf, »wenn das ein Trick ist, müssen Sie sich schon was Besseres einfallen lassen.«

Der Ballon entschwebte ins Nirwana.

»Es könnte Zeugen geben«, gab Fin zu bedenken.

»Ach ja? Wo?« Peter schaute sich demonstrativ suchend um. »Ich sehe niemanden. Alle verschwunden. Seltsam, nicht?«

Er hatte recht. Das Dorf war menschenleer, als ob alle Bewohner in ein und demselben Moment beschlossen hätten, auszuwandern. Der Wind fegte eine zerknüllte Zeitung durch den Rinnstein, sonst regte sich nichts. Nicht mal eine verräterische Gardine.

Die Hand mit der Waffe beschrieb einen alles umfassenden Bogen. »Kann es sein, dass dieses Nest hier im Augenblick der einsamste Ort auf der Welt ist?«

High Noon in Foley. Duell auf der Dorfstrasse. Zwei Gegner, die sich gegenüberstanden wie Revolverhelden in einem

Western. Der Vergleich war gar nicht so abwegig. Der Held allein auf weiter Flur, ein ganzes Dorf, das ihn im Stich gelassen hatte.

Held konnte man nur alleine werden, schon deshalb waren Helden notgedrungen immer einsam.

Nein, Held sein fühlte sich nur hinterher gut an.

»Sie haben etwas vergessen.«

Peter legte den Kopf schief und sah ihn abwartend an.

»Was ist mit Lily?«

Es war dieser Blick, mit dem Peter das Mädchen an seiner Seite betrachtete, der Fin nicht gefiel. Ein Blick, den er sonst wohl eher für überfahrene Katzen übrig hatte. Ein Blick, der einen Funken in Fin entzündete, als ob jemand ein Streichholz anriss. Einen Funken, den er sofort wieder löschte.

»Peter, ich habe Ihren Vater nicht getötet.«

Peter wich seinem Blick aus, inspizierte scheinbar interessiert die Spitze seines makellos polierten Schuhs, die einen imaginären Kiesel hin und her schob. Seine Schultern zuckten, fast sah es aus, als unterdrückte er mühsam ein Lachen.

»Das weiß ich.« Er blinzelte unter seinem blonden Pony hervor. Eine Maske aus Hohn und Spott.

Wieder blitzte der Funke auf. Fin blies ihn aus. Nein, das war einfach zu absurd. »Geben Sie auf.«

»Nicht so kurz vorm Ziel.« Peter klang gelangweilt, als ob ihn die Wahrheit überhaupt nicht interessierte. Er hatte sich seine eigene Wahrheit zurechtgelegt. Und wenn diese mit der Realität nicht übereinstimmte, dann musste man eben ein klein wenig nachhelfen.

Der Funken loderte auf. Er war hartnäckig. Wollte Licht in die Sache bringen. Fin gab nach.

»Hatten Sie es geplant?«

Peter schien die Antwort sorgfältig abzuwägen. Was hatte er noch zu verlieren? Wer sollte ihn nun noch aufhalten?

»Nein, nicht wirklich«, antwortete er schließlich selbstbewusst, »es hat sich so ergeben.«

Fin versuchte, Lilys Blick aufzufangen. Wusste sie Bescheid? Nein, sie schaute immer noch drein wie ein beleidigter Backfisch, der sich nicht eingestehen wollte, dass er auf einen gutaussehenden jungen Mann hereingefallen war.

»Eigentlich müsste ich Ihnen dankbar sein, O'Malley.«

»Dankbar? Wofür?« Fin war irritiert.

Wie auch immer Kenneth Gallagher in der Schacherei um die Ruine mit drinhing, an der Ermordung von Bertrand MacAllister war er unschuldig. Peter MacAllister hatte keine Hilfe benötigt bei der Durchführung seines Plans. »Ich hatte absolut keine Idee, was ich mit der Leiche machen sollte. Bis Sie gekommen sind und mir die ganze Arbeit abgenommen haben.«

Was ihn auf die brillante Idee gebracht hatte, die Tat dem Nächstbesten in die Schuhe zu schieben. Fin.

»Netter Zug von Ihnen, die Leiche verschwinden zu lassen. Aber mir war klar, dass die Polizei in jedem Fall ermitteln würde, ob mit oder ohne Leiche. Und die schauen sich immer gern als erstes in der Familie um. Wenn ich also nicht selbst in Verdacht geraten wollte, brauchte ich jemanden, dem ich's in die Schuhe schieben konnte. Und da sind Sie ins Büro geschneit«, er grinste breit, »wenn das mal kein glücklicher Zufall war ...«

Ein Tropfen Öl genügte, um das Feuer zu entfachen.

Konnte man sich so in einem Menschen täuschen? Fin wollte nicht glauben, was er hörte. Wehrte sich gegen den Schwelbrand, der sich langsam in seinem Kopf ausbreitete. Gegen das Licht, das die Szenerie bis in den letzten Winkel ausleuchten wollte. Gegen das Bild des Toten mit dem zerschmetterten Schädel.

»Peter, er war Ihr Vater ...«

»Er hat mich nie wie einen Sohn behandelt. Hat sogar seinen

Scheißköter lieber gemocht als mich. Den ganzen Tag hat er diesen weißen Bettvorleger betüdelt.« Er sah aus, als müsse er angewidert ausspucken. »Warum also sollte ich in ihm einen Vater sehen?«

Die ganzen Loblieder auf den alten Herrn? Alles nur Show? Alles nur Teil eines perfiden Plans?

Das Feuer weitete sich zu einem Flächenbrand aus. Sogar Lily schien das Ausmaß allmählich zu begreifen. Sie starrte Peter an. Fassungslos. Ihre demonstrative Selbstsicherheit begann zu bröckeln.

»Du hast...?«

»Er ist senil geworden auf seine alten Tage. Fast hätte er sich mit diesen Heritage-Idioten arrangiert. War kurz davor, auf diesen dämlichen Aussöhnungszug aufzuspringen.« Die Vorstellung entlockte ihm noch immer ein geradezu fassungsloses Kopfschütteln. »Er hatte keinen Biss mehr. Es war Zeit, dass ich die Sache in die Hand genommen habe, sonst wär' die ganze Firma den Bach runtergegangen«, erzählte er emotionslos. Als hätte er gerade mal eben einen altgedienten Mitarbeiter gekündigt und vor die Tür gesetzt.

Fin schwankte. Ein Großbrand wütete in seinem Schädel. Er wollte nur noch eins. Lily retten. Er konnte unmöglich warten, bis die Feuerwehr kam.

Er fragte sich, wie lange die Polizei brauchen würde, um ihn zu erlösen. Er musste Peter hinhalten.

»Und Hugh Dermot?«

»Dieser Arschkriecher«, spuckte Peter verächtlich aus, »der ist meinem Alten so tief hintenreingekrochen, der wusste schon gar nicht mehr, wie die Sonne aussieht.«

»Darum musste er sterben? Weil er ein Arschkriecher war?«

»Er war Daddys Liebling. Mein Vater glaubte tatsächlich, dass Hugh die Firma einmal besser führen könnte als ich, und wollte ihn glatt zum Juniorchef machen. Er zog diesen dahergelaufenen Yuppie seinem eigenen Sohn vor«, erklärte Peter, verärgert über diesen Affront, »aber da hat er die Rechnung ohne mich gemacht.«

»Fand Dermot es nicht merkwürdig, dass Sie sich mit ihm verabredet haben?«

»Ich hab' ihm 'ne Mail geschickt. Natürlich nicht unter meinem Namen. Sie dürfen nicht vergessen, ich arbeite hin und wieder in der Firma. Ich kenn' die Abläufe, weiß, was gerade anliegt. Kenne die Baustellen. Keiner hat gerafft, dass ich es war, der dem armen Hugh das Lebenslicht ausgeblasen hat. Das hat Daddy ganz schön nervös gemacht. Mir hätte er das nie zugetraut. Großer Irrtum.«

»Ich glaube, Ihr Vater hat Ihnen generell nicht viel zugetraut. Einem Sohn, der Musik studiert –«

»Er wollte mich sogar enterben. Können Sie sich das vorstellen?« Es war eine rhetorische Frage. »Er hat geglaubt, er könnte mir so ein Vater-Sohn-Gespräch aufdrücken und mir nebenbei unterjubeln, dass ein anderer mal die Firma kriegen soll.«

»Und da haben Sie ihn nach Cruit Castle gelockt.«

»Ich dachte ernsthaft, ich könnte ihn umstimmen.« Seine gleichgültige Miene strafte seine Worte Lügen.

»Haben Sie in dem Container campiert?«

»Irgendjemand musste doch die Baustelle verteidigen«, erklärte Peter lapidar, »Cruit Castle, das war schließlich unser Projekt. Wir hätten es allen gezeigt. Aber was hat er getan? Er hat es verraten. Er wollte aufgeben. Sich wegducken. Hatte Schiss vor diesen Pennern hier. Hat sich von der IRA einschüchtern lassen. Von Leuten, mit denen er früher kurzen Prozess gemacht hätte.«

Auch Fin hatte Peter unterschätzt. Der Sohn hatte seinen Vater besser gekannt als gedacht. Das war MacAllister zum Verhängnis geworden.

Peter schnaubte abfällig. »Er hatte sich ’nen hübschen Plan zurechtgelegt. Wollte mir ’n Auslandssemester in den Staaten schmackhaft machen. Hatte sich extra die Spendierhosen angezogen. Dachte, er könnte mir ’n paar Scheine in die Hand drücken und mich abschieben.«

Fin erinnerte sich an die gut gefüllte Brieftasche. »Aber das war Ihnen nicht genug.«

Peter lächelte. »Warum sollte ich mich mit ’nem Taschengeld begnügen, wenn ich alles haben kann?«, erwiderte er. »Und genau das hab ich dem Alten auch gesagt. Fand er überhaupt nicht komisch. Er war so besessen von der Idee, mich abzuservieren, dass er noch aus dem Auto raus seinen Anwalt angerufen hat, um mich auf der Stelle zu enterben. Ich konnte es gerade noch verhindern.« Er betrachtete den Revolver in seiner Hand mit der gleichen Selbstverständlichkeit wie ein Klempner seine Rohrzange. »Ich konnte das einfach nicht zulassen, verstehen Sie?«

Nein, Fin verstand es nicht. Er sah nur einen netten jungen Mann vor sich, der seinen eigenen Vater getötet hatte. Er hatte keine rationale Erklärung für diese Tat. Keine unglückliche Kindheit. Keine Vernachlässigung. Keine Wut, die sich über Jahre angestaut hatte. Kein abgrundtiefer Hass. Für Peter war das Töten eines Menschen nichts weiter als eine simple Notwendigkeit. Ein unvermeidlicher Akt auf dem Weg zum Ziel. Das Überholen eines Autos, das zu langsam vor ihm herbummelte.

Er war vor dem Mord an seinem eigenen Vater nicht zurückgeschreckt. Vielleicht war es leichter gewesen, nachdem er erfahren hatte, wie es war. Zu töten. Wie es sich anfühlte, einem Menschen die Pistole an den Kopf zu halten. Und abzudrücken. Er hatte Hugh Dermot getötet. Dann seinen Vater. Und er brüstete sich mit seinen Taten wie andere Menschen mit einem Sieg in einem Marathonlauf. Er würde diesen eingeschlagenen Weg weitergehen. Hinter der charmanten, hübschen Fassade lauerte ein bösartiges und kaltblütiges Monster, das den Bezug zur Realität schon lange verloren hatte. Es war genau diese Mischung, die Peter MacAllister so unberechenbar und gefährlich machte.

Wie beiläufig kam er ein paar Schritte näher, zog die widerstrebende Lily mit sich. Offenbar hatte er keine Lust mehr zu reden. Fin wich langsam zurück. Verdammt, wo war die Polizei, wenn man sie brauchte? Nie da! Und das sagte ausgerechnet er, ein Polizist. Ex-Polizist.

Ablenken.

»Die Geschichte in London war aber auch nicht gerade eine Heldentat.«

Peter hielt inne, sein Gesicht verfinsterte sich. Kein gutes Thema.

»Diese blöde Kuh hat wirklich geglaubt, sie könnte mir ihr Kind andrehen!« Er wurde nicht gern an diese Episode erinnert.

»Aber Ihre Mutter hat gesagt, der Tod des Mädchens habe sie ziemlich mitgenommen. Sie mussten sogar in psychiatrische Behandlung.«

»War 'ne Idee von meinem Alten.« Er kickte einen Kiesel aus dem Weg, als ob er jemandem einen Tritt geben müsste. Dem Psychiater oder seinem Vater. »Als ob ich einen an der Waffel hätte!«

Der Psychiater war sein Geld jedenfalls nicht wert gewesen. »Ist sie selber aus dem Fenster gesprungen oder haben Sie ein wenig nachgeholfen?«

Wieder dieses gewinnende Lächeln. »Ich hatte damit absolut nichts zu tun, ich hatte ein Alibi.«

Fin glaubte ihm nicht. »So wie Sie wahrscheinlich auch ein Alibi für den Mord an Dermot und den Mord an Ihrem Vater haben.«

»Darauf können Sie Gift nehmen.«

»Damit werden Sie nie im Leben durchkommen«, prophezeite Fin, »und ich weiß, wovon ich rede. Ich war lange genug Polizist.«

»Ärgern Sie sich nicht, O'Malley, manchmal ist das Leben eben nicht fair«, urteilte Peter von oben herab, »entweder bist du Schauspieler und lässt dich rumschubsen – oder du bist Regisseur. Und dabei hilft dann so was hier.«

Er hob die Waffe. Ein beeindruckendes Kaliber. Kein Vergleich zu dem, was Fin in der Hand hielt. Trotzdem tat er es ihm gleich. Packte die Pistole fest mit beiden Händen. Die Übungen auf dem Schießstand der Polizei hatte er stets mit Widerwillen absolviert, trotzdem traute er sich zu, Peter MacAllister auf diese Entfernung zu treffen. Aber auf eine Scheibe aus Holz zu ballern war einfacher als auf einen Menschen.

Lily versuchte, ihn abzulenken. Wollte ihn abschütteln, aber Peter ließ sich nicht beeindrucken. Sein Griff wurde fester.

Fin hielt den Atem an. Sein Herz hämmerte gegen seine angeschlagene Rippe.

Einatmen. Ausatmen. Nicht durchdrehen. Er musste sich zwingen, gleichmäßig zu atmen.

In der Ferne rumpelte es. Irgendwo bahnte sich ein Gewitter an. Fin wunderte sich. Der Himmel war fast wolkenlos. Hoch droben trillerte unermüdlich eine Lerche, laut und ausdauernd, unbeeindruckt von den Abgründen, die sich unter ihr am Boden auftaten.

»Woher haben Sie all die Waffen? Von Ihrem Vater?« Er redete schnell, spuckte die Worte aus, wie sie ihm gerade in den Sinn kamen.

»Er war ein regelrechter Waffennarr«, erwiderte Peter und taxierte seinen Gegner in aller Ruhe über den Lauf des Revolvers, »er hatte so viele, er hat nicht mal gemerkt, wenn eine gefehlt hat.«

Keiner wagte es, den anderen auch nur den Bruchteil einer Sekunde aus den Augen zu lassen.

»Hat er Ihnen das Schießen beigebracht?« Er musste ihn am Reden halten. Ihn beschäftigen.

»Nein, noch so was, das er mir nicht zugetraut hat.«

Die Demonstration bei der Ruine ließ Fin hoffen. »Sie schießen lausig.«

Konnte er Peter MacAllister verunsichern?

Sein Gegenüber lächelte milde. »Für das, was ich vorhabe, wird es reichen.«

Was dann geschah, geschah innerhalb einer einzigen Sekunde.

»Pebbles! Bleib hier! Nein!«

Diarmuids Stimme.

Peter wandte sich zur Seite, dorthin, wo die Stimme herkam.

Etwas Weißes schoss über die Straße, gefolgt von etwas kleinem Rostroten.

Dahinter Blau. Diarmuid.

»Pebbles!«, gellte Lily.

Ein Schuss löste sich aus Peters Revolver. Ein nervöser Finger am Abzug, gezielt oder unabsichtlich – für Fin spielte es keine Rolle.

Er drückte ab.

Es gab einen mörderischen Knall, so laut, dass im näheren Umkreis die Scheiben klirrten und das Echo jedes Trommelfell zum Vibrieren brachte.

Peter riss seine Waffe hoch, drehte sich um die eigene Achse und schlug der Länge nach hin.

Dann herrschte Totenstille.

Es war Peters Stöhnen, das Fin aus seiner Versteinerung riss. Er stand noch immer mitten auf der Dorfstraße, die Pistole im Anschlag, den Finger am Abzug, und hatte nur einen einzigen Gedanken.

Lily.

Sie stand neben Peter, starrte auf ihn hinab, unfähig, irgendetwas zu tun oder zu sagen. Von der toughen jungen Frau, die sie eben noch zu sein vorgegeben hatte, war nichts mehr übrig. Da stand nur noch ein kleines entsetztes Mädchen, das am ganzen Körper zitterte. Aber sie war unverletzt. Vielleicht hatte Noras Pullover sie doch beschützt.

Fin schüttelte die Anspannung ab und lief zu Peter. Mit einem gezielten Tritt beförderte er den Revolver außer Reichweite, aber das war gar nicht nötig. Peter rührte sich nicht, nur sein Wimmern signalisierte, dass er bei Bewusstsein war. Die Schusswunde sah übel aus, das Hemd war an der rechten Schulter zerfetzt und blutgetränkt. Fin hatte gar nicht auf die Schulter gezielt, aber das war jetzt auch egal. Er wunderte sich allerdings über die tiefe Wunde, die seine Kugel gerissen hatte und betrachtete mit ungläubigem Blick die Pistole in seiner Hand. Doch das war nichts gegen den fassungslosen Blick von Peter MacAllister, der ihm diesen Schuss nicht zugetraut hatte.

Er würde einen Krankenwagen rufen. Gleich.

»Lily!« Er zog sie in seine Arme.

»Er wollte mich doch bloß zum Bus bringen«, murmelte sie verstört. Tränen schossen in ihre Augen. Die Anspannung löste sich, machte Erleichterung Platz. Viel hätte nicht gefehlt und Fin hätte mitgeheult.

»Schon gut, Kleines«, beruhigte er sie.

Aus der Ferne ertönten Polizeisirenen. Die Kavallerie kam, wenn der Held die ganze Drecksarbeit erledigt hatte.

»Wenn die blöde Katze nicht gewesen wär, wär' Pebbles bestimmt nicht abgehauen ...«

Diarmuid war neben ihnen aufgetaucht, den weißen Schäferhund im Schlepptau. Er versuchte sich an einem coolen Gesichtsausdruck und tat, als sei nichts Besonderes passiert. Aber Fin merkte, dass er unter seinem blauen Pony noch blasser war als sonst. Der Junge war sich durchaus bewusst, dass es hätte schiefgehen können.

Fin hätte ihn am liebsten mitumarmt, aber Lily beanspruchte den ganzen Platz.

»Alles okay, Diarmuid?«, meinte er unbeholfen.

»Schon gut, Alter, lass stecken.«

Der Junge wandte sich ab und schlenderte betont lässig die Straße hinunter, die Hände tief in den Taschen seiner viel zu großen Hosen. Die blauen Haare leuchteten in der Sonne.

Als er auf der Höhe des schwarzen Porsche war, öffnete sich die Fahrertür und ein Mann stieg aus. Die Silhouette war unverkennbar. Fin hatte nicht bemerkt, dass Billy MacGann die ganze Zeit im Auto gesessen und hinter seinem Rücken alles beobachtet hatte. Die beiden standen einander gegenüber, fast sah es so aus, als wollte Diarmuid Billy ausweichen, aber es war Billy, der den ersten Schritt machte. Einen Schritt auf Diarmuid zu.

So trotteten sie nebeneinander ohne Eile die Straße hinunter, zwischen ihnen einen halben Meter Platz. Mehr konnte man wohl nicht erwarten. Aber es war ein Anfang.

Fin

»Kenny Gallagher ist unschuldig.«

»Unschuldig?«

Kenneth Aaron Gallagher hatte in jenem Augenblick seine Unschuld verloren, als er mit zehn seinen ersten Joint geraucht hatte, und es war anzunehmen, dass er sie niemals wiedergefunden hatte.

»Unschuldig, was den Tod Bertrand MacAllisters betrifft«, schränkte Caitlin da Silva ein. Die Verkehrspolizei hatte Kenny Gallagher bei einer Kontrolle gar nicht weit von Letterkenny aufgegabelt und zum Verhör auf die Polizeistation gebracht. »Der Kerl hat mehr als die Hälfte seines Lebens im Knast gesessen, er hatte keine Ahnung, dass seine einstige Geliebte mittlerweile Mrs. MacAllister geworden war.«

»Er hat sich immerhin für einen Toten ausgegeben«, warf Fin ein.

»Damit soll sich unsere Betrugsabteilung rumschlagen. Kein Grund für uns, ihn festzuhalten.«

»Sie haben ihn laufen lassen?«

»Schätze, er ist gerade auf dem Weg nach Derry, um seiner alten Flamme in diesen schweren Stunden beizustehen.«

»Mit den Millionen, die Nancy erben wird, wird ihm das Trösten sicher nicht schwerfallen.«

Fin und Caitlin hockten auf dem Pier von Foley und sahen den tiefblauen Wellen des Atlantiks zu, die träge an die algenverklebte Kaimauer unter ihnen klatschten. Pebbles hatte es sich neben Fin bequem gemacht, auf dem sonnenwarmen Betonboden alle Viere von sich gestreckt und ihren Kopf auf seinen Schoß gebettet. Sie schnarchte leise. Hin und wieder zuckte eine Pfote, gerade so als träumte sie von neuen, aufregenden Spielen, die die Menschen sich für sie ausdachten.

Hinter ihnen lag das Dorf noch immer im Dornröschenschlaf, nichts erinnerte daran, dass sich eben noch zwei bewaffnete Männer auf Leben und Tod gegenübergestanden hatten. Nur eine Handvoll Polizisten lief in der Mittagssonne umher und klaubte die wenigen Spuren zusammen.

»Nancy wird das Geld brauchen, wenn sie ihrem Sohn einen anständigen Anwalt bezahlen will.« Fin hatte Caitlin Peters Geständnis überbracht. »Der wird dann wahrscheinlich auf ›Nicht zurechnungsfähig‹ plädieren.«

»Das dürfte schwierig werden«, erwiderte Caitlin, »Peter hat seine Taten perfekt und ziemlich perfide geplant. Einschließlich der Tatsache, dass er sich einen Sündenbock gesucht hat, dem er alles inklusive der Tatwaffe in die Schuhe schieben wollte.« Dabei sah sie ihn an. »Und beinahe wär er damit durchgekommen.«

Fin war nicht ganz davon überzeugt. Er wusste, dass es auch eine gehörige Portion Naivität war, die Peter MacAllister letzten Endes zu Fall gebracht hatte. »Jetzt werde ich wohl nie erfahren, ob wirklich Bertrand MacAllister meinen Onkel auf dem Gewissen hat.«

»Ist Ihnen das so wichtig?«

Würde sich in seinem Leben etwas ändern, wenn er es wusste? Fin hatte jene Nacht so lange erfolgreich unter Verschluss gehalten, sogar die Existenz seines Onkels verdrängt, dass es in seinem Leben eigentlich nie eine Rolle gespielt hatte. Vielleicht hätte er mit seinem Vater darüber reden sollen, aber der war tot und die gesamte nordirische Verwandtschaft konnte ihm sowieso den Buckel runterrutschen. Nein, manche Dinge sollte man einfach auf sich beruhen lassen.

»Auf jeden Fall hat Bertrand MacAllister seinen Sohn unterschätzt«, wich er aus.

»Könnten Sie sich vorstellen, dass Ihr eigenes Kind zu so etwas fähig ist?«

Fin schüttelte den Kopf. »Nein, ich glaube, im Leben von Peter MacAllister ist einiges schief gelaufen«, er konnte nur Vermutungen anstellen, »wahrscheinlich haben seine Eltern ihn als Kind in Watte gepackt. Der einzige Sohn, noch dazu ein musikalisches Wunderkind. Er hat alles gekriegt, was er wollte. Nie ein ›Nein‹ oder ›Das darfst du nicht‹. Und irgendwann hat er dann geglaubt, das sei das wahre Leben. Tun, was einem Spaß macht, ohne auf irgendwen oder irgendwas Rücksicht nehmen zu müssen, immer genug Geld in der Tasche. Daran kann man sich gewöhnen.«

»Er hat sich seine eigene Welt geschaffen. Mit eigenen Regeln. Und als sein alter Herr ihm plötzlich gedroht hat, den Geldhahn zuzudrehen, war Schluss mit lustig«, ergänzte Caitlin und schüttelte sich.

»Bei dem Vorbild wundert mich der Ausgang der Geschichte eigentlich nicht. MacAllister hat sich schließlich auch genommen, wonach ihm der Sinn stand. Ohne Rücksicht oder Skrupel.«

»Skrupel hin oder her, den eigenen Vater einfach eiskalt zu erschießen, da gehört schon einiges dazu …«

»Zuerst war es Hugh Dermot, der ihm im Weg gestanden hat. Der Konkurrent um die Thronfolge. Und der erste Mord«, sagte Fin. »Beim zweiten Mal war das Abdrücken dann vielleicht schon einfacher.«

»Ob Hugh Dermot das erste Opfer war, wird sich noch rausstellen«, entgegnete Caitlin, »ich nehme an, dass die Londoner Kollegen den Fall mit der toten Studentin noch mal aufrollen werden. Gut möglich, dass Peter doch ein wenig nachgeholfen hat.«

»Wenn man einmal davongekommen ist, ist die Versuchung groß, es wieder zu versuchen«, meinte Fin, »die Polizei hätte damals genauer hinschauen sollen, dann wär uns das hier erspart geblieben.«

»Er wird 'ne Menge Fragen beantworten müssen, sobald er vernehmungsfähig ist.« Ein Krankenwagen hatte Peter MacAllister ins Hospital nach Letterkenny gebracht. »Ihre Kugel hat ihn böse erwischt. Der Arzt meinte, dass er möglicherweise seinen Arm verlieren wird.«

»Tut mir leid.«

Er hatte Fin keine Wahl gelassen. Er hatte seine Tochter mit einer Waffe bedroht. Allein der Gedanke, dass er auf sie geschossen hätte, jagte Fin einen eiskalten Schauer über den Rücken. Um Lily zu schützen, hätte er Peter auch getötet.

»Nein, verdammt, es tut mir überhaupt nicht leid!«

Caitlin musterte ihn von der Seite und schaute wieder aufs Meer hinaus. Weit draußen am Horizont stampfte ein Frachtschiff vorbei. »Eins ist allerdings merkwürdig.«

»Was?«

»Sie sagten, Sie hätten nur einmal geschossen.«

»Hab' ich auch.«

»Peter MacAllister wurde von zwei Kugeln getroffen.«

Fin blickte sie verständnislos an.

»Eine Kugel steckte im Oberschenkel«, erklärte sie, »könnte zu Ihrer Pistole passen.«

Fin hatte in der Tat auf seine Beine gezielt. Alte Polizistengewohnheit. »Und die Schulter?«

»Glatter Durchschuss. Aber die Spurensicherung hat tatsächlich ein Projektil gefunden. Der Kollege meinte, die Kugel könnte aus einem Präzisionsgewehr stammen, möglicherweise von einer Remington.«

Sie wartete auf eine Reaktion, aber Fin hatte keine Ahnung, worauf sie hinauswollte.

»Da sind in den Neunzigerjahren einige aus britischen Armeebeständen verschwunden ...«

Die Leitung war heute nicht nur lang, sie war auch besonders breit, so dass Fin bequem darauf stehen konnte. Er begriff noch immer nichts.

»Wenn wir die Kugel genauer untersuchen, werden wir möglicherweise feststellen, dass die Waffe bei einer Straftat im Zusammenhang mit der IRA benutzt wurde«, half sie nach.

Langsam dämmerte Fin etwas. Es gab nur einen, dem er einen solch präzisen Schuss aus hundert Metern Entfernung zutraute. »Möglich ...«

»Könnte es sein, dass wir bei Billy MacGann ein solches Gewehr finden?«

Wahrscheinlich lag es in Einzelteile zerlegt und sicher verwahrt in einem doppelten Boden in Billys Porsche. »Möglich ...«

»Vielleicht sollten Sie Ihrem Freund sagen, dass er es besser verschwinden lässt«, riet Caitlin da Silva, »könnte sein, dass sich in den nächsten Tagen die nordirischen Kollegen dafür interessieren.«

»Ich werd's ihm ausrichten.«

Er hatte einen Schutzengel gehabt. Ausgerechnet Billy MacGann, der so gar nichts Engelhaftes an sich hatte, hatte ihm beigestanden. Der Schuss war riskant gewesen. Auf die Entfernung hätte er ganz aus Versehen auch Fin treffen können. Oder Diarmuid. Oder Lily. Nein, er wollte sich die Alternativen lieber nicht ausmalen.

Aber warum hatte sich Billy eingemischt? Selbst wenn Nora ihren Neffen über das Doppelspiel von Kenny Gallagher aufgeklärt hatte, erklärte das nicht Billys Anwesenheit in Foley. Hatte er etwas geahnt? Hatte auch er Peter in Verdacht gehabt? Oder hatte er gar nicht Fin schützen wollen, sondern Diarmuid? Es kam wohl auf den Standpunkt an.

Fin war fest davon überzeugt gewesen, etwas Heldenhaftes getan zu haben, aber Billy MacGann hatte ihm die Tour vermasselt. Aber das brauchte ja schließlich niemand zu erfahren, oder?

Caitlins Handy meldete sich. Es war ein kurzes Gespräch. »Echt? ... Wer? ... Wann? ... Tja, da kann man nix machen ...« Sie beendete das Telefonat. »Aus dem Hotelprojekt von MacAllister wird übrigens nichts«, meinte sie beiläufig und ließ das Handy wieder in der Jacke verschwinden.

Fin dachte an die Pläne im Baucontainer, an die Zukunftsvisionen in Gold und Marmor, und war kein bisschen traurig darüber. Es hätte sowieso nicht nach Donegal gepasst.

»Naja, vielleicht wird's ja was mit Billys Heritage-Center.«

»Glaub' ich kaum«, widersprach Caitlin, »es gab eine rätselhafte Explosion. In Cruit Castle steht kein Stein mehr auf dem anderen.« Sie sah ihn an mit ihren Koboldaugen. Sie hatte sichtlich Mühe, ernst zu bleiben. »Keiner kann sich erklären, was da passiert ist.«

Fin wich ihrem Blick aus.

Da hatte er seine Erklärung für das plötzliche Donnergrollen. Kein Gewitterdonner. Ein Happening für das gesamte Dorf. Sie hatten den alten Kasten kurzerhand in die Luft gejagt und Tatsachen geschaffen. Ein für allemal. Nicht mal Billy MacGann hatten sie eingeweiht.

Fin beobachtete verstohlen die Frau an seiner Seite. Caitlin schaute aufs Meer hinaus und grinste breit. Natürlich wusste sie Bescheid, so leicht konnte man ihr nichts vormachen.

»Haben Sie eigentlich mal dran gedacht, wieder zur Polizei zurückzugehen?«

Fin hatte sich eine Menge Gedanken über seine Zukunft gemacht, seltsamerweise war eine Rückkehr in den Polizeidienst nie eine Option für ihn gewesen. Bis jetzt. Die Vorstellung, das gefährliche Pflaster von Dublin gegen die beschauliche Provinz zu tauschen, hatte durchaus was für sich.

»Vielleicht.«

»Verraten Sie mir dann, wie das Schaf in meinen Kofferraum gekommen ist?«

Fin konnte sich gut vorstellen, dass er ihr noch ganz andere Dinge verraten würde. Vielleicht war dies ja der Beginn einer wunderbaren Freundschaft.

»Inspector da Silva?«

»Ja?«

Er setzte sein charmantestes Lächeln auf. »Darf ich Sie zu einem Drink einladen?«

Sie lächelte zurück. »Vergessen Sie's.«

Fin O'Malley erster Fall

272 Seiten, ISBN 978-3-941657-25-0, 13,90 €

Für Detective Sergeant Fin O'Malley kommt es knüppeldick. Frau und Tochter lassen ihn sitzen und sein Chef schiebt ihn aufs Abstellgleis. Er soll in einem Nest an der nordwestlichen Küste Irlands einen Verdächtigen aufspüren, der schon zehn Jahre tot ist. Hier in Foley, zwischen redseligen Iren und schweigenden Lämmern, beißt Fin erst mal auf Granit. Besonders bei Charlotte Quinn, die Kirchenfresken repariert und in einem einsamen Leuchtturm wohnt.

Spannend und mit viel Humor erzählt Carolin Römer in ihrem Krimierstling eine Story, wie sie nur in Irland spielen kann. Hier tauchen ehemalige Piraten auf, atheistische Pfarrer, untergetauchte IRA-Leute, trinkfeste Großmütter, unsichtbare Kobolde, verschwundene Rennpferde - und eine geheimnisvolle Meerjungfrau ...

Die Krimireihe des Conte Verlages

Jean Amila ***Mond über Omaha***

Reihe Amila 1, 214 Seiten, ISBN 978-3-936950-33-5, 10,00 €

Jean Amila ***Mitleid mit den Ratten***

Reihe Amila 2, 212 Seiten, ISBN 978-3-936950-43-4, 10,00 €

Jean Amila ***Bis nichts mehr geht***

Reihe Amila 3, 220 Seiten, ISBN 978-3-936950-53-3, 10,00 €

Jean Amila ***Motus!***

Reihe Amila 4, 180 Seiten, ISBN 978-3-936950-79-3, 10,00 €

Jean Amila ***Die Abreibung***

Reihe Amila 5, 190 Seiten, ISBN 978-3-936950-96-0, 10,00 €

Jean Amila ***Auf Godot wartet keiner***

Reihe Amila 6, 200 Seiten, ISBN 978-3-941657-11-3, 10,00 €

Lilo Beil ***Gottes Mühlen***

Kommissar Gontards erster Fall

184 Seiten, ISBN 978-3-936950-49-6, 9,90 €

Lilo Beil ***Das Licht unterm Scheffel***

Kommissar Gontards zweiter Fall

178 Seiten, ISBN 978-3-936950-72-4, 9,90 €

Lilo Beil ***Die schlafenden Hunde***

Kommissar Gontards dritter Fall

188 Seiten, ISBN 978-3-936950-87-8, 9,90 €

Lilo Beil ***Die Kinder im Brunnen***

204 Seiten, ISBN 978-3-941657-10-6, 11,90 €

Lilo Beil ***Die Nacht der grauen Katzen***

Kommissar Gontards vierter Fall

202 Seiten, ISBN 978-3-941657-28-1, 11,90 €

Die Krimireihe des Conte Verlages

Lilo Beil ***Die Mauern des Schweigens***

Kommissar Gontards fünfter Fall

192 Seiten, ISBN 978-3-941657-60-1, 11,90 €

Gunter Gerlach ***Frauen von Brücken werfen***

Händels Münchner Fall

184 Seiten, ISBN 978-3-941657-62-5, 11,90 €

Stefan Hüfner ***Der Tote von Dresden***

184 Seiten, ISBN 978-3-936950-13-7, 9,90 €

Peter J. Kraus ***Joint Adventure***

228 Seiten, ISBN 978-3-941657-16-8, 12,90 €

Peter J. Kraus ***Cattolini erbt***

232 Seiten, ISBN 978-3-941657-65-6, 13,90 €

Gaston Leroux ***Die Hölle an der Ruhr***

Rouletabille bei Krupp

180 Seiten, ISBN 978-3-941657-21-2, 11,90 €

Jens Luckwaldt ***Puder und Blei***

218 Seiten, ISBN 978-3-941657-26-7, 12,90 €

Barbara Mansion ***Mörderische Wallfahrt***

204 Seiten, ISBN 978-3-936950-59-5, 9,90 €

Barbara Mansion ***Das Geheimnis der Burgkapelle***

198 Seiten, ISBN 978-3-941657-09-0, 12,90 €

Kerstin Rech ***Schenselo***

188 Seiten, ISBN 978-3-936950-60-1, 9,90 €

Kerstin Rech ***Hotel Excelsior***

232 Seiten, ISBN 978-3-936950-77-9, 11,90 €

Carolin Römer ***Die irische Meerjungfrau***

Ein Fin O'Malley Krimi

306 Seiten, ISBN 978-3-941657-25-0, 13,90 €

Die Krimireihe des Conte Verlages

Dieter Paul Rudolph ***Arme Leute***

210 Seiten, ISBN 978-3-941657-06-9, 12,90 €

Dieter Paul Rudolph ***Pixity***

Stadt der Unsichtbaren

292 Seiten, ISBN 978-3-941657-29-8, 13,90 €

Dieter Paul Rudolph ***Der Bote***

Ein Science-Fiction-Krimi

176 Seiten, ISBN 978-3-941657-61-8, 11,90 €

Elke Schwab ***Kullmanns letzter Fall***

270 Seiten, ISBN 978-3-936950-71-7, 11,90 €

Elke Schwab ***Tod am Litermont***

278 Seiten, ISBN 978-3-936950-74-8, 12,90 €

Elke Schwab ***Hetzjagd am Grünen See***

302 Seiten, ISBN 978-3-936950-95-3, 12,90 €

Elke Schwab ***Das Skelett vom Bliesgau***

282 Seiten, ISBN 978-3-941657-14-4, 12,90 €

Elke Schwab ***Galgentod auf der Teufelsburg***

330 Seiten, ISBN 978-3-941657-39-7, 12,90 €

Elke Schwab ***Blutige Seilfahrt im Warndt***

320 Seiten, ISBN 978-3-941657-66-3, 13,90 €

JuttaStina Strauss ***Koks und Kosakenkaffee***

Guzzos erster Fall

286 Seiten, ISBN 978-3-936950-54-0, 13,90 €

JuttaStina Strauss ***Mis en Vosges***

Guzzo in Lothringen

290 Seiten, ISBN 978-3-936950-80-9, 13,90 €

Markus Walther (Hrsg.) ***Letzte Grüße von der Saar***

Krimi-Anthologie, 244 Seiten, ISBN 978-3-936950-68-7, 12,90 €

Die Krimireihe des Conte Verlages

Lisa Huth, Karin Mayer (Hrsg.) ***Mord vor Ort***

Das Krimibuch zum Treffpunkt Ü-Wagen

230 Seiten, ISBN 978-3-941657-02-1, 12,90 €

Lisa Huth, Karin Mayer (Hrsg.) ***Mord vor Ort 2***

Das zweite Krimibuch zum Treffpunkt Ü-Wagen

236 Seiten, ISBN 978-3-941657-41-0, 12,90 €

Ingrid Schmitz (Hrsg.) ***Muscheln, Mousse und Messer***

Eine kulinarische Krimi-Anthologie

220 Seiten, ISBN 978-3-941657-22-9, 12,90 €